LE
DUEL

A TRAVERS
LES AGES

HISTOIRE ET LÉGISLATION

DUELS CÉLÈBRES — CODE DU DUEL

PAR

GABRIEL LETAINTURIER-FRADIN

avec une Préface de A. Tavernier

PARIS

LIBRAIRIE MARPON & FLAMMARION
E. FLAMMARION, ÉDITEUR
26, RUE RACINE, PRÈS DE L'ODÉON

LE DUEL

A

TRAVERS LES AGES

LE DUEL

A TRAVERS LES AGES

HISTOIRE ET LÉGISLATION
DUELS CÉLÈBRES — CODE DU DUEL

PAR

GABRIEL LETAINTURIER-FRADIN

avec une Préface de A. Tavernier

PARIS

LIBRAIRIE MARPON & FLAMMARION

E. FLAMMARION, ÉDITEUR

26, RUE RACINE, PRÈS DE L'ODÉON

CE LIVRE EST DÉDIÉ

A

Monsieur A. HENRY

PRÉFET DES ALPES-MARITIMES

EN TÉMOIGNAGE

DE RESPECTUEUX ATTACHEMENT

ET

DE PROFOND DÉVOUEMENT

Nice, mai 1892.

Imprimerie J. Ventre et C°

6, Rue de la Préfecture et Place de la Préfecture, 1, Nice

Autrefois, les duels étaient une bataille ;
A côté des tenants, les parrains se mettaient ;
Tout seuls et sans public, les deux groupes luttaient
Pour la vie, en frappant d'estoc comme de taille.

Ni cuirasse de fer, ni casque avec ventaille ;
L'épée et le poignard aux mains, ils se jetaient,
Et, dans leurs corps à corps quand ils se charcutaient,
Ils chargeaient sans merci, comme sur la piétaille.

Leur point d'honneur venait de haines de Maisons,
Ou bien de rien du tout, tantôt pour des raisons
Futiles, et tantôt pour des injures graves ;

Si, sous le coup du fer, longuement empourpré,
Plus d'un, digne de vivre, est resté sur le pré,
Leur folie était haute, et leurs lames très braves.

2 Mai 1892.

Anatole de Montaiglon.

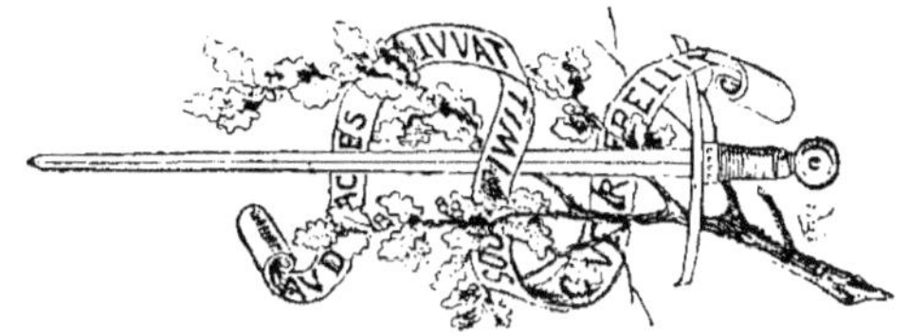

PRÉFACE

Chez mon excellent maitre Charles Ruzé, —
mon véritable initiateur en cet art admirable des
armes, — dans cette coquette salle de la rue de
la Bienfaisance où j'ai passé, le fleuret en main,
de si bonnes heures, j'aperçus un jour, prenant
sa leçon avec Adolphe Ruzé le fils cadet de
mon vieux maître, un tout jeune homme qui
« plastronnait » avec ardeur. Elancé et bien pris,
en sa culotte noire demi-collante, il se « fendait »
sur l'indication du professeur, avec ce bel élan qui
n'indique pas seulement une irrésistible détente
de jarrets, mais qui decèle la véritable passion
des armes dont le siège est bien plutôt dans
le cerveau que dans les jambes. Le jeune élève
commençait à m'intéresser. Le professeur en

vint à compliquer et à « raffiner », si je puis
dire, sa leçon : après les coups droits, les
« dégagés » et les « une-deux » il demanda à
son élève de « tromper le fer » dans toutes les
lignes de « doubler » et « dédoubler ». Tous
ces mouvements si difficiles à bien exécuter et
qui exigent avec beaucoup de retenue du corps,
infiniment de « doigter » furent rendus par
l'élève avec cette facilité et ce brio qui decè-
lent un « sujet », un de ces rares élus, cons-
truits au physique et au moral (il faut autant
de ceci que de cela) pour faire un véritable
escrimeur. Décidément le petit jeune homme
à la culotte collante m'intéressait tout à fait.

« Papa Ruzé » s'en aperçut et me le montrant
du coin de l'œil avec une certaine satisfaction :
« vous regardez mon jeune élève, il va bien,
hein ?

— Il va même très-bien.

— Je compte sur lui.

— Vous avez joliment raison. Comment s'ap-
pelle-t-il ?

— Gabriel Letainturier-Fradin.

— Son nom est un peu long, mais il est
rudement « vite » sous les armes.

On l'a deviné, le petit jeune homme qui faisait
si bien des armes et qui a « continué », c'est
l'auteur de ce livre, devenu aujourd'hui, depuis

la douzaine d'années que date notre première présentation, un grand jeune homme, très-solide, mais toujours élancé et ayant sû, grâce à sa passion pour la noble science des armes qu'il cultive quotidiennement, se préserver du facheux embonpoint.

En raison de la spécialité à laquelle je me suis voué, l'auteur de ce livre m'a demandé d'être son préfacier.

M. Letainturier-Fradin n'avait nul besoin de présentation auprès du public très renseigné auquel s'adresse son intéressant ouvrage — il est connu de tous ceux qui de près ou de loin s'occupent d'escrime — mais j'ai accepté tout de même, avec plaisir, ce qu'il me demandait avec tant de bonne grâce ; car outre que j'ai conservé beaucoup de sympathie pour lui en souvenir des nombreux assauts que nous avons faits ensemble, je suis heureux d'être en quelque sorte le parrain d'un enfant aussi bien venu que celui qu'il vient de confier à mon éditeur et ami Flammarion.

Et puis, il y a encore une autre raison ; mon jeune ami Fradin a exactement vérifié le pronostic que nous avions fait, les Ruzé et moi, à savoir qu'il deviendrait un excellent escrimeur. Et il est toujours flatteur pour notre amour-propre de voir l'événement vérifier notre prophétie.

Ecoutez plutôt.

Et d'abord, en manière de reconnaissance à l'égard de l'enseignement de ses excellents maîtres, M. Fradin a été le premier lauréat très remarqué des assauts entre collégiens à Paris, organisés par la Société d'Encouragement à l'escrime.

Son excellente tenue sous les armes, sa vitesse de main, ses attaques rapides bien conçues et habilement exécutées, avaient tout de suite impressionné favorablement le jury.

Quelques années après, il entreprenait avec Adolphe Ruzé un voyage en Italie, prenait part au tournoi International de Turin, en 1884 et malgré sa jeunesse — il avait 19 ans — remportait, en même temps que son professeur, une brillante récompense hautement méritée.

Depuis, M. Letainturier-Fradin n'a point cessé de cultiver assidûment les armes, à Paris et en cette belle ville de Nice où il a fixé sa demeure et où le retiennent ses fonctions.

Il n'est que juste de reconnaître que c'est lui qui a fait aimer l'escrime à Nice, qu'il a contribué à en propager le goût dans toute la région en organisant de très intéressants assauts auxquels il prenait part pour la plus grande satisfaction du public, heureux d'applaudir un tireur à la fois correct, élégant et fort.

Tout récemment, et pour prouver qu'il n'a

rien perdu de son « entraînement » et de sa belle ardeur, il a pris part au tournoi International de San Remo : il y a remporté la première médaille d'or et a été tout simplement classé premier.

Tout ceci pour prouver que l'auteur de ce livre n'est pas seulement un théoricien, un laborieux capable de consacrer quatre années à réunir les documents les plus précieux, c'est encore et surtout un exécutant qui possède pratiquement les questions d'escrime et de duel, qu'il traite avec tant de variété et d'une façon si complète dans son bel ouvrage « *Le Duel à travers les âges* ».

Je n'ai nul besoin d'analyser le livre de M. Fradin dont le but est clairement exposé dans l'introduction si nette, si sincère qui accompagne cette préface.

Je dirai seulement à tous ceux qui me font l'honneur de me lire depuis de longues années « lisez avec confiance cet ouvrage d'un homme de bonne foi, très compétent en la matière et vous vous en trouverez bien, vous tous qui de près ou de loin vous attachez aux choses de l'escrime et du duel.

Le livre est intéressant d'un bout à l'autre, bien documenté, élégamment écrit par un histo-

riographe extrêmement consciencieux — enfin il
trouve le moyen de dire des choses nouvelles
sur ce sujet toujours neuf et toujours vieux :
le duel.

C'est dire que l'habile auteur‑escrimeur a su
« toucher » le lecteur au bon endroit.

Paris, le 8 mai 1892.

ADOLPHE TAVERNIER.

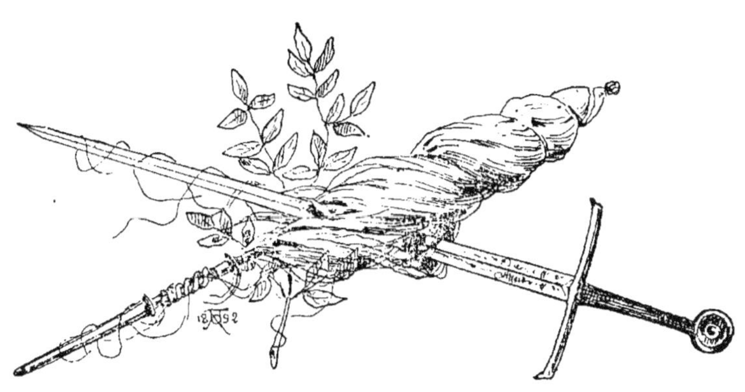

INTRODUCTION

Voici sur le duel un livre de plus, qui souhaite de prendre place à côté de tous ceux qu'on a déjà publiés sur le même sujet. Si je l'ai écrit, ce n'est pas cependant pour le vain plaisir de traiter, après tant de maîtres, des questions qui m'intéressent passionnément, et dont j'ai acquis une certaine pratique, — ou de voir figurer mon nom dans la nouvelle édition de la *Bibliografia generale della Scherma* de Gelli, qu'on ne manquera pas de donner bientôt (avec une traduction française meilleure) ; — si je l'ai écrit, c'est qu'il m'a semblé que, conçu comme je l'avais rêvé, il pourrait réellement être utile et, dans une certaine mesure, nouveau.

J'ai remarqué que, parmi tant d'excellents livres qu'a inspirés l'escrime ou le duel, aucun ne formait à lui seul, un traité d'ensemble de la matière. Chaque écrivain, jusqu'ici, s'est enfermé volontiers dans la partie du sujet pour laquelle il avait de particulières prédilections : c'est ainsi, — pour n'en citer que quelques-uns, — que M. Emile Mérignac a fait une *Histoire de l'escrime* parfaite, et M. A. Tavernier, dans son *Art du duel*, un code non moins excellent du duel sur le terrain. L'*Essai sur le duel*, de Châteauvillard, paru en 1836, et qui contient de très bons chapitres, faisant toujours autorité, est cependant aujourd'hui un peu démodé. Il existe aussi de fort bonnes monographies de MM. Legouvé, Mauroy, du Verger-Saint-Thomas, Scholl, Vallée, du baron de Vaux, etc., etc., sur le duel et l'épée, mais ce ne sont encore que des monographies.

Tel que je l'ai conçu, mon livre a l'ambition, — un peu grande peut-être, — de constituer un traité complet du duel, depuis ses origines, qui, heureusement, ne se perdent pas dans la nuit des temps, jusqu'à notre époque, jusqu'au duel d'hier, — j'allais dire jusqu'au duel de demain, — car en le terminant par un exposé aussi précis que possible des règles du duel, c'est aux rencontres futures que j'ai songé, et non plus à celles du passé.

La première partie de ce volume a trait à l'histoire et à la législation du duel. Pour en réunir les matériaux, je n'ai pas ménagé mes soins et ma peine. Le vrai moyen d'y être *nouveau* était de s'adresser aux sources : aussi ai-je interrogé ou fait interroger de très nombreux documents, encore inédits, que les historiens précédents avaient laissé sommeiller un peu trop dans leur lit de vénérable poussière, aux Archives nationales, au fond des bibliothèques publiques et

particulières, ou parmi les vieilles chroniques, et dont
les notes indiquent pour chacun la provenance. Il
fallait ne rien dire que d'exact, et être, autant que
faire se peut, complet. J'espère donc que ces chapitres
offriront quelque intérêt, du moins aux curieux, qui
aiment à savoir comment nos ancêtres pensaient,
agissaient, et quelle distance nous sépare de leurs
habitudes, de leurs mœurs.

Peut-être me saura-t-on aussi quelque gré d'avoir
fourni des indications générales sur le « duel international », et montré comment les divers peuples
civilisés l'envisagent, le pratiquent et le punissent.

Les duels célèbres, qui forment la seconde partie,
ont été bien souvent déjà racontés, et plusieurs fois
par de brillants écrivains : mais, pour beaucoup
d'entre eux, une légende s'est formée, et si bien accré-
ditée, que le récit en est devenu un pur roman. Là
aussi, j'ai eu, avant tout, la préoccupation de présenter les faits sous leur vrai jour, et, dût-elle être
parée de moins vives couleurs, de remplacer la légende
par la vérité.

Enfin, dans la troisième partie, je me suis efforcé
de prévoir et d'exposer toutes les conditions d'une
rencontre : constitution des témoins, qualité d'offensé,
choix des armes, attitude, sur le terrain, de chacun des
acteurs de cette fâcheuse, mais trop souvent inévitable solennité que l'on nomme un duel. Ici, la matière a
été traitée si complètement et par tant de maîtres, que
ma tâche n'a guère été que de présenter à nouveau
les règles qui désormais font loi. J'ai terminé en
réclamant instamment la mise en pratique d'une idée,
bien ancienne déjà puisqu'elle remonte à Louis XIV

et au tribunal des Maréchaux de France, l'idée d'un jury appelé à prononcer en dernier ressort sur toutes les affaires d'honneur. Il n'est pas douteux que son fonctionnement régulier aurait le résultat que doivent souhaiter tous les hommes de cœur : une notable diminution dans le nombre des duels qui se produisent si souvent pour des causes trop futiles, où l'honneur n'est nullement engagé.

Si ce livre a été écrit plus spécialement pour ceux qui font de la science des armes leur étude de prédilection, il s'adresse également aux gens du monde restés étrangers aux choses de l'escrime et à l'histoire du duel : son auteur sera largement récompensé de ses efforts si, après l'avoir lu, on y reconnaît au moins le souci constant de l'exactitude et de la conscience.

Un mot encore pour dire que ce même souci a présidé au choix des illustrations : il n'en est pas une qui n'ait été empruntée à la source pure, ou du moins restituée, aussi habilement qu'il a été possible, d'après les documents les plus authentiques.

PREMIÈRE PARTIE

HISTOIRE ET LÉGISLATION DU DUEL

I

LES ORIGINES
LE DUEL JUDICIAIRE

VANT de rechercher quels peuples de l'antiquité ont connu le duel, et quels autres
l'ont dédaigné, il importe de bien définir
le mot et la chose. Par *duel*, on doit
entendre le combat consenti *spontanément*
entre deux hommes qui règlent, avec des
armes égales et au péril de leur vie, un différend
survenu entre eux sur une question d'honneur, de
cœur ou même simplement d'intérêt, — préférant
ainsi cette solution à l'accommodement que, dans la
plupart des cas, pourraient leur fournir les lois de
leur pays.

Il est remarquable que ni les Grecs, ni les Romains

n'ont fait usage du duel pour terminer les querelles particulières, celles surtout où l'honneur est en jeu. Ces peuples, si braves et si belliqueux pourtant, jugeaient indigne d'eux de laver un outrage dans le sang de l'insulteur, alors au contraire que, dans nos idées, le ridicule s'attache à ne pas le faire. *Duellum*, en latin, signifie : combat entre deux factions, par opposition à *bellum*, dont le sens est : guerre entre deux nations. Le célèbre combat des Horaces et des Curiaces ne saurait être considéré comme un duel, quelque ressemblance qu'il puisse avoir avec les rencontres telles qu'on les pratiquait au XVIme siècle ; en effet, ces vaillants combattants ne réglaient entre eux nulle question d'honneur ni de cœur : bien loin de là, puisque des liens étroits de famille et d'amitié les unissaient ; ils furent simplement les représentants de leurs deux nations, qui s'en remettaient à eux de leurs destinées, — un peu comme l'on se confie au hasard, — car ils étaient d'égale force et d'égal courage.

Le duel a une origine germanique. Les peuplades barbares qui conquirent la Gaule et une partie de l'Europe pendant le Vme siècle le pratiquèrent beaucoup, parce qu'elles professaient autant de mépris de la mort que de répugnance à rester sous le coup d'un affront. Chez elles, le combat s'effectuait publiquement, devant toute la tribu, et ne se terminait que par la mort d'un des deux adversaires. A côté de ce duel, meurtrier toujours, les Germains en introduisirent un autre fondé sur la superstition et l'exagération du sentiment religieux. Ils admirent que dans un combat décidé pour le règlement d'intérêts privés, l'issue devait être nécessairement fatale à celui des deux champions qui n'aurait pas le bon droit de son côté : c'était le jugement de Dieu. Leurs codes mêmes consacrèrent cette étrange doctrine et on la retrouve inscrite dans les lois des Saliens, des Ripuaires, des Lombards, etc. Gondebaud, roi des Bourguignons, la justifiait ainsi dans son code, appelé loi Gombette : « C'est, dit-il, afin que nos sujets ne fassent plus de serments sur des faits obscurs, et ne parjurent point sur des faits certains. »

Quand la Gaule eut été au pouvoir des Germains, les prêtres chrétiens ne réussirent pas à déraciner cette pratique ; vainement en signalèrent-ils le danger et la barbarie ; ils durent renoncer à la combattre, et furent même forcés bientôt, non seulement de la subir, mais encore de la faire exercer par des champions pour le propre compte de l'Eglise.

C'est ce qu'on appelle le *duel judiciaire,* qui fut si répandu en France pendant le haut moyen-âge, et que l'on employait plus volontiers dans les procès que tout autre genre de preuve, la preuve par témoins ou par l'eau bouillante, etc.

Mabillon rapporte qu'en 775, un différend s'éleva entre l'évêque de Paris et l'abbé de Saint-Denis. Le duel judiciaire ayant été accepté par les parties, deux champions furent désignés. Devant une croix, pendant qu'on célébrait la messe pour donner plus de solennité à l'acte, ils se placèrent, les bras étendus, et celui des deux qui se lassa le premier de cette attitude pénible et laissa retomber les bras, fit perdre son client. Ce fut l'abbé de Saint-Denis qui gagna.

Mais l'issue du duel n'était pas toujours aussi douce aux champions. La plupart du temps, l'épreuve consistait en un véritable combat où la victoire restait au champion qui avait mis son adversaire hors d'état de tenir une arme. Même, sous Louis le Débonnaire, au IXme siècle, on poussa si loin la férocité qu'un champion vaincu avait le poing coupé : « Et campioni qui victus fuerit, propter perjurium quod ante pugnam commisit, dextera manus amputetur », tel est le texte formel d'un capitulaire de ce temps.

Il en était encore ainsi plus de deux cents ans après. En 1098, deux abbayes du diocèse de Tours eurent une contestation pour la possession d'un prieuré. Tous les moyens amiables ayant été épuisés, il fallut bien recourir au duel judiciaire, et une charte fort authentique du temps nous fournit les curieux détails de la rencontre qui se produisit. Les deux champions, vêtus d'une chemise d'étoupes recouverte d'une tunique en drap rouge, apparurent, la tête découverte, les cheveux taillés en rond et les pieds nus. Leur bras gauche portait un bouclier de bois, couvert de cuir rouge, et leur main droite était armée d'un bâton long de trois pieds. Avant le combat, ils entendirent la messe et affirmèrent tous deux, la main sur le missel, qu'ils combattaient pour le bon droit. Par suite, chacun dit à l'autre qu'il en avait menti, comme imposteur et parjure.

Et ils entrèrent dans le champ-clos.

Un crieur le parcourait, annonçant les châtiments les plus sévères pour quiconque favoriserait l'un ou l'autre des combattants, soit par gestes, soit par paroles. Le juge du duel, nommé le sire de la Roche, dit alors aux deux champions : « Allez, et faites du mieux que vous pourrez ! »

Les coups de bâton commencèrent aussitôt de pleuvoir, et bientôt le champion de l'abbaye de Marmoutiers renversait sur le sol son adversaire. Celui-ci dut s'avouer vaincu et ses clients, les moines de Talmont, quittèrent le théâtre du duel, « le deuil peint sur le visage ». Tous les témoins, au nombre de trente-six, apposèrent leur signature au bas d'un procès-verbal en forme de charte, rédigé pour la circonstance afin de constater le résultat du combat et le droit réel qu'il venait ainsi de conférer aux religieux de Marmoutiers [1].

---

[1] Duel judiciaire entre deux communautés religieuses, 1098. Article de M. Marchegay, paru dans la *Bibliothèque de l'Ecole des Chartes*, 1re série, tome I.

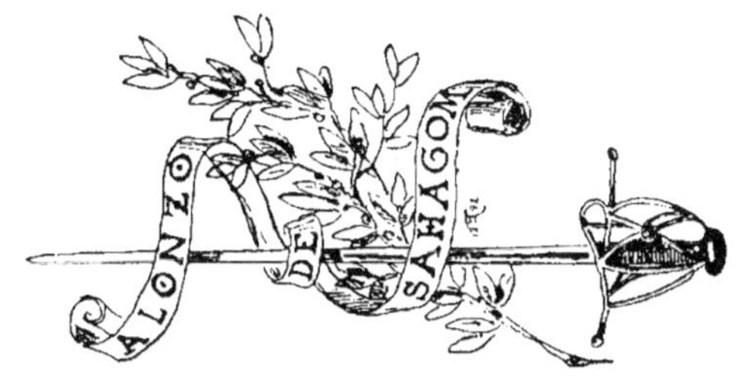

II

PREMIERS ESSAIS DE RÈGLEMENTS

ES pratiques superstitieuses et ridicules subsistèrent jusqu'à la seconde moitié du XIIIme siècle. C'est à saint Louis qu'appartient l'honneur de les avoir proscrites, du moins dans le domaine royal. En effet, l'un des chapitres de ses célèbres *Etablissements*, le véritable code de la France à cette époque, est tout entier consacré à l'abolition du duel judiciaire. En voici les principales dispositions, que nous traduisons ici en français moderne, laissant en note le texte original :

« Nous interdisons les batailles sur tout notre domaine pour toutes les querelles, mais nous ne proscrivons ni les instances, ni les réponses, ni les ajournements, ni tous les autres usages qui ont été jusqu'à maintenant en vigueur devant les tribunaux laïcs, suivant la coutume des différents pays, si ce n'est que nous en supprimons les batailles, auxquelles nous substituons la preuve par témoins et par chartes. Et de même, nous ne supprimons pas les autres preuves bonnes et loyales qui ont été, jusqu'à ce jour, en usage devant les tribunaux laïcs.

« Nous ordonnons que, lorsqu'un homme veut en appeler un autre pour un fait de meurtre, il soit entendu, et, qu'au moment de déposer sa plainte, on lui dise : Si tu veux appeler pour meurtre, tu seras entendu, mais il faut que tu t'engages à subir la peine que ton adversaire souffrira. Et sois informé que tu n'auras pas le droit de te battre, mais qu'il te faudra faire la preuve par des témoins jurés. Il convient que tu en aies deux bons, au moins, et amènes-en, pour faire la preuve, autant qu'il te plaira et qu'il te paraîtra nécessaire. C'est cela qui te servira comme cela doit te servir, car nous ne supprimons aucune preuve admise jusqu'ici en cour laïque, mais seulement les batailles, et sache bien que ton adversaire pourra répliquer contre les témoins.

« Et quand on aura ainsi parlé à celui qui veut appeler, s'il ne persiste pas, il le peut sans peine et sans danger ; s'il persiste, il fera son appel suivant la coutume du pays et aura ses délais et ajournements. Et celui qu'il appellera aura ses défenses et ajournements suivant la coutume du pays. Et lorsqu'on en sera au point où il y avait lieu à bataille, celui qui prouvait par bataille prouvera désormais par témoins.

Et les juges feront venir les témoins aux frais de celui qui les requiert.

« C'est de cette façon qu'on agira pour toutes les affaires de trahison, de rapt, d'incendie, de larcin et de tous crimes où il y ait danger de perdre la vie ou un membre, là où autrefois on se servait du duel. Dans tous les cas, si quelqu'un est accusé devant un bailli, celui-ci entendra l'exposé de la querelle jusqu'au moment de faire la preuve. A ce moment, il nous en saisira, et, pour entendre les preuves, il fera venir un de ceux que nous envoyons pour rendre les jugements.

« Si quelqu'un est convaincu de faux témoignage dans un procès de ce genre, il sera à la disposition de la justice. Donc, nous supprimons pour toujours les batailles dans notre domaine, et pour tout le reste, nous voulons que les choses se passent comme il a été dit plus haut, de façon à ce que nous puissions ajouter, diminuer et modifier quand il nous plaira, si nous voyons que ce soit utile » [1].

---

(1) « Nous deffendons les batailles par tout notre domaine en toutes querelles, mais nous n'ostons mie les clains, les responces, les contremanz ni tous autres erremens qui ont esté accoutumez en cuur laie, jusques à ores, selon les usages des divers pays, fors tant que nous en ostons les batailles, et au lieu de batailles, nous mettons preuves de tesmoins et de chartres. Et si (*aussi*) nous n'ostons mie les autres preuves bonnes et loiaux qui ont esté accoutumées en cort laie, jusques à ores.

« Nous commandons que si aucun homme veut appeler un autre de meurtre, qu'il soit oy, et quant il voudra faire sa clamor, que l'en lui die : « si tu veux appeler de meurtre, tu seras oy, mais il convient que tu te lies à souffrir telle peine comme ton adversaire souffriroit s'il étoit atains. Et sois certains que tu n'avras point de bataille, ains te conviendra prouver par tesmoins jurez, et ainsi convient que tu en aies deux bons au moins, et bien ameine tant de tesmoins comme il te plaira à prouver et tant comme tu cuideras (*croiras*) que aidier te doie. Et ainsi cela te vaille, ce que te doit valoir, car

On l'aura remarqué : dans cette ordonnance, le roi ne défendait l'usage du duel que sur l'étendue de son domaine, et d'ailleurs il ne pouvait en être autrement, car les autres parties du royaume étaient gouvernées chacune par un seigneur qui était maître souverain et réglementait à sa guise. C'est pour cela que l'on constate l'usage encore existant du duel judiciaire, longtemps après le règne de saint Louis, dans des provinces toutes voisines du domaine royal, en Orléanais ou en Anjou, par exemple. Même sur les terres du roi, la prohibition ne fut jamais absolument respectée et, chose bizarre, on voit, en 1269, un duel judiciaire avoir pour témoin l'un des dignitaires du Chapitre de la Cathédrale de Paris.

Une preuve, plus péremptoire encore, que le duel

nous ne tolons nulle preuve qui n'aist esté reçue en cort laie jusques à ores, fors que la bataille, et sache bien que ton adversaire pourra dire contre tes tesmoins ». Et si cil qui apeller veut, quant l'on li avra einsi dit, ne veut porsivre sa clamor, laissier la peut sans peine et sanz peril, et s'il veut sa clamor porsigre, il fera sa clamor si comme l'en la doit faire par la coustume du pays, et avra ses respiz et ses contremanz. Et cil que l'en apellera avra ses deffenses et ses contremanz selon la costume de la terre. Et quant l'en viendra au point où la bataille soloit de venir, cil qui par bataille prouvoit, si bataille fust, si prouvera par tesmoins. Et la justice fera venir les tesmoins aux couz de celui qui les requiert.....

« En ceste manière ira l'on en avant ès querelles de trahison, de rapt, d'arson, de larrecin et de tous crimes où il y ait péril de perdre vie ou membre, là où on faisoit bataille. Et en tous ces cas devant dits, si aucun est accusez par devant aucun *(quelque)* bailli, li bailli orra la querelle jusques aux preuves, et adonc il nous le fera assavoir, et as preuves oir appellera celui que nous y enverrons de ceux qui devront estre au jugement faire....

« Si aucuns *(quelqu'un)* est repris ou atainz de faux témoignage ès querelles devant dites, il demourra en la volonté à la justice.

« Et les batailles ostons nous en nostre domaine à toujoursmais, et volons que les autres choses soient tenues en notre domaine si comme il est devisé par dessus, en tel manière que nous y puissions mettre et oster et amender quant il nous plaira, si nous veons que bien soit. »

judiciaire n'avait pu disparaître complètement, est que Philippe le Bel dut édicter une nouvelle ordonnance, en 1296, pour l'interdire dans ses Etats, *tant que la guerre durera*. Voici la traduction de cet acte, rédigé en latin :

Notre sire le Roi a décidé, pour le bien de tous et les nécessités de son royaume que, tant que la guerre durera, il n'y aura aucune autre guerre dans le royaume ; s'il y en avait une déjà commencée, ceux qui l'auraient entreprise devront faire des trêves et se donner des gages devant être valables un an, suivant l'usage des pays ; puis, l'année finie, ils reprendront leurs hostilités... Tant que la guerre durera, il ne sera pas admis que l'on donne de gages de batailles et l'on ne plaidera que dans les cours royales et les justices inférieures, seulement par la voie ordinaire... Tant que la guerre durera, il ne se fera ni tournois, ni joùtes, ni chevauchées.

Au mois de janvier 1303, cette ordonnance fut de nouveau promulguée, dans des termes à peu près identiques, qui nous dispensent de la reproduire. Les défenses demeuraient, sans doute, lettre close, ou plutôt étaient constamment violées, si bien que trois ans plus tard, le mercredi après la Trinité de 1306, Philippe le Bel « attempéra » lui-même les ordonnances qu'il avait rendues, et autorisa le duel dans les cas avérés « d'homicide, trahison ou autres griefs, violences ou malefices ». Une sorte de code des combats

singuliers fut rédigé en conséquence, la même année
ou l'année suivante, et il est indispensable d'en faire
connaître les plus curieuses dispositions :

L'appelant doit se présenter le premier sur le champ
à l'heure de midi, et le *défendant* avant l'heure de
none (c'est-à-dire à trois heures de l'après-midi) : si
l'un des deux manque à cette prescription, il est
considéré comme défaillant et jugé. Puis, un héraut
ou roi d'armes vient à cheval à la porte des *lices*, et
pousse trois appels ou *cris*, après lesquels il fait les
recommandations suivantes : « Or oez (entendez), or
oez, seigneurs, chevaliers, escuyers et toutes manières
de gens que nostre souverain seigneur, par la grace de
Dieu roy de France, vous commande et deffend, sur
peine de perdre corps et avoir, que nul ne soit armé,
ne porte espées ne autres harnois quelconques, si ce
ne sont les gardes du champ et ceux qui, de par ledit
Roy nostre sire, en auront congié. Ainçois (mais), le Roy,
nostre souverain seigneur, vous defend et commande
que nul, de quelconque condition qu'il soit, durant la
bataille ne soit à cheval, et ce aux gentilhommes, sur
peine de perdre le cheval, et aux roturiers sur peine
de perdre l'oreille. Et ceux qui convoyeront (condui-
ront) les combatans, eux descendus devant la porte du
champ, seront tenus de incontinant renvoyer leurs
chevaux, sur la peine que dit est. Ainçoys, le Roy
nostre sire vous commande et deffend que nulle personne, de quelconque condition qu'il soit, ne entre au
champ, sinon ceux qui seront deputés, ne ne soient sur
les lices, sur peine de perdre corps et biens. Ainçoys,

le Roy nostre sire commande et deffend à toutes personnes, de quelconques conditions qu'ils soient, qu'ils se assient sur banc ou sur terre, afin que chacun puisse voir les parties combatre, et ce sur peine du poing. Ainçois, le Roy nostre sire vous commande et defend que nul ne parle, ne signe, ne tousse, ne crache, ne crie, ne fasse aucun semblant, quel qu'il soit, sur peine de perdre corps et avoir. »

Des « pavillons » ou tribunes sont élevés sur le champ clos, où prennent place les juges du combat appelés « maréchaux de camp » et les amis des deux parties, chacune ayant son pavillon séparé. Puis, l'appelant vient le premier, à pied, la visière haute, armé de toutes ses armes et, devant un crucifix, il prête serment : « J'ay certainement juste et bonne querelle et bon droit d'avoir, en ce gaige de bataille, appellé tel N. comme faux et mauvais, traistre, meurtrier. » Un prêtre est là qui reçoit les serments et admoneste les combattants. « Et quand tout sera en point, lors le maréchal part en criant trois fois : Laissez-les aller, laissez-les aller, laissez-les aller ! Et ces paroles dites, jette le gant, et alors, qui veut se monte prestement à cheval... Voulons et ordonnons que le vainqueur se parte des lices honorablement à cheval, par la forme qu'il y est entré, s'il n'a essoine (blessure) de son corps, portant le baston duquel il aura desconfit son adversaire en sa dextre main, et lui seront ses pleiges (gages) et hostages delivrés... Item, voulons et ordonnons que le cheval, comme dit est, du vaincu, et généralement toutes les autres choses que le vaincu

aura apportées au champ, soient et appartiennent de
droit au connestable, mareschaux ou mareschal du
camp qui, pour ce jour, en auront eu la charge et la
garde » [1].

(1) *Recueil des Ordonnances des rois de France*, t. I, p. 435 et suivantes.

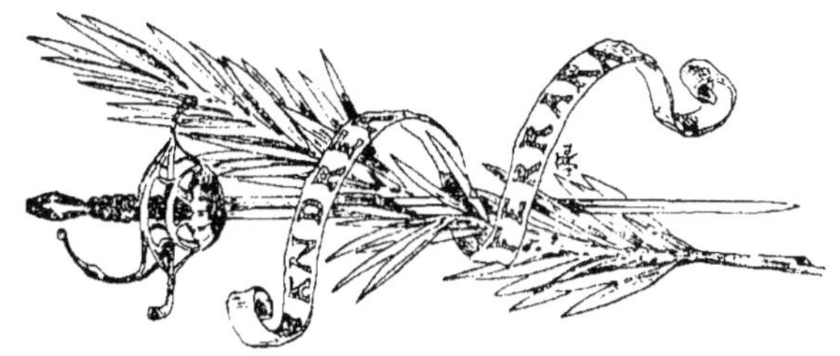

III

LES DUELS DE CHEVALIERS

USQU'ICI, nous n'avons encore parlé que du
duel judiciaire, ayant pour objet de tran-
cher, par l'adresse d'un champion ou le
hasard des armes, une question litigieuse.
Il est temps maintenant d'en venir au véritable duel, celui qui a pour mobile l'honneur,
pour but la réparation d'une offense morale, et
non plus la solution d'un procès : le code du combat,
réglé par Philippe le Bel en 1306, et que l'on vient
de lire, est une transition toute naturelle entre ces
deux espèces de duels, car, on l'a remarqué, il s'y
agissait déjà de rencontres entre deux hommes défendant *personnellement* leurs intérêts, matériels ou
moraux, tandis qu'auparavant, ce soin était laissé à des
combattants gagés.

Du XIme au XIIIme siècle, c'est-à-dire pendant tout le
temps que dura la chevalerie, le duel pour l'honneur

fit partie intégrante des mœurs ; il est permis de dire qu'il fut l'âme de la chevalerie. Ouvrez n'importe laquelle de ces chansons de gestes, de ces épopées si nombreuses que vit éclore le règne des premiers Capétiens et dont les guerres de la dynastie précédente, de Charles Martel, de Charlemagne et des autres rois « à la barbe fleurie » étaient le sujet : il n'en est aucune qui ne contienne le récit d'un ou de plusieurs duels héroïques. Prenons-en une, au hasard, *Otinel*, par exemple, où est racontée une expédition de Charlemagne, en Lombardie, contre les Sarrasins, commandés par le roi Marsile. Otinel est l'ambassadeur de ce dernier : il vient sommer Charlemagne d'abjurer la foi chrétienne ; mais, à la suite d'un duel avec Roland, motivé par une insulte violente du païen, Otinel se convertit, combat désormais contre les infidèles, et y gagne la main de l'infante Belisent avec la couronne de Lombardie.

Dans ce poëme naïf, le récit du duel entre Otinel et Roland occupe une très large place, près de 500 vers. Nous allons essayer de l'analyser rapidement, en en donnant quelques extraits. Les douze pairs amènent Roland et le revêtent eux-mêmes de ses armes :

> *Si l'ont armé bel et cortesement ;*
> *Ou dos li restent un haubert jaserant ;*
> *Grosse est la maille et derrière et davant,*
> *Ou chief* [1] *li lacent un vert hiaume luissant*
> . . . .
> *Ai col li pendent un fort escu pesant,*
> *Paint à azur et à or, gentement.*

[1] Sur la tête.

Enfin on lui apporte Durandal, la fameuse épée, et la selle est posée sur Blanchart, le bon destrier courant. Roland s'y élance sans toucher de l'éperon et va faire un élai [1] vers « Karles le puissant » (Charlemagne), qui lui dit : « Jhésu te soit aidant ! » Son adversaire, Otinel, est de même équipé ; lui aussi fait son élai sur son cheval Migrados devant l'empereur, mais celui-ci s'écrie :

Jhésu te soit nuisant,
Car moult me fais courroucé et dolant !

Le guerrier va saluer alors la belle qui l'a armé, Belisent, pour laquelle il va faire des prodiges de valeur, et le combat s'engage après que Roland a poussé le cri de guerre :

Je te défie dès ici en avant !
Dit Otinel : Et je toi ensement !

Et le combat s'engage.

Ce samble foudre qui du ciel voist chéant. (²)
Les lances tindrent li chevalier vaillant,

(1) Sorte de parade à cheval, préliminaire du duel ou du tournoi.

(2) Il semble que la foudre vienne, tombant du ciel. Les chevaliers vaillants tiennent leurs lances ; les gonfanons, vont agités par le vent. Les combattants se donnent de grands coups par devant sur leurs écus, brisant les trames de soie d'Orient. Ni fleurs ni peintures ne peuvent être protégées, mais les hauberts ne se faussent nullement, tant ils sont forts, et aucun ne se rompt. Sur les poitrines plient les épées tranchantes ; tous deux font des passes si habiles que ni l'un ni l'autre ne perd rien de son avantage. Dieu ! dit le roi, or je vois une grande merveille ; c'est comme ce païen se tient en face de Roland ! Belissant répond : mes armures sont bonnes et celui qui les porte ne se conduit pas comme un couard. Et Roland tient Durandal la tranchante ; il en frappe Otinel sur son heaume luisant, si bien qu'il lui a tranché par devant le nasal (partie du heaume ou casque qui protégeait le nez des guerriers).

Li gonfanon vont au vent ventelant.
Grands cous se donnent en leurs escuz devant,
Rompent les guiges de paile d'Orient
Flours ne painture n'i pot avoir garant,
Mais li haubert ne vont mie faussant,
Tant furent fort nen i va nul rompant,
Sur les petrines ploient li fer tranchant
Outre s'en passent andri si quitemant
Que l'un ne l'autre n'i a perdu niant.
« Diex, dit li rois, or voit merveille grant
Que cil païens s'est tenus vers Rollant ! »
Dit Bellissant : Bon sont mi garnement,
Cil qui les porte ne va pas couardant
Et Rollans tint Durendal la trenchant ;
Fiert Otinel sur son hiaume lussant,
Que le nasal li a trenché devant.

. . . .

Otinel tombe de son cheval, mais il s'y remet
prestement, et les coups terribles continuent de
pleuvoir de part et d'autre sur les armures. Durandal,
l'épée de Roland, et Courecousse celle d'Otinel, font
merveilles, qui arrachent à Charlemagne des cris
d'admiration :

Dieu ! dit le roi, com cist coup est pesant !
Sainte-Marie, garisses-moi Rollant !

Puis, un peu plus tard :

Diex ! dit le Roi, tretot le cuer me mant !

C'est à dire : le cœur me manque.

Cependant, entre deux reprises, le comte Roland
s'écrie : « Otinel, si tu veux abandonner Mahomet, si
tu veux croire en Dieu qui souffrit la passion, tu
en recevras une grande récompense : c'est Belisent,

la fille du roi Charles, ma cousine germaine : je te la donnerai, sans nulle trahison, et toi et moi nous serons compagnons. Aussi, nous conquerrons et châteaux et donjons ». Mais Otinel le traite de félon, et le menace de le frapper si bien que désormais il ne puisse plus dire ni oui ni non. Cette fois, la lutte reprend, sans merci. Heaumes et hauberts sont rompus et peu s'en faut que la vaillante Durandal elle-même ne se brise. Les Français ont peur pour Roland :

Durement prient le père tot puissant
Qu'il le garisse contre le mescreant,
Et qu'il n'i soit vaincu ne recreant.

A ce duel épique, il fallait un dénoûment surnaturel. Une colombe vient voler au-dessus de la tête d'Otinel ; c'est le Saint-Esprit qui descend, par ordre de Jésus-Christ, pour convertir le cœur du païen : celui-ci s'écrie alors qu'il renie Mahomet et Apollon et Jupiter, qu'il croit en Dieu. En même temps, il jette son épée sur « l'erbe verdoiant » et tombe dans les bras de Roland qui lui donne l'accolade :

Les bras tendus se vont entrecolant.

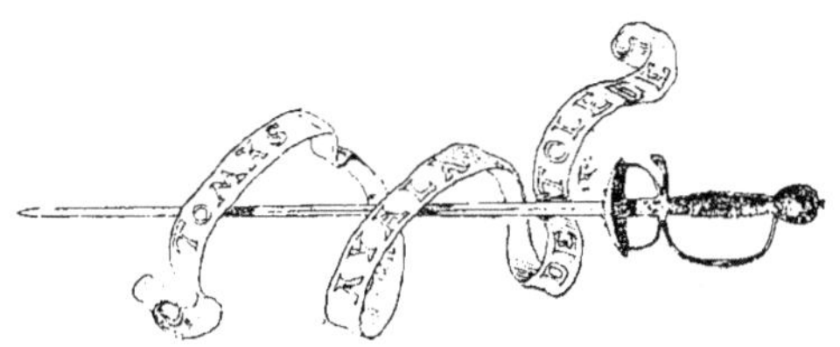

Nous nous sommes un peu étendus sur le récit de ce duel : c'est qu'en l'analysant nous avons du même coup analysé tous ceux que fournissent en si grand nombre les chansons de Gestes. Le duel d'Otinel et de Roland s'y retrouve, avec de légères variantes, et dans le roman de Fierabras et dans Girart de Roussillon et dans Huon de Bordeaux. Le nom de l'un des combattants y change chaque fois ; l'autre héros est presque toujours invariable : c'est le vaillant Roland, armé de sa fière Durandal. Notre grand poëte Victor Hugo a admirablement traduit tous les épisodes de ces combats de géants dans la pièce de la *Légende des Siècles* qui porte pour titre : Le Mariage de Roland, et qui a pour sujet le duel prodigieux, durant trois jours et trois nuits, de Roland et du jeune Olivier. Comme dans *Otinel*, l'issue du duel est un mariage :

C'est ainsi que Roland épousa la belle Aude.

A coup sûr, de pareilles rencontres, héroïques, homériques, n'ont pu se produire que dans l'imagination des poëtes, mais il est bien certain que les duels entre chevaliers étaient très fréquents et, nous le répétons, inhérents à la chevalerie même. On sait que, vers le XIIᵉ et le XIIIᵉ siècle, il exista toute une catégorie de guerriers, appelés chevaliers errants, dont la profession pour ainsi dire, était de mettre flamberge au vent à tout propos, car ils juraient que quiconque avait seulement effleuré leur manteau devait se mesurer avec eux.

Nous avons retrouvé parmi les manuscrits de la
Bibliothèque Nationale (¹) un très curieux règlement
du duel des chevaliers au moyen-âge. Cet ouvrage
a été rédigé au XVIᵉ siècle par un auteur inconnu,
mais il est visiblement inspiré par la tradition, et les
renseignements qu'il nous fournit méritent toute
créance. Il débute par de longues et subtiles distinc-
tions sur le provocateur et le provoqué. Pour éviter
que ce dernier puisse se cacher et se dérober au
combat, il faut que « les lettres provocatoires soient
portées par messager féal au domicile d'icelluy provoqué, et affigées et attachées par les places et lieux
où il souloit avoir fréquentation, ou bien soit paten-
tement appelé ».

Le duel peut être refusé quand le provocateur est
infâme, entaché d'un déshonneur, ou bâtard, ou qu'il
a déjà été *vaincu*, ce qui signifie qu'il aurait refusé
un duel antérieur.

Il est défendu de provoquer en combat singulier les
clercs (prêtres) ou les vieillards (qu'on se rappelle
le *romancero du Cid*, où Corneille a puisé le sujet de
sa tragédie) ; le beau-fils ne doit pas se battre en
duel avec son beau-père ; un homme brave, s'il est
de condition médiocre ou roturière, ne peut provoquer un duc, un marquis ou un comte.

---

(1) Manuscrit du fonds français, nº 2259 : Les lettres de provocation seront portées par
un messager fidèle au domicile de celui qu'on a provoqué ; elles seront affichées et fixées
aux endroits où il a l'habitude de se trouver ; ou bien il sera publiquement convoqué à
son de trompe ; et enfin l'on déclarera à son juge normal qu'il ait à donner avis plein et
entier du tout au dit personnage provoqué, qui se cache et refuse de comparaitre.

Le manuscrit indique que la plus grande liberté est laissée pour le choix des armes : épées, dagues, piques, hallebardes, pertuisanes, corcesques, lances, masses, coutelas, épieux, etc. Quand le combat est engagé, si l'un des deux adversaires vient à être désarmé, l'autre n'est nullement tenu de lui laisser reprendre son arme : « il luy est honnestement loysible à l'heure luy donner sa charge, s'il peult, ce qui est pareillement licite à combatans à cheval ».

Enfin, notre traité contient une formule de cartel que nous transcrivons fidélement :

« Seigneur, toutes et quantes fois que vous avez dict, faict dire, escript ou faict escripre allencontre et au préjudice de mon honneur, aultant de foys avez par la gueule menty, et le nyant avez semblablement menty. Par escript je ne veulx user d'injurieuses vilanies, comme chose plus convenable à vile et envieuse personne que à chevalier, me reservant si ce n'est par vostre deffault, parler à vous les armes au poing. En foy de quoy, etc. ».

On peut rapprocher ce cartel du défi suivant, qui nous est fourni par le dernier éditeur de Brantôme, d'après un autre manuscrit :

« Monsieur, vous estes si peu de chose que, n'estoit l'insolence de vos parolles, je ne me souviendrois jamais de vous. Ce porteur vous dira le lieu où je suis, avec deux espées dont vous aurez le choix. Si vous avez l'asseurance d'y venir, je vous osteray la peine de vous en retourner ».

On ne peut guère, en s'occupant de l'histoire du

Le Tournoy où le Roy Henry II fut blessé a mort le dernier de Iuin. 1559.

duel, passer sous silence ce qui a trait aux tournois.
En réalité, pour le moyen-âge, le duel était au tournoi
ce qu'il est, dans nos habitudes, à l'assaut d'armes,
c'est-à-dire que dans un cas on cherchait à blesser, à
tuer même, tandis que dans l'autre cas il ne s'agissait,
comme maintenant dans l'assaut, que de s'exercer la
main ou de montrer son habileté et ses « prouesses »
(c'était le mot consacré) devant une nombreuse et
brillante assemblée. Cependant, au moyen-âge, le
tournoi se confondit fort souvent avec le duel proprement dit. Soit qu'il y ait eu accident, soit que l'ardeur
du combat ait fait oublier aux combattants le véritable but de leur rencontre, qu'ils aient *vu rouge*, en un
mot, il arriva très fréquemment que les tournois
eurent un dénoûment meurtrier. Plus les armures
étaient solides, plus les chevaliers étaient bardés de
fer, ne laissant rien apparaître de leur visage ou de
leur corps, et plus les coups frappés étaient violents.
Quoi de surprenant, dès lors, si la pointe d'une lance
lancée avec trop de vigueur pénétrait au défaut de la
cuirasse et mettait à mal quelque brillant joûteur !
Le souvenir de Henri II, tué ainsi dans un tournoi
par Montgommery est présent à toutes les mémoires.
Au surplus, les règles du tournoi et celles du duel
étaient identiques. Pour l'un comme pour l'autre, un
champ-clos était nécessaire, champ-clos fermé de
lices, orné de tribunes où prenaient place de nombreux
spectateurs ; dans les deux cas, il y fallait des juges
de camp pour prononcer sur la valeur des coups portés, des hérauts d'armes pour veiller à ce que rien ne

se passât que correctement. Etait-ce un tournoi ou un duel que cette rencontre qui eut lieu en 1383, près de Saint-Martin des Champs à Paris, entre le chambellan du roi Guy de la Tremouille et un chevalier anglais, Pierre de Courtenay ? Nous ne saurions l'affirmer, mais du moins il nous a paru utile de reproduire la pièce suivante, jusqu'ici inédite, et qui montre avec quelle solennité furent réglés les moindres détails de l'engagement :

« Charles, par la grâce de Dieu roy de France, à noz ames et feaulx les generaulz conseillers ordonnez sur les aides pour le faict de la guerre, salut. Nous avons ordonné certaines lices et autres ouvrages estre fais devers St-Martin des Champs à Paris pour la bataille ou entreprinse de nostre amé et feal chevalier et chambellan Guy de la Tremouille, et de Pierre de Courtenay, chevalier anglais. Si voulons et vous mandons que sans reffus ou aucun delay vous faictes bailler et delivrer, par Bertault *à la Dent*, receveur général des dits aides, argent et finance qui pour ce sera necessaire à M⁵ Raymon, maistre maçon et à M⁵ Jacques, maistre charpentier de nos œuvres . . . .

Donné en nostre palais royal à Paris le 8ᵉ jour de juillet l'an de grâce 1383 et de nostre règne le tiers, soubz nostre scel ordonné en l'absence du grant » [1].

Ne quittons pas le moyen-âge sans emprunter à Froissart, le brillant chroniqueur des chevaliers et de leurs hauts faits d'armes, le récit imagé de l'un de ces

____

[1] *Bibl. nationale*. Manuscrits Clairembault, vol. 901, fol. 109.

tournois qui étaient, en réalité, de véritables duels.
Si celui-ci ne fut pas suivi de mort d'homme, il faut
convenir que ce n'était pas la faute des combattants,
mais bien parce que les armures étaient d'une trempe
singulière :

« En ces jours dessus dits (1387), le Roy estant à
Monstreau, ung faict d'armes s'entreprint de ung chevalier d'Angleterre qui estoit avecques le duc d'Irlande, lequel on appelloit messire Thomas Hapurghan,
et de messire Jehan des Barres ; de laquelle tâche il
fut parmy le royaume de France grant bruyt, grans
nouvelles, et ailleurs aussy. Et se devoit faire l'em-
prinse à fait d'armes de cinq lances à cheval et de cinq
coups d'espée et de cinq coupz de dague et de cinq
coupz de hache, et si leurs armeures, dont ils devoient
frapper, rompoient, ils en devoient recouvrer de nouvelles, tant que les dictes armes seroient parfaictes.
Si montèrent les chevaliers ung jour sur leurs che-
vaulx quand ilz se furent bien armez, ainsi que à telle
chose appartient, pourveuz de tous leurs harnois pour
faire leurs armes, et là estoient le Roy et les seigneurs
à grant foison de barons et de chevaliers et de peuple
pour veoir les armes. Si joustèrent sur chevaux de
quatre lances moult roidement et furent bien assez
assises. Et estoit l'usage (et me semble à tout le moins
comme estoit-il adonc), que l'on n'attachoit son baci-
net que à une seule lanière, affin que le fer du glaive
se tenist. Le cinquiesme coup du glaive fut tel que
messire Jehan des Barres consuyoit tout à plain coup
en la targe (bouclier) du chevalier anglois, dont il

s'estoit couvert, et l'empoigna de telle manière qu'il le porta jusque par oultre la crouppe de son cheval et l'abbatit tout estourdy, et convint à grand peine messire Thomas relever. Depuis, fut-il remis à point et parfirent leurs armes bien et bel, tant que le Roy et les seigneurs s'en contentèrent ».

C'étaient de rudes hommes, il faut en convenir, que ces chevaliers du moyen-âge, et ils se portaient des coups singulièrement formidables! Mais tout bardés et cuirassés de fer comme ils étaient, recevant, sans en être même égratignés, le choc d'une masse d'armes, frappant d'estoc et de taille, étaient-ils donc de beaucoup plus braves et moins dédaigneux du danger que les duellistes dont nous allons maintenant parler, mignons, muscadins, incroyables, — et aussi que les hommes de notre temps, tous ceux, enfin, qui n'ont plus songé à opposer à la pointe de l'épée que la trame légère d'un pourpoint de soie ou d'une fine batiste, derrière laquelle, tout près, bat le cœur?

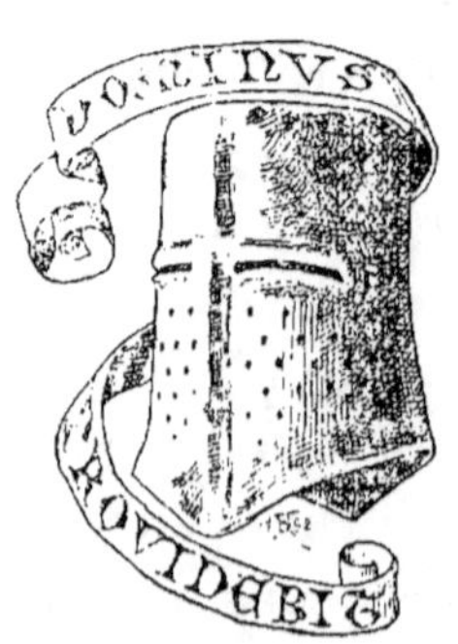

IV

LE SEIZIÈME SIÈCLE

Les mœurs, au XVIe siècle, se transformèrent en même temps que le goût artistique se modifiait, que l'antiquité redevenait en faveur, que le contact de l'Italie introduisait dans la société un peu brutale et hérissée qu'avaient faite les coutumes du moyen-âge, plus de politesse et de raffinement. L'histoire du duel, qui est toujours comme le reflet de l'évolution sociale, se ressentit de ces changements.

Ce ne sera plus, comme nous le disions tout à l'heure, avec une massive cuirasse et une épée à deux tranchants que les vaillants chevaliers iront sur le terrain régler une affaire d'honneur, ou simplement parader dans les tournois. Leur vêtement sera celui qu'ils portent à la cour ou à la ville, lorsqu'ils vont

saluer les belles dames et leur débiter des madrigaux ;
l'épée seule reste, et restera longtemps encore, comme
une marque de gentilhommerie et le dernier souvenir
des preux chevaliers d'antan ; mais ce sera une épée
élégante comme le costume, finement ciselée et da-
masquinée, le précieux cadeau offert au jeune seigneur
par la dame de ses pensées.

François Ier, qui mit à la mode toutes ces grâces et
toutes ces élégances, ne fut pas cependant indulgent
au duel ; on prétend qu'il n'en toléra aucun durant
son règne, — ce qui n'est pas exact ; — mais du
moins, il n'en autorisa jamais. Au reste, il n'avait
que trop besoin du sang de ses chevaliers, d'abord
pour les brillantes guerres d'Italie, puis pour sa lutte
avec Charles-Quint.

C'est en ce temps que nous commençons à assister
aux débuts, bien vagues encore et hésitants, d'un tribunal spécialement chargé du règlement des affaires
d'honneur, celui de la connétablie ou maréchaussée
de France, qui prendra tant d'autorité au siècle suivant.

Du temps de François Ier, également, se réunit, en
1545, le célèbre concile de Trente qui, dans une de
ses dispositions, interdisait formellement le duel au
nom de la religion catholique. Voici le texte de cette
délibération :

« L'usage détestable des duels, qui a esté introduit
par l'artifice du demon pour perdre les ames après
avoir donné cruellement la mort au corps, doit estre
entièrement aboli par les chrétiens.

Gᴜɪ Cʜᴀʙᴏᴛ, seigneur ᴅᴇ Jᴀʀɴᴀᴄ

(d'après un dessin du temps, conservé au Cabinet des Estampes de la Bibliothèque Nationale).

« Nous excommunions dès à present et sans autre forme de procès tous empereurs, tous rois, ducs, princes, marquis, comtes et autres seigneurs temporels à quelque titre que ce soit, qui auront assigné et accordé quelque lieu pour le duel entre les chrétiens.

« Pour ceux qui se seront battus, et les autres, vulgairement nommez leurs parrains, nous voulons qu'ils encourent la peine de l'excommunication et de la proscription de tous leurs biens, et passent desormais pour gens infames, et soient traitez avec la même severité que les sacrez canons traitent les homicides. Et s'il arrive qu'ils soient tuez dans le combat, ils seront pour jamais privez de la sepulture en terre sainte.

« Nous ordonnons, en outre, que non seulement ceux qui auront approuvé ou donné conseil de se battre ou qui y auront induit et porté quelqu'un, en quelque manière que ce soit, mais encore ceux qui y auront assisté en qualité de spectateurs, soient excommuniez, frappez d'anathème perpetuel, sans avoir egard à aucun privilège ou mauvoise coustume introduite, quoique de tems immemorial. »

Bien qu'ennemi du duel, François Ier protesta contre cette décision, mais uniquement pour cette raison que, l'acceptant, il aurait paru s'incliner devant la supériorité du spirituel sur le temporel.

A peine le vainqueur de Marignan est-il mort que son fils Henri II autorise (10 juillet 1547) une rencontre solennelle entre Jarnac et la Châteigneraye. Nous raconterons plus loin ce célèbre duel ; ce qu'il faut noter ici, c'est qu'il fut le dernier qu'un roi de France ait laissé s'accomplir en sa présence. Tous les autres, — et ils furent nombreux, — purent ne pas être poursuivis ; jamais plus, ils n'eurent la sanction réelle du roi. Au surplus, la mort tragique de Henri II dans sa joûte avec Montgommery n'était pas de nature à rendre la faveur officielle aux combats singuliers, qu'ils s'appelassent tournoi, joûte ou duel proprement dit.

Qui n'a lu, dans les récits des chroniqueurs contemporains ou dans ceux de romanciers célèbres de notre temps, — parmi lesquels il faut distinguer Prosper Mérimée et sa *Chronique du règne de Charles IX*, — qui n'a lu l'histoire de la noblesse française à la Cour des derniers Valois ? A chaque page, pour chaque jour, c'est une nouvelle aventure de cape et d'épée, et ce serait la matière d'un gros volume que de les raconter toutes. Qu'il suffise de rappeler ici les noms des Bussy d'Amboise, des La Mole, des Coconnas, des Caylus, et de ces trop fameux mignons d'Henri III qui s'entretuèrent si bien un matin en sortant du Louvre, au marché aux chevaux, près de la Bastille.

Il nous sera permis, du moins, de montrer dans quelle forme tous ces hardis batailleurs sollicitaient du roi le droit de risquer une vie dont ils paraissaient si peu soucieux. Voici un placet adressé par Bussy à Henri III au sujet de coups d'épée qu'il avait failli recevoir de Caylus, en plein Paris, à la porte Saint-Honoré, le 1er février 1578, sans qu'il y eût eu,

La Chateigneraie

d'après le chroniqueur Pierre de l'Estoile [1], la moindre provocation antérieure :

« SIRE,

« Je crois que Votre Majesté sera fidellement avertie de ce que je fus l'autre jour assailly, ce qui me gardera de vous importuner davantage, comme de chose dont la redite ne peut contenter l'aureille d'une âme genereuse. Seulement, me mettray à vos pieds, Sire, pour vous supplier très humblement, comme votre très humble et très obeissant et très fidelle sujet et serviteur, qu'il vous plaise me faire justice. Vous me la devez, comme chose que le Tout-Puissant a mise en vos mains avec le sceptre, pour la departir à ceux qui vous la demandent, comme presentement je fais et en toute humilité, n'alléguant ny vos defenses violées, ny la forme dont je fus attaqué, pour me satisfaire; mais qu'il vous plaise, Sire, pardonnant au sieur de Caylus l'interrest de son offense, permettre sous l'assurance d'un cavalier d'honneur tel que Monseigneur votre frère nommera, comme je l'en ay très humblement requis, je me puisse contenter avec ledit Caylus par la voye que les hommes d'honneur tiennent en leur vengeance, encore que l'acte dont je me plains ne m'oblige à telle raison; mais je vous le demande à genoux, à main jointe et plus que très humblement, Sire, protestant devant Vos Majestés où je m'incline en toute humilité que, trois jours après l'assignation

(1) Tome I, page 232 de l'édition de 1875.

seurement reconnue, je m'y trouveray en la même façon que Monseigneur votre frère, et sans toutes les ceremonies que recherchent ceux qui ne veulent venir aux mains.

« SIRE, je supprie le Créateur vous donner très bonne, très heureuse et très longue vie. De Suresnes, ce 3 février 1578[1] ».

(1) *Bibliothèque de la Ville de Paris. Manuscrit 6411 in-fol.*

CAYLUS

(d'après un dessin de l'époque conservé au Cabinet des Estampes
de la Bibliothèque Nationale).

V

DE HENRI IV A LOUIS XVI

IL était grand temps que l'on mît un frein à cette furie de duels qui, d'après l'Estoile, chroniqueur contemporain, avait fait périr sept ou huit mille gentilshommes, en moins de dix ans.

Au mois d'avril 1602, Henri IV rendit à Blois une grande ordonnance pour interdire le duel dans son royaume.

En voici quelques extraits : « HENRY, par la grace de Dieu roy de France et de Navarre à tous presens et à venir, salut. Ayant la corruption de ce siècle introduit une opinion et coutume damnable parmy plusieurs de notre noblesse et autres nos sujets qui font profession de porter les armes, lesquelz croyans avoir été offensez de fait ou de parole, estiment

estre obligez d'honneur de faire appeller au combat
celuy duquel ils pretendent avoir receu l'offense, s'en
seroient ensuivis de si grands et pitoyables accidens,
par la perte d'un grand nombre de gentilshommes de
valeur, à notre extrème regret et deplaisir et au dommage irreparable de notre etat, que nous nous estime-
rions indignes d'en porter le sceptre si nous differions
davantage de reprimer l'énormité de ce crime par la
sévérité de nos loix.

« Et d'autant plus que nous savons combien cette
effusion de sang humain est détestable devant
Dieu, lequel nous ordonne par exprès de luy laisser la vengeance, et que ne soyons homicides,
néanmoins il semble que ce divin commandement soit
venu à tel mepris que le gentilhomme qui s'estime
estre intéressé en l'honneur, confesse par telles actions
de ne pouvoir estre Gentilhomme s'il est chrétien,
obeissant à ce qui est ordonné de Dieu. Outre cela,
notre autorité Royale est grandement offensée par
tels actes, se présumant un particulier[1], sans notre
permission, de donner camp pour le combat dans notre
Royaume, et de se faire faire la justice luy-même sous
prétexte de conserver l'honneur, lequel néantmoins
l'oblige devant toutes choses de porter respect à son
prince souverain et obeissance aux loix de sa patrie.

« Pour ces causes et considérations . . . . . .
avons par cestuy nostre present Edit perpetuel et
irrevocable dit, statué et ordonné, disons, statuons et

---

[1] Ce qui signifie : un particulier ayant assez de présomption pour, etc.

ordonnons : Premièrement que nous admonestons et
exhortons tous nos sujets de la qualité et condition
susdite, et leur enjoignons de vivre et conserver ensemble à l'avenir en toute bonne amitié, concorde et
union, comme frères et bons compatriotes doivent
faire . . . . . . afin de réprimer la licence et
audace de ceux qui entreprennent d'appeller ou faire
appeller au combat les autres, soit dedans ou dehors
notre dit Royaume, sous prétexte de tirer raison d'une
offense ou autre cause, nous les avons déclarez et
declarons criminels de leze Majesté ; semblablement,
ceux qui appelleront pour un autre ou qui seconde-
ront, accompagneront ou assisteront lesdits appellez,
ordonnons qu'ils soient punis comme tels par nos amez
et feaux les gens tenant nos Cours souveraines ou
autres nos officiers . . . . Mais, afin que ceux
qui prétendent avoir esté offensez ou seront appellez
au dit combat ne puissent se plaindre qu'ils demeurent
interessez en l'honneur, obeissant à notre present Edit,
Nous ordonnons à nos très chers et bien amez cousins
les connestable et Maréchaux de France, soit que les
dits maréchaux soient à notre suite ou ailleurs dans
notre dit royaume, et aux gouverneurs et lieutenants
generaux de nos provinces, chacun en l'etendue de
son gouvernement, qu'aussitôt qu'ils seront avertis
par la partie offensée à laquelle nous enjoignons de
ce faire, ou par autres qui auront esté presents ou en
auront connoissance, qu'aucuns de la qualité susdite
pretendront avoir reçu injure à laquelle il échet faire
reparation, faire appeller devant eux les deux parties,

auxquelles ils defendront de notre part d'en venir au
combat, ny entreprendre, pour raison de ce, aucune
chose l'une contre l'autre, par voye de fait, directement
ou indirectement, sur peine de la vie. Et après les
avoir ouïes en la presence des seigneurs et gentilshommes qui seront sur les lieux, et autres qui y
seront appellez par eux, nous leur donnons pouvoir
d'ordonner par jugement souverain, sur la reparation
de l'injure, ce qu'en leurs loyautés et consciences ils
jugeront estre raisonnable. A quoy les dites parties
seront tenues d'acquiescer et se conformer, sur peine
. . . . de tenir prison fermée, jusque
à ce qu'ils ayent satisfait à la susditte ordonnance,
sans que celuy qui refusera d'y obeir puisse estre
eslargi à caution ou autrement, pour quelque cause
ou pretexte que ce soit, sinon pour cause de maladie
pressée. ».

Comme on a pu le remarquer, dans cette sage
ordonnance, où se reconnaît la prudence de Sully, tout
est prévu pour empêcher l'usage du duel, et pour prévenir même le moindre soupçon de lâcheté ou de pusil-
lanimité lorsqu'il s'agit de défendre l'honneur. C'est
dans ce texte qu'apparaît clairement pour la première
fois l'institution du « point d'honneur », exercée non
seulement par le tribunal des Maréchaux, mais encore,
lorsqu'il le fallait, par les gouverneurs et lieutenants
généraux des provinces. Toutefois, nous devons faire
observer que l'ordonnance de 1602 ne créa pas ce
tribunal; il existait déjà au moins à la fin du siècle

précédent, comme le prouve l'intéressant document
qui suit :

« Accord faict par Monsieur le duc de Montmorancy
pair et connestable et Messieurs les ducs de Bouillon,
de Biron et d'Ornano, mareschaulx de France entre
Monsieur le prince de Joinville et Monsieur le Grand-
Escuyer.

Ce qu'aura à dire Monsieur le prince de Joinville à
Monsieur le Grand :

Monsieur, il y a quelque temps que, le Roy logeant
chez le sieur Zamet, il me fust dict que l'on m'avoit
brouillé avec le Roy et que cela venoit de vous. Nous
retirans, après le coucher du Roy, au sortir du logis,
je voulus m'esclaircir et eusmes quelques propos.
Poussé de desplaisir de me voir brouillé avec le Roy,
je mis la main à l'espée et sans que vous en eussiez
une, je vous en frappay. Ce m'est un extrème regret
de vous avoir blessé avec cest advantage. Je vouldrois
avoir donné de mon sang et que je ne l'eusse pas faict,
croyant que, si eussiez eu une espée, que m'eussiez
peu faire courre autant de fortune comme vous en
courustes. Je vous prie donc oublier et excuser ceste
offense, et que nous demeurions amys. Que si pareille
chose m'estoit arrivée, je me contenterois de cette
satisfaction.

« Monsieur le Grand dira à Monsieur le prince de
Joinville :

« Monsieur, puisque vous recognoissez comme vous

me blessastes, et que Monsieur le Connestable et Messieurs les mareschaulx de France trouvent ceste satisfaction satisfaisante, je la reçois et vous demeureray serviteur.

Faict et passé à la Villette lez Paris, le XXVIᵉ jour d'octobre mil vᵉ iiiiˣˣ dix neuf ».

(Signatures du connétable et des maréchaux de France) (1),

Voici maintenant un autre accord, non moins curieux, datant de l'année 1615, et qui atteste bien l'utilité du tribunal des maréchaux de France :

« Accord de la querelle du sieur du Boulay de la Joubardière et de Mauny-Gresille.

Les mareschaux de France :

Messieurs, après vous avoir ouïs, nous avons justifié par vos dires que, sur quelques propos que vous eustes inopinément ensemble en la maison du sieur de Beaujeu, vous entrastes tellement en picque que le sieur Dugué fust frappé d'un coup de poing par le sieur de la Joubardière, et s'estant jetté à luy, fut séparé comme ils estoient aux prises, et amené en une chambre haulte ; et que, cependant, ledit sieur de Boulay ayant l'espée à la main, alla droict au sieur de Mauny-Gresille, lequel avoit une carabine, mais il prétend qu'elle n'estoit point bandée et qu'elle luy fust ostée par plusieurs, qui se mirent entre deux, et l'empeschèrent de s'ayder ny de se saisir d'aucunes

____

(1) Bibl. nationale. Manuscrits Clairambault, vol. 901, fol. 307. (Original).

armes pour se deffendre. Neantmoins, il fut grandement blessé par le dit sieur de Boullay, tellement qu'il
résulte par là, — sans parler des autres particularitez,
sur lesquelles il y a des contradictions que nous avons
jugées superflues et non necessaires à terminer ces
affaires, — que ledit sieur de Mauny a esté blessé
avec beaucoup d'advantage, de sorte que le sieur du
Boulay *luy demande pardon*, et le sieur de la Joubardière prie le sieur Duguay de le vouloir excuser, et
pour reparation des frais et des despences faicts par
le dit sieur de Mauny à cause de sa blessure, nous
avons condamné le dit sieur du Boulay *à lui donner
dans demain la somme de trois cens livres*; ce que
nous avons jugé suffisant pour vous mettre hors de
dispute les uns et les autres; et partant, vous ordonnons de vous embrasser et demeurer amis. Faict à
Paris le xxiii janvier 1615 » [1].

Un nouvel édit contre le duel avait été promulgué
quelques années auparavant, en 1609. Voici comment
Pierre de l'Estoile s'exprime à son sujet : « Le samedi
27e (juin), fust publié au Parlement l'Edit du Roy sur
la prohibition et punition des querelles et duels, Edit
vraiement chrestien (et de tant plus remarquable et
rare que nous n'en avons plus guères entre nous que
le nom), au reste très necessaire, plain d'equité et de
justice, et qui bannist un monstre lequel, depuis vingt
ans a dévoré et fait mourir en France de sept à huict
mil braves gentilshommes; car il se vérifiera par les

[1] *Bibl. nationale.* Collection Clairambault, vol. 901, fol. 478.

registres des chancelleries seulement que depuis l'avènement de nostre Roy à la couronne jusques à la fin de l'année passée 1608, en ont été scellées et expédiées sept mil grâces. Il est bon. mais très mal dressé.

Je l'ai acheté deux sols. »

A défaut de l'original, vendu au coin des rues, — et que nous paierions aujourd'hui bien volontiers plus de deux sols, — voici quelques passages de cet édit auquel l'Estoile attribuait tant de vertu : après un préambule étendu sur l'abus. le fléau du duel où l'acte royal rappelle les dispositions de l'édit de 1602, Henri IV reconnaît que ces dispositions. quelque sérieuses qu'elles fussent. ont été loin de porter tous leurs fruits : « Mais tant s'en faut que nous ayons obtenu notre louable desir, que lesdits duels ont depuis esté plus frequents à notre extrême regret et non moindre mepris des commandemens de Dieu et des nôtres. Ce que nous avons remarqué proceder principalement d'une fausse et erronée opinion, de longue main conçue et par trop enracinée ès cœurs de la noblesse de nostredit Royaume (qui a toujours eu l'honneur plus cher que la vie), de ne devoir demander ny pouvoir rechercher raison d'une injure receue par autre voye que par celle des armes, sans flétrir sa reputation et encourir note de lâcheté et faute de courage, singulièrement ès cas qu'elle s'imagine ne pouvoir estre suffisamment réparée par les armes, jaçoit[1] que, pour luy lever ce scrupule ou pretexte, nous ayons par notre susdit Edit

---

(1) Bien que.

voulu par exprès prendre sur nous tout ce qui pourroit estre imputé pour ce regard, à ceux qui se soumettroient et rangeroient à l'obeissance et observation d'iceluy. . . . . »

Citons maintenant la nouvelle réglementation prescrite par l'édit :

« . . . Art. VII. La partie qui aura offensé l'autre sera tenue de comparaître par devant Nous ou lesdits connetable et maréchaux de France, comme par devant lesdits Gouverneurs ou lieutenants generaux en la forme susdite, quand elle sera appelée par nous ou par eux, que notre mandement, ou le leur, aura esté signifié à sa personne ou à son domicile jusques à deux fois, avec la plainte de l'offensé et la demande du combat qu'elle aura faite. . . .

VIII. Si l'une des dites parties a juste sujet de récuser les juges susdits, ausquels il leur enjoint d'adresser leurs plaintes, elle aura recours à nous et y pourvoirons : mais si les causes pour lesquelles elle requerra cette recusation sont trouvées légères et frivoles, et partant indignes d'être admises, elle sera renvoyée avec blâme auxdits Juges pour en ordonner.

IX. Celui qui demandera le combat et sera jugé non recevable, pour s'estre offensé trop légèrement sans aucun sujet, sera renvoyé avec honte.

X. L'agresseur qui aura fait injure à un autre, qui sera reconnue et jugée toucher à l'honneur, sera privé pour six ans des charges, honneurs, grades, offices, dignitez et pensions qu'il possède, et n'y pourra estre restably avant ledit temps, ny après iceluy, sans nous demander pardon, avoir satisfait à sa partie, ainsi qu'il aura esté ordonné, et pris de nouvelles provisions et declarations de notre volonté pour rentrer ausdites charges.

Il ne pourra aussi, durant ledit temps, approcher et se trouver à dix lieues de notre Cour.

XI. Celuy qui n'aura office, charge, dignité ny pension, perdra le tiers du revenu annuel de tout le bien duquel il est jouissant, durant le temps de six ans ; lequel tiers sera pris, par préférence à toutes charges, dettes et hypothèques quelconques, et employé à l'effet que nous declarerons cy après. Et celuy duquel ledit tiers de son revenu montera moins de deux cens livres, ou qui n'en aura point du tout, tiendra prison où nous l'ordonnerons, deux ans entiers.

XII. Quiconque appellera quelqu'un au combat pour un autre, ou sera certificateur du billet, ou portera parole offensive en l'honneur, sera dégradé de la Noblesse et des armes pour toute sa vie, tiendra prison perpetuelle ou sera puny de mort infamante selon qu'il sera par nous ou par les Juges susdits ordonné ; plus, sera privé à perpetuité de la moitié de ses biens meubles et immeubles. . . . . .

XIV. Si, contre les défenses portées par notre present Edit, il avient que quelqu'un se batte et tue un autre, celuy qui aura tué encourra la peine de mort portée par toutes nos ordonnances, et, en attendant qu'il soit appréhendé, il sera privé des charges, dignitez et pensions qu'il possède. Davantage, la moitié du

revenu des biens du tueur sera, pour dix ans, affectée
aux mêmes effets que nous ordonnerons cy après, sans
aucune amende neanmoins envers les heritiers du
mort, d'autant qu'il aura desobéy à notre present
Edit. Et si les deux parties meurent audit combat,
leurs corps seront privez de sepulture, et le tiers de
leurs biens en fonds affectez aux mêmes œuvres. Et
s'ils n'ont nuls biens, leurs enfans seront declarez
roturiers et taillables pour dix ans. Et s'ils estoient
déjà taillables, seront declarez indignes d'estre jamais
nobles ny tenir aucune charge, dignité ny office
royal.

XV. Ceux qui auront assisté les dits combatans, s'ils
ont mis les armes en la main, perdront la vie et les
biens, suivant nos premiers Edits. Et s'ils n'ont esté
que spectateurs, s'ils s'y sont acheminez et rendus
exprès pour cet effet, seront degradez des armes, et
privez pour toujours des charges, dignitez et pensions
qu'ils possèdent. Et si c'est par rencontre qu'ils s'y
sont trouvez et neanmoins ne se sont mis en devoir
de separer les dits combatans et les empescher d'en
venir à l'effet, ils seront suspendus de l'exercice et
jouissance desdites charges, offices et pensions pour
six ans. Et après ledit tems, ils ne pourront estre
reintegrez en icelles, qu'au prealable ils ne nous
aient demandé pardon et pris de nous nouvelles provisions.

XVI. Ceux qui se battront en duel d'eux-mêmes
encourront la peine de mort ou de prison perpétuelle,
avec la perte de la moitié de leurs biens, et, en atten-

dant qu'ils soient apprehendez, seront degradez de noblesse et privez, leur vie durant, de tous biens ».

Les paragraphes suivants ont pour objet de confirmer l'autorité souveraine, en matière de duel, du connétable, des maréchaux de France et des gouverneurs ou lieutenants-généraux du royaume. L'acte se termine par les dispositions relatives à l'affectation des biens confisqués :

« XX. Et afin qu'il plaise à Dieu benir notre presente intention et la diriger et faire prospérer à sa gloire et au salut de tous nosdits sujets, nous avons voué, destiné et affecté, vouons, destinons et affectons tous les deniers qui proviendront des peines pécuniaires, saisies, perception et jouissance des fruits et revenus des infracteurs à notre dit Edit, tant à la nourriture des pauvres et à la construction d'un Hospital royal que nous avons delibéré faire bâtir exprès pour cet effet, qu'à la réfection et reparation des Eglises de notre dit Royaume, sans que lesdits deniers puissent estre divertis, mis et employez ailleurs, sur grièves peines.

Cependant, voulons lesdits deniers estre receus par le Receveur de l'Hostel-Dieu de nostre bonne ville de Paris, et à sa diligence, jusques à ce que nous en ayons autrement ordonné. Si donnons en mandement à noz amez et feaux les gens tenant nos Cours de Parlement, Baillifs, Senéchaux et autres nos justiciers et Officiers qu'il appartiendra, que le contenu en ces presentes ils fassent lire, publier et enregistrer, garder

et observer, gardent et observent inviolablement, sans
l'enfreindre. Car tel est nostre plaisir. . . . . . .

Donné à Fontainebleau au mois de juin, l'an de
grace 1609 et de notre règne le 20e. Signé HENRY, et
plus bas, BRULART ».

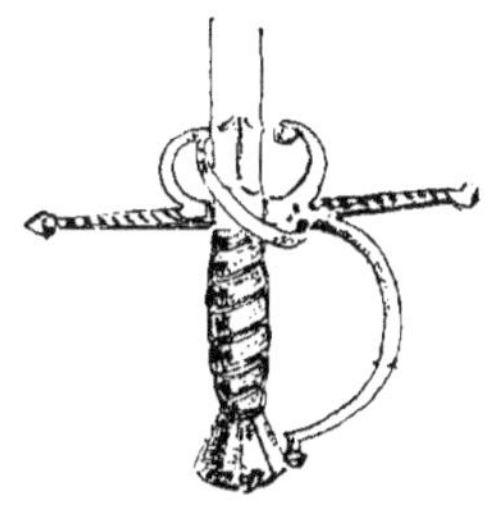

En dépit de la rigueur de ces prescriptions, le règne
de Louis XIII, qui allait s'ouvrir l'année suivante, en
1610, fut celui où l'on se battit le plus en duel.
Parmi les rencontres qui eurent lieu alors, il en est de
célèbres, que nous raconterons plus loin. La répression fut souvent terrible, car Richelieu pardonnait
rarement à la noblesse quand elle avait transgressé
ses volontés ; beaucoup de duellistes subirent la mort
qu'ils avaient su éviter sur le terrain, mais rien n'y
fit. Cependant, de nouveaux édits étaient rendus
presque chaque année où les peines prononcées contre
ceux qui y contrevenaient, étaient de plus en plus sévères. Dans les lettres patentes du 14 juillet 1617, nous
trouvons cette disposition nouvelle :

« Outre les peines portées par nos precedens Edits,
declarons que par le seul fait desdits appels et duels.

et aussi tost que le delit aura été commis, toutes charges et offices dont seront pourvus les delinquans seront vacans et impetrables et tous leurs autres biens, tant meubles qu'immeubles, acquiz et confisquez aux Hospitaux et pauvres des lieux où le crime aura esté perpétré ».

Aussi voyons-nous, dès lors, de nombreuses traces dans les archives de l'Hôtel-Dieu de Paris, — et sans doute en trouverait-on également dans les dépôts provinciaux, — des négociations entreprises par le bureau de cet établissement hospitalier en vue de recueillir les biens confisqués sur les duellistes.

En veut-on quelques extraits prouvant péremptoirement que l'édit était encore en vigueur longtemps après qu'il fut promulgué ?

« 19 décembre 1649 : Ce dit jour a esté arresté qu'il sera présenté requeste à la Cour en la Grand-Chambre, afin de faire adjuger aux pauvres de l'Hostel-Dieu la confiscation des biens du feu marquis de Villars de la Baulme, qui s'est battu et a esté tué en duel, en mil six cent quarante six, ensemble celle des biens de ses combattants [1].

« 5 aoust 1665 : Un particulier, qui a dit venir au Bureau de la part de M. de Sène, a donné avis du duel commis entre le sieur Guillaume du Chemin, seigneur de Gourbeville en basse Normandie, auquel combat le sieur de Vateville, riche de XII^m livres de rente, a esté tué, et le sieur de Gourbeville, qu'on dit n'avoir pas

---

[1] *Documents pour servir à l'Histoire de l'Hôtel-Dieu de Paris.* T. I., page 98.

300 livres de bien, s'est refugié en Angleterre et est poursuivy par devant le bailly de Briquebée comme assassin. Sur quoy, la Compagnie l'a renvoyé à Monsieur le Procureur general, de qui cela depend entièrement, n'y ayant point de sentence de condamnation et confiscation » [1].

On pourrait multiplier ces citations, mais celles qu'on vient de lire suffisent à prouver que les édits contre le duel n'étaient pas seulement comminatoires, et qu'ils étaient bel et bien exécutés dans toute leur rigueur. Rappelons aussi que l'Hôtel-Dieu recevait en outre les amendes imposées aux ferrailleurs, c'est-à-dire aux spadassins de basse condition [2].

L'ordre chronologique nous ramène un peu en arrière et nous fait rentrer dans le règne de Louis XIII.

Il y aurait matière à un volume si l'on voulait donner le texte de toutes les ordonnances relatives au duel rendues sous ce règne depuis celle de 1617, que nous analysions tout à l'heure. On nous pardonnera donc d'épargner les redites et de ne noter que les points essentiels.

Le plus frappant est le retour à la tolérance, que marque l'édit de février 1626. Voici quelques passages caractéristiques à cet égard de l'exposé des motifs: «... Aussi, nous avons (c'est le roi qui parle) jusques icy recherché tous les moyens à nous possibles pour en arrêter le cours (des duels) par la terreur des pei-

---

(1) *Documents pour servir à l'Histoire de l'Hôtel-Dieu de Paris.* T. I., page 169.

(2) *Bibliographie du duel,* de Jacobo Gelle, p. XXXVI.

nes rigoureuses et châtiments exemplaires imposez à ce crime par nos precedens Edits. Mais, d'autant que la qualité desdites peines est telle qu'aucuns de ceux qui ont l'honneur d'approcher plus près de notre personne ont pris souvent la liberté de nous importuner pour en modérer la rigueur en diverses occasions.....

« Nous, sans revoquer nos precedens Edits pour l'avenir, avons avisé et résolu d'établir et imposer nouvelles peines d'autant plus convenables aux fins que nous nous proposons, qu'estans moins rigoureuses, il sera moins loisible de nous requerir et importuner pour en décharger les coupables, qui n'en pourront jamais estre dispensez, pour quelque cause et par quelque voye que ce puisse estre. A ces causes... nous avons... remis, quitté, pardonné et aboli, remettons, quittons, pardonnons et abolissons les cas et crimes commis par cy devant contre nos dits Edits des duels et rencontres, remettons les coupables en leur bonne fame et renommée et en leurs biens, même ceux ou heritiers d'iceux contre lesquels seroient intervenus arrests de condamnation en nos Cours souveraines par defauts et contumaces, et imposons sur ce, silence perpetuel à nos procureurs generaux, leurs substituts et tous autres, sans prejudice toutefois des dons par nous faits, des confiscations à nous acquises et à la charge que ceux qui s'estant battus auront tué et sont encore à present vivans, seront tenus de prendre lettres particulières d'abolition de nous, les faire enregistrer aux Parlemens et de satisfaire aux parties civiles, s'il y échet.... ».

La suite de l'édit atteste mieux encore des dispositions à la douceur; c'est ainsi que la peine de mort ne sera prononcée que contre ceux qui auront transgressé la volonté royale à deux reprises, que le tiers seulement des biens des duellistes sera confisqué, que, d'une façon générale, une plus grande initiative est laissée aux juges pour les sentences à rendre, suivant « l'atrocité des crimes et circonstances d'iceux. »

C'est Richelieu, le maître absolu, qui avait imposé cette manière de voir. Rien n'est plus curieux que de lire dans ses *Mémoires* les arguments par lesquels il justifie ce retour (qui, de sa part, ne fut que momentané) à l'indulgence : « La vraie, primitive et fondamentale raison est parce que les rois ne sont point maîtres absolus de la vie des hommes, et par conséquent, ne peuvent les condamner à la mort sans crime; ce qui fait que la plupart des sujets des querelles n'étant pas dignes de mort, ils ne peuvent en ce cas permettre le duel qui expose à ce genre de peine. Qui plus est, quand même une offense seroit telle que l'offensant meriteroit la mort, le prince ne peut pour cela permettre le combat, puisque le sort des armes étant douteux, il expose par ce moyen l'innocent à la peine qui n'est méritée que du coupable ; ce qui est, de toutes les injustices, la plus grande qui puisse être faite. Les rois doivent la justice déterminément, et, par conséquent, ils sont obligés de punir les coupables, sans péril et hasard pour l'innocent. Si Dieu s'étoit obligé de faire que le sort des armes tombât toujours sur le coupable, on pourrait pratiquer cette voie, mais

puisqu'il n'est pas ainsi, elle est plus que brutale
pour la raison susdite.....

« Il (c'est Richelieu qui parle ainsi de lui-même) con-
seilla donc au Roi de ne permettre jamais les duels
pour quelque cause que ce soit, de ne les laisser pas
impunis, mais de les punir d'une autre façon que l'on
avait fait par le passé, savoir est d'une peine plus
douce, puisque la rigueur des peines des autres edits
les avoit rendus inobservables. Suivant ce conseil,
l'édit fut dressé qui portât que pardonnant, en considération du mariage de la reine de la Grande-Bretagne,
à tous ceux qui avoient appelé, ou s'étoient battus
jusqu'alors, ayant au préalable satisfait à la partie
civile, le Roi ordonnoit qu'à l'avenir ceux qui appelle-
roient ou se battroient demeureroient dès lors privés
de toutes leurs charges s'ils en avoient, auxquelles il
seroit pourvu et pareillement déchus de toutes les
pensions et autres grâces qu'ils tiendroient de Sa
Majesté, sans espérance de les recouvrer jamais.....

« L'effet a montré combien, d'une part, la modération de la peine, et de l'autre l'inflexible fermeté à n'en
exempter aucun ont été profitables, vu que depuis ce
temps cette fureur qui étoit si ardente s'est ralentie,
et il ne s'est quasi plus entendu parler de duels ».

Ceci est écrit à la date de 1626, et Richelieu oublie
que, pour châtier le fameux Boutteville dont nous
raconterons plus loin les désobéissances téméraires, il
se départit de cette modération, et redevint, en matière
de duel, aussi inexorable qu'il paraît ici indulgent et
enclin à la tolérance.

En effet, après que Boutteville eut payé de sa tête les défis réellement trop osés qu'il portait aux ordonnances du roi, on en revint aux anciennes rigueurs, et dès lors les duellistes furent poursuivis avec une impitoyable sévérité. Le beau drame de Victor Hugo, *Marion Delorme* n'est qu'une fable, mais une fable qui pourrait être vraie, car il est bien certain que Richelieu ne pardonna plus les trop grands forfaits. Le dix-septième siècle s'acheva ainsi ; le roi a beau promulguer contre le duel de nouveaux édits, le duel ne disparaît pas pour cela des mœurs de la cour, bien au contraire, car les exigences du cérémonial, les minuties de l'étiquette rendent les courtisans de plus en plus jaloux de leurs prérogatives, de plus en plus soucieux de n'en rien perdre, et pour les défendre, leur premier mouvement, et le plus impérieux est toujours de mettre l'épée à la main.

Un chroniqueur très digne de foi, Dubuisson-Aubenay, inscrit à plusieurs reprises dans son journal cette mention laconique mais expressive : « Duels en ce mois, devant et après, fort fréquents et impunis ». On se battait, au reste, pour les causes les moins sérieuses : un jour du mois d'août 1658, le marquis de Villequier se rendait en carrosse à Saint-Denis. Dans la rue des Quatre-Fils, à l'angle de celle des Vieilles-Haudriettes, son carrosse se rencontre avec celui du duc d'Elbœuf ; de là, querelle des deux cochers, qui ne veulent reculer ni l'un ni l'autre ; les maîtres s'impatientent, mettent pied à terre et finalement, prenant l'un et l'autre parti pour leurs gens, croisent le fer.

On les envoya tous deux à la Bastille, mais ils n'y restèrent que cinq jours, la punition ayant été jugée ainsi suffisante.

Une autre fois, dans les appartements des Tuileries, un gentilhomme descend l'escalier en criant : gare ! gare ! et en bousculant quelque peu ceux qui se trouvaient là. L'un deux, M. de Chalais, proteste ; on lui répond avec aigreur et un soufflet est donné. Des amis interviennent de part et d'autre, et suivant l'usage absurde d'alors, tous allèrent aux champs pour s'y battre, quatre contre quatre. Par un singulier hasard, quatre du même côté furent blessés et si grièvement que deux restèrent sur la place, parmi lesquels le marquis d'Antin, neveu de l'archevêque de Sens. Ce ne fut pas tout : le 28 avril 1662, le Parlement se réunit et fit le procès au duc d'Antin défunt, c'est-à-dire à sa mémoire ; malheureusement les textes où nous avons puisé ces détails [1] ne font pas connaître la sentence.

Nous avons parlé incidemment du tribunal des maréchaux de France, et nous avons eu occasion de citer les termes de quelques « accords de querelles » réglés par lui. Il est bon maintenant de le faire un peu mieux connaître.

On se rappelle la scène du *Misanthrope* où Alceste se refuse à trouver charmant le sonnet qu'Oronte est venu lui lire, et la violente dispute qui en résulte. A l'acte suivant, au moment où Alceste, toujours de mé-

_____

(1) *Archives de la Bastille,* publiées par F. Ravaisson, tome III, pages 404 et 553.

chante humeur, vient de gronder amèrement Célimène
de sa coquetterie, un valet se présente pour lui dire
qu'un homme est là qui veut lui parler.

> *Pour affaire, dit-il, qu'on ne peut reculer.*
> . . . .
> *Il porte une jaquette à grand' basques plissées*
> *Avec du dor dessus.*

Et quand l'homme a été introduit, il s'adresse en
ces termes à Alceste :

> *Messieurs les Maréchaux, dont j'ai commandement*
> *Vous mandent de venir les trouver promptement,*
> *Monsieur.....*

Cet homme est, en effet, un garde de la maréchaussée, et c'est ainsi que les choses se passaient. Lorsque
le tribunal du point d'honneur avait reçu avis d'une
querelle survenue entre gentilshommes et pouvant
amener une rencontre, il envoyait aussitôt un garde
au domicile des deux adversaires avec mission de les
citer à comparaître sans retard chez l'un des maréchaux, chargé d'arranger l'affaire. Dans certains cas,
les gardes devaient séjourner au domicile des parties :
« Que s'ils (les maréchaux de France) appréhendent
que lesdites parties soient tellement animées qu'elles
n'apportent pas tout le respect et la deference qu'elles
doivent à leurs ordres, ils leur envoyeront incontinent
des Archers et Gardes de la connestablie et Mares-
chaussée de France, pour se tenir près de leur personne, aux frais et depens desdites parties, jusques

à ce qu'elles se soient rendues par devant eux, ce qui sera ainsi pratiqué par les gouverneurs generaux de nos provinces et nos lieutenants generaux et icelles, dans l'étendue de leurs gouvernemens et charges, en faisant assigner par devant eux ceux qui auront querelle ou leur envoyant de leurs gardes ou quelques autres personnes qui se tiendront près d'eux pour les empêcher d'en venir aux voyes de fait ».

Les juges du point d'honneur n'avaient pas qualité pour se prononcer dans le cas d'un duel consommé, mais seulement après une offense contre l'honneur, et en vue de prévenir le duel. C'étaient eux alors qui réglaient les termes de l'accommodement, comme nous l'avons montré, et qui aussi avaient le droit de prononcer des peines allant jusqu'à trois mois de bannissement ou de prison, et de fixer l'indemnité due à l'offensé. Si un gentilhomme refusait d'obéir aux maréchaux, il y était contraint par emprisonnement ou, lorsqu'il s'était enfui, par la saisie de ses biens [1].

L'institution du tribunal du point d'honneur donna, sous le règne de Louis XIV, de bons résultats. En parcourant ses archives on se rend compte qu'un très grand nombre de duels furent prévenus grâce à elle, et cela sans que l'honneur eût à en pâtir le moins du monde. Le Roi-Soleil, d'ailleurs, obéissant davantage chaque jour aux suggestions de la religion, prenait du duel une horreur de plus en plus grande parce que

---

(1) Pour plus de détails sur les maréchaux de France, il faut consulter le *Recueil concernant le tribunal de nos seigneurs les maréchaux de France*, par de Beaufort premier lieutenant de la connétablie. Paris, 1784, 2 in-4°.

l'Eglise le réprouvait, et à plusieurs reprises il obtint de la plus haute noblesse un engagement signé, de « tenir pour méchants et indignes chrétiens, lâches et malheureux serviteurs du Roi et de l'Etat ceux qui, pour pointille ou intérêt particulier, se battront désormais en duel ».

Citons une autre déclaration du même temps, presque analogue mais plus explicite encore :

« Les soussignez font le present ecrit, declaration publique et protestation solennelle, de refuser toutes sortes d'appels et de ne se battre jamais en duel pour quelque cause que ce puisse estre, et de rendre toute sorte de témoignage de la détestation qu'ils ont du duel comme d'une chose tout-à-fait contraire à la raison, au bien et aux loix de l'Estat et incompatible avec le salut de la religion chretienne, sans pourtant renoncer au droit de repousser par toutes voyes legitimes les injures qui leur seroient faites, autant que leur profession et leur naissance les y oblige, estans aussi toujours prèts de leur part d'eclaircir de bonne foy ceux qui croiroient avoir lieu de ressentiment contre eux et de n'en donner sujet à personne ».

Ce qui donna lieu au jugement suivant :

« Jugement de Messieurs les maréchaux de France sur la déclaration faite par plusieurs gentilshommes de refuser toutes sortes d'appels.

« Les Maréchaux de France :

Sur ce que plusieurs gentilshommes très connus, tant par les marques illustres de leurs Maisons que par celles qu'ils ont données de leur courage en diverses occasions, nous ont représenté qu'ils souhaiteroient avec passion de contribuer, en tout ce qui peut dépendre d'eux, pour l'exécution des Edits du Roy contre le pernicieux usage des Duels, introduit et invétéré en France au grand préjudice de la Religion chrétienne et du bien de cet Etat ; qu'à cette fin ils auroient soussigné un écrit contenant une déclaration publique et protestation solennelle de refuser toutes sortes d'appels, et de ne se battre jamais en duel pour quelque cause que ce soit, et de rendre toutes sortes de témoignage de la détestation qu'ils ont du Duel, comme chose tout-à-fait contraire à la raison, au bien et aux Loix de l'Etat, et incompatible avec le salut et la Religion chrétienne, sans pourtant renoncer au droit de repousser par toutes voyes légitimes les injures qui leur seroient faites, autant que leur profession et leur naissance les y obligent, estans aussy tousjours prests de leur part d'éclaircir de bonne foy ceux qui croyroient avoir lieu de ressentiment contre eux, et de n'en donner sujet à personne.

« Veu et examiné ledit escrit, et après les avoir entendus sur cette matière :

Nous avons approuvé et approuvons le contenu dans ledit escrit, le declarons conforme aux Edits du Roy et aux Loix de l'Honneur comme il l'est à celles de la vraye religion. Exhortons tous les gentilshommes de ce Royaume d'y souscrire et de l'observer en tous ses points, comme aussy les soussignez audit escrit et tous

ceux qui voudront y souscrire, et remédier au desor-
dre des Duels, de conférer et aviser ensemble sur les
satisfactions qu'ils croyoient raisonnablement tenir
lieu de celles qu'on espère par le Duel, pour en dresser memoires et les mettre incessamment entre les
mains de notre secretaire de la maréchaussée de
France, afin que les ayant veües et examinées nous
en puissions faire rapport à Sa Majesté, pour estre, si
Elle le juge à propos, confirmées par un nouvel Edit
ou Declaration à l'advantage de la Religion et du bien
de son Estat. Fait à Paris, le premier Juillet mil six
cens cinquante et un. Signé par Messieurs les Maréchaux de France,

Et plus bas

QUILLET » [1].

D'autre part, la Faculté de Théologie de Paris,
ennemie née du Duel, surtout depuis les décisions
du Concile de Trente, émettait l'avis suivant :

Avis des docteurs en théologie de la Faculté de Paris

(1651)

« Les docteurs soussignez sont d'avis que tous ceux
qui recourent au Sacrement de Penitence et ne sont,
à l'égard des duels, en la disposition exprimée en la

---

[1] Ce document a été publié par Châteauvillard dans son *Essai sur le Duel*, pages
470-472.

déclaration et protestation publique qu'ont faite plusieurs gentilshommes de ne se battre jamais en Duel, pour quelque cause que ce puisse estre, sont incapables du benefice de l'absolution et de tous les sacremens de l'Eglise ;

Et que, pour ceux qui s'estans battus en Duel meurent sur le lieu, quoique l'Eglise, par une indulgence très charitable, permette de les absoudre de l'excommunication et péchez qu'ils ont encourus quand ils sont sincèrement et véritablement repentans, neanmoins, elle les prive de la sépulture ecclesiastique et elle les declare infames et excommuniez, et donne son éternelle malediction à tous ceux qui encourent avec eux, ou qui donnent conseil d'en recevoir les appels, et à ceux mêmes qui sont expectateurs des combats. Délibéré à Paris, le 10ᵉ jour d'Aoust 1631. »

(Signé) : « J. Messier, C. Henriot, J. Pereyret, J. Charton, C. Morel, F. Hallier, N. Cornet, J. Coqueret, A. de Breda, V. de Flavigny, J. Bail, V. Amiot, A. Lemoine, P. Coquerel, ... J. de Saint-Beuve, C. de Boulon, etc., etc. ».

Toutes ces prescriptions, toutes ces prohibitions ne s'adressaient qu'aux *gentilshommes,* à la noblesse. Pour les roturiers on s'y prenait de toute autre façon, et voici un passage de l'édit brutal qui fut rendu, en septembre 1631, au sujet des duels qu'ils pourraient se permettre d'avoir avec des gentilshommes :

. . . . . « D'autant plus qu'il se trouve des gens de

naissance ignoble (c'est-à-dire non noble) et qui n'ont jamais porté les armes, qui sont assez insolents pour appeler les gentilshommes, lesquels refusant de leur faire raison à cause de la différence des conditions, ces mesmes personnes suscitent et opposent, outre ceux qu'ils ont appelés, d'autres gentilshommes, d'où s'ensuivent quelquefois des meurtres d'autant plus detestables qu'ils proviennent d'une cause abjecte ; nous voulons et ordonnons qu'en cas d'appels ou de combats, principalement s'ils sont suivis de quelque blessure ou de mort, lesdits ignobles ou roturiers qui seront duement atteints ou convaincus d'avoir causé et promu semblables desordres soient sans remission pendus et etranglez ».

Cette rudesse de ton et de procédés ne caractérise-t-elle pas admirablement une époque, — celle qui passe pour la plus polie et la mieux policée ? Avouons que nous sommes plus courtois aujourd'hui.

Louis XIV mort, la fureur du duel reprit de plus belle ; à cet égard, la période de la Régence ressemble singulièrement aux temps les plus belliqueux du règne de Henri III ou de Louis XIII. Consultons Barbier, l'annaliste exact de l'époque : « Samedi, dernier de moi, veille de la Pentecôte (1721), le chevalier de Breteuil, capitaine aux gardes et le chevalier Gravelles, lieutenant aux gardes, se battirent en duel dans la rue de Richelieu, à midi et demi. Ils avoient eu querelle, et il y avoit longtemps qu'on poussoit le chevalier de Breteuil à en avoir raison ; il auroit bien fait de reculer encore, car il a eu deux coups d'épée dont il est mort le même jour. On ne sait pas encore comment cela se passera pour le chevalier Gravelles ». Une note nous apprend qu'il n'y eut aucune poursuite.

Quelques années plus tard, en 1732, un duel éclate entre deux bourgeois, M. de Saint-Hilaire et M. Perrin, à propos de la célèbre comédienne, Adrienne Lecouvreur, morte depuis peu. « Ils allèrent après le dîner dans la rue Cassette, près du Luxembourg. Saint-Hilaire a jeté l'autre sur la place presque mort. On dit qu'il ne l'est pas encore. Saint-Hilaire s'est sauvé ».

« Le second duel, ajoute Barbier, est entre deux mousquetaires, sur dispute au jeu de l'hôtel de Soissons. Ils allèrent mardi dernier, 26, à la dernière messe aux Petits Pères qui étoit le rendez-vous et se battirent dans la rue de Notre-Dame de la Victoire. Le combat n'a pas été long : M. de la Borde, joueur, petit-maître faisant figure, a été tué sur la place. Voilà de la besogne pour le procureur général quand il pourra agir ». Rien ne nous fait croire qu'il ait pu agir.

C'était la mode, alors, de se battre ainsi dans la rue, en plein jour. Pas besoin n'était d'autres témoins que les badauds, et l'on devine s'il en manquait. Parfois, souvent même, les gens de condition roturière, croisaient ainsi le fer, sans se préoccuper de chercher un champ-clos. « Il s'est battu, nous apprend encore Barbier, hier après le dîner, deux hommes devant le café d'Estrées, rue de l'Arbre-Sec, dont l'un a été blessé de deux coups d'épée. Ces gens passent pour être du commun ».

En vain, le Parlement continuait-il d'enregistrer les édits rigoureux que nous avons énumérés ; rien n'y faisait, et l'on finit par renoncer à promulguer ces solennelles ordonnances, dont l'effet était si peu redouté.

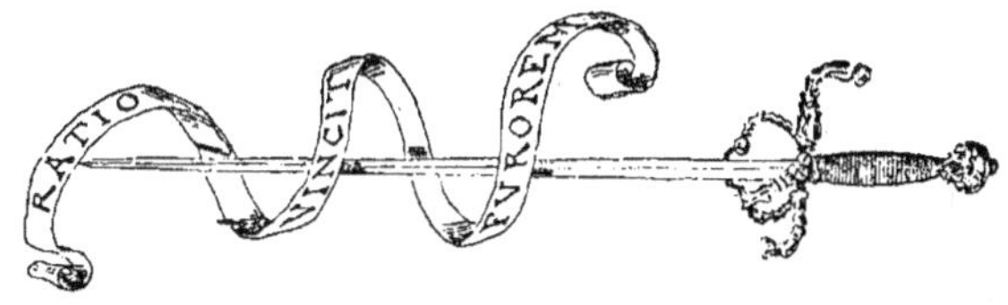

VI

LA LÉGISLATION MODERNE

ON atteignit ainsi l'aurore de la Révolution. La question du duel ne devait pas rester en dehors de ce gigantesque mouvement des esprits vers les idées de fraternité et d'amour mutuel. Nous sommes bien à l'époque des « cœurs sensibles », où la pensée de verser le sang d'autrui fait horreur. On y regardera de moins près en 1793, mais, pour le moment, il ne s'agit que de proscrire les combats singuliers, et tout d'abord la noblesse renonce à ce singulier privilège dont elle avait été si jalouse, de ne plus se battre avec la roture. C'est la nuit du 4 Août du duel, mais à vrai dire, l'usage avait devancé le fait puisque, dès avant la Révolution, le comte d'Artois n'avait pas hésité à se mesurer avec un gentilhomme de médiocre état.

Dans la seconde partie de ce livre, nous raconterons deux des duels les plus retentissants de la Révolution, ceux de Barnave et Cazalès, de Lameth et de Castries. Tous deux émurent profondément l'opinion, et pour s'en convaincre, il est bon de résumer ici quelques-uns des arrêtés que prirent les sections : celle de la Grange-Batelière décide de demander à l'Assemblée Nationale un décret « déclarant infâmes et déchus de tous emplois politiques, civils et militaires toutes personnes qui accepteront ou proposeront un duel ». Celle du Luxembourg réclame un décret semblable, « afin d'obvier au lâche et criminel abus des combats singuliers par les partisans du despotisme ». Celle de Montfaucon propose, « afin de proscrire à jamais le funeste préjugé du duel, l'addition au serment civique d'une disposition générale obligeant ceux qui le prêteront à ne jamais proposer ni accepter de combat singulier ».

Voici encore quelques textes, inédits, à propos du duel de Lameth et Castries :

MUNICIPALITÉ DE PARIS. — CORPS MUNICIPAL

Extrait du Registre du Corps Municipal

Séance du soir du 13 novembre 1790

« Le corps municipal, alarmé de la fréquence des combats singuliers et des troubles qu'ils occasionnent dans la capitale,

Considérant comme un de ses premiers devoirs d'empêcher le retour des désordres dont il gémit en ce moment et dont les suites peuvent être si funestes :

A arrêté qu'il serait à l'instant député vers l'Assemblée Nationale pour la supplier de porter le plus tôt possible contre les duels une loi qui rappelle puissamment les citoyens aux règles de la morale, et les préserve à jamais des suggestions d'un sentiment incompatible avec le caractère d'un peuple libre et juste.

(Signé) BAILLY, maire ; DE JOLY, secrétaire-greffier

Certifié conforme à l'original

DE JOLY, secrétaire-greffier » (1).

Il nous est resté aussi le procès-verbal d'une délibération du district de la Croix-Rouge, prise le même jour à l'occasion de ce même duel. Les citoyens considéraient que l'accident arrivé la veille à Charles de Lameth avait été « provoqué de la manière la plus indigne par des ennemis de la chose publique » ; ils ajoutaient que les membres de l'Assemblée Nationale « appartiennent à la nation entière et ne sont plus les maîtres d'hazarder *(sic)* des jours dont ils sont comptables à la patrie » ; ils qualifiaient le duel de « gothique et barbare préjugé, enfant de l'ignorance et de la férocité, qui armant sans cesse les citoyens, les amis, les frères, les uns contre les autres, met ainsi les têtes les plus précieuses au hazard et expose les meilleurs citoyens à tomber sous le coup d'un vil spadassin ». Ils arrêtèrent, enfin, d'envoyer l'expression de leur profonde douleur au frère du blessé, de charger le bataillon des Prémontrés (section du district) de fournir une garde « qui pût répondre à la patrie alarmée des suites d'un complot qui ne se décèle que trop par le funeste évènement d'hier », — et de députer dans toutes les sections, afin d'obtenir de la sagesse de l'Assemblée « les moyens les plus efficaces de faire cesser les alarmes de tous les citoyens sur les funestes effets d'un préjugé qu'elle seule peut détruire ».

Le bataillon de Bonne-Nouvelle, la section de Gravilliers, d'autres encore sans aucun doute, — car en ce temps-là les idées se propageaient comme une traînée de poudre, — émirent le vœu que les duels fussent proscrits, et notamment interdits d'une façon absolue à tous les membres de la législature.

L'Assemblée législative se borna, cependant, à amnistier tous ceux qui étaient sous le coup d'un procès de duel :

« L'Assemblée Nationale considérant que, depuis les premiers moments de la Révolution, l'opposition momentanée des opinions a déterminé des citoyens à des provocations qu'ils n'eussent pas faites s'ils avaient eu le temps de réfléchir et de ne consulter que leurs sentiments réels ; qu'il en est résulté des instructions criminelles qui ont enlevé à la société des hommes qui pourraient lui être utiles et que l'indulgence nationale a le droit d'y rappeler, décrète :

Art. 1er. — Tous procès et jugemens contre des citoyens, depuis le 14 juillet 1789, sous prétexte de provocation en duel, sont éteints et abolis.

Art. 2. — Le pouvoir exécutif donnera les ordres nécessaires pour que les citoyens détenus en conséquence des dits procès et jugements soient mis en liberté ».

Le Code pénal de 1791 écarta sciemment et de parti pris, malgré les observations de Lanjuinais, la question du duel des articles traitant de l'homicide. Après avoir prévu quelques exceptions à l'homicide et surtout le cas de légitime défense ou le défaut de volonté, deux conditions qui ne sauraient s'appliquer au duel, le texte porte : « Tout homicide commis volontairement, envers quelques personnes, avec quelques armes, instrumens et par quelque moyen que ce soit sera qualifié et puni ainsi qu'il suit, selon le caractère et les circonstances du crime ». Le Code ajoutait que s'il y avait eu combat non suivi de mort ou de blessure, l'autorité judiciaire ne devait pas poursuivre. Ce qui fut confirmé par une décision du ministre de la justice rendue en l'an IX, précisément à propos d'un duel : « Dans l'état actuel de la législation, le duel qui n'a été suivi d'aucune blessure, contusion ou meurtre, ne peut donner lieu à des poursuites judiciaires; mais il est hors de doute que les blessures, contusions ou meurtres effectués étant, par eux-mêmes, des atteintes portées à la sûreté ou à la vie du citoyen qui en a été victime, ces voies de fait rentrent dans la classe de toutes celles de la même nature qu'ont prévues les lois pénales et que doivent poursuivre les tribunaux d'après la nature des circonstances et la gravité du fait matériel ».

Le Code pénal de 1810, sous le régime duquel nous vivons encore, a observé la même réserve que celui de 1791, c'est-à-dire qu'il n'y est pas fait mention spéciale du duel. Voici dans quels termes éloquents le rapporteur, M. de Montseignat, s'en expliquait à la séance du 17 février 1810 :

« Vous vous demandez, peut-être, pourquoi les auteurs du projet de loi n'ont pas désigné particulièrement un attentat aux personnes connu sous le nom de duel ; c'est qu'il se trouve compris dans les dispositions générales du projet de loi qui vous sont soumises. Nos rois, en créant des juges d'exception pour ce crime, l'avaient presque anobli. Ils avaient consacré les atteintes au point d'honneur en voulant les graduer ou les prévenir ; en outrant la sévérité des peines, ils avaient manqué le but qu'ils voulaient atteindre.

« Le projet n'a pas dû particulariser une espèce qui est comprise dans un genre dont il donne les caractères. Si la mort est le résultat de la défense à une irruption inopinée, à une provocation soudaine et à main armée, elle peut, suivant les circonstances et la vivacité de l'agression, être classée parmi les crimes légitimes et excusables. Si le duel a suivi immédiatement des menaces, des jactances, des injures, si les combattants ont pu être entraînés par l'emportement de la passion, s'ils ont agi dans l'ébullition de la colère, ils seront classés parmi les meurtriers ; mais si les coupables ont médité, projeté, arrêté à l'avance cet étrange combat ; si la raison a pu se faire entendre et s'ils ont méconnu sa voix et au mépris de l'autorité cherché dans une arme homicide la punition qu'ils ne doivent attendre que du glaive de la loi, ils seront des assassins.

« En vain voudrait-on invoquer une convention entre
les duellistes, et la réciprocité des chances qu'ils ont
voulu courir dans une action qui, le plus souvent,
n'offre de la volonté que les apparences : et comment
d'ailleurs chercher un usage légitime de sa liberté
dans l'horrible alternative de se faire égorger ou de
donner la mort? Sans doute, une fausse opinion cou-
vre et protège les coupables; elle les égare et les
excite par une méprise d'idées sur la bravoure, l'honneur et la vengeance, et cette fausse opinion parvient
peut-être à leur persuader qu'il est ignoble d'attendre
de la marche grave et lente de la justice la réparation
d'un outrage, et qu'on ne doit porter aux tribunaux
que les contestations qui prennent leur source dans
les intérêts pécuniaires. La loi ne saurait transiger
avec un aussi absurde préjugé ».

Cependant, depuis, à plusieurs reprises, le pouvoir
législatif s'est préoccupé de combler la lacune, pour le
moins apparente, qui existe dans nos codes au sujet
du duel ; en 1829, en 1830, la Chambre des Pairs fut
saisie de projets de loi sur le duel que les évènements
politiques empêchèrent chaque fois d'arriver même à
la discussion. A défaut de législation, il est possible
de considérer comme un point de départ de la jurisprudence actuelle l'arrêt rendu par la Cour de Cassation, le 15 décembre 1837, dans l'affaire Pesson. Après
une première cassation, la Cour de Bourges avait jugé,
le 31 juillet 1837, qu'un meurtre commis sans déloyauté dans un duel dont les conditions ont été
préalablement réglées ne constituait ni un crime ni un

délit ; le procureur général Dupin prononça, en réponse à cet arrêt, un réquisitoire très savant, très juridique et en même temps très vif qui entraîna l'annulation de l'arrêt en question. Plusieurs cours, néanmoins, ont rendu sur la question du duel des arrêts très différents, même lorsque la rencontre a été suivie de mort, mais *la plupart* des jurisconsultes s'accordent à s'incliner devant la jurisprudence de la Cour suprême, surtout depuis que la loi du 1ᵉʳ avril 1837 lui a donné le droit d'imposer ses doctrines aux juridictions inférieures.

Il ne sera pas sans intérêt de mettre sous les yeux du lecteur le texte d'un arrêt de la Cour de Cassation réformant un jugement par lequel la Cour de Paris n'avait vu ni crime ni délit dans un duel :

« LA COUR : Vu les art. 2, 295, 296, 297, 302, 309, 310 et 328 du Code pénal ; attendu que le code des délits et des peines de 1791, de l'an IV et de 1810, en punissant les meurtres, blessures et coups volontaires n'ont point fait d'exception pour les cas où ces meurtres auraient été commis, ces blessures faites et ces coups portés par suite de duel ; Attendu que l'abolition qui avait été antérieurement faite de la législation spéciale sur les duels a, par cela même, replacé sous l'empire du droit commun tous les actes répréhensibles auxquels les duels peuvent donner lieu ; Attendu que l'homicide, les blessures et les coups, lorsqu'ils sont occasionnés par ce genre de combat, ne peuvent être considérés comme commandés par la

nécessité actuelle de la légitime défense de soi-même
ou d'autrui, aux termes des articles 327, 328 et 329
du Code pénal, puisque, dans ce cas, le danger n'a
existé que par la volonté des parties ; Attendu, d'ailleurs, que les circonstances qui accompagnent le duel
ne peuvent rendre le meurtre, les blessures et les
coups excusables ; que la convention par suite de
laquelle le duel a lieu étant contraire aux bonnes
mœurs et à l'ordre public est nulle de plein droit et
que dès lors aucun fait d'excuse ne peut en résulter ;
Attendu, dans tous les cas, et en supposant l'admissi-
bilité de tels faits d'excuse, que ces faits ne pourraient
être légalement appréciés que par la Cour d'assises et
par le jury, et qu'il n'appartient pas aux Chambres du
Conseil et d'accusation de les prendre en considération ; que ces Chambres ne pourraient pas mieux
s'arrêter à des circonstances atténuantes, puisque c'est
encore le jury qui a seul le droit de les apprécier ;
Attendu qu'il résulte de l'arrêt attaqué que, le 20 mars
1838, dans un combat singulier qui a eu lieu volontairement et avec préméditation, une tentative d'homicide a été commise par Laurent Gilbert fils sur la
personne de Sylvain Champeaux, en lui tirant un coup
de pistolet dont la balle lui a fait une blessure grave
à la tête, laquelle tentative, manifestée par un commencement d'exécution, n'a manqué son effet que par
des circonstances indépendantes de la volonté de son
auteur ; que dudit arrêt il résulte encore que Desroy
et Robin ont assisté avec connaissance ledit Gilbert
dans les faits qui ont préparé et consommé l'action et

que, néanmoins, l'arrêt attaqué a déclaré que ces faits ayant eu lieu dans un duel ne constituaient ni crime ni délit ni contravention prévus par la loi et ne pouvaient donner lieu à suivre contre les prévenus.

« Qu'en jugeant ainsi, la Cour royale de Paris a expressément violé les articles du Code pénal suscités, Casse ».

La jurisprudence s'est souvent aussi partagée, dans le cas où le duel n'avait pas eu de résultats graves et n'avait entraîné qu'une très légère blessure guérie dès le lendemain ; à cet égard encore, la Cour de Cassation reconnaît le délit et prononce une peine, comme le prouve l'arrêt suivant :

« La Cour, Attendu que les faits qui donnent lieu à la poursuite, ainsi que toutes les circonstances qui s'y rattachent, ont été vérifiées d'une manière très concordante dans l'instruction écrite et à l'audience du tribunal correctionnel : qu'il résulte de cette vérification que les deux prévenus se sont fait réciproquement, en tirant l'un sur l'autre le pistolet, des blessures très légères et qui ont été guéries en moins d'une semaine ; Que, de plus, on y trouve la preuve que les résultats ne pouvaient pas être plus graves d'après les précautions prises par les témoins en chargeant les armes et en mesurant la distance à laquelle se sont placés les combattants ; Attendu que dans cet état de la cause il ne peut y avoir lieu de rechercher péniblement et d'une manière conjecturale si des intentions plus criminelles n'ont pas animé les adversaires ; Qu'il est d'ailleurs appris qu'ils ne se sont portés à cet acte, toujours condamnable, que dans la vue de satisfaire aux exigences d'un funeste préjugé,sans qu'aucun d'eux désirât réellement ôter la vie à son adversaire;— Que le principe posé par les premiers juges d'une manière absolue est tout-à-fait erroné et ne pourrait qu'être désastreux dans son application.....

« Au fond, déclare que les deux prévenus sont coupables de s'être, le 6 octobre 1838, en tirant l'un sur l'autre un coup de pistolet en combat singulier fait réciproquement des blessures qui n'ont occasionné à aucun d'eux de maladie ni d'incapacité de travail personnel de plus de vingt jours ; — Considérant que Quesnot est celui qui a principalement donné lieu aux faits poursuivis par le coup qu'il avait porté à Buron le 5 octobre ; Ayant égard aux circonstances atténuantes qui existent dans l'affaire, et faisant application des articles 311 et 463 du Code pénal, condamne Quesnot à cinq jours d'emprisonnement ; Condamne Quesnot et Buron chacun en 16 francs d'amende solidairement entre eux ; Les condamne solidairement aux dépens ».

On a remarqué que la Cour, jugeant ainsi au fond, s'était en quelque sorte prononcée comme arbitre dans l'origine du duel, puisqu'elle reconnaissait à l'un des deux combattants la qualité d'offenseur et qu'elle le punissait, en conséquence, de cinq jours de prison; peut-être s'étonnera-t-on que les magistrats se donnent ainsi en quelque sorte le rôle de témoins dans une action qu'ils jugent répréhensible et punissable ; il est

cependant de jurisprudence « qu'en matière de duel
c'est l'auteur de l'offense qui est le véritable provocateur et qu'il résulte de là des circonstances atténuantes en faveur de l'offensé si ce dernier est ensuite
poursuivi à raison des suites du duel ».

Nous devons dire un mot des témoins, dont M. Tavernier a si bien établi le rôle dans son excellent livre
l'*Art du duel*. Personne n'ignore que ce sont eux qui
assistent au combat, mais que leur rôle est de n'y
suivre leurs mandants qu'après avoir épuisé tous les
moyens d'éviter une rencontre. Ce rôle est bien différent des *seconds* qui, dans les duels d'autrefois, combattaient à côté de leurs amis, et parfois périssaient,
alors que les deux véritables adversaires sortaient indemnes de la lutte. Malgré cette différence essentielle,
notre législation exige que les témoins de duel soient
considérés comme complices de l'homicide volontaire
et poursuivis comme tels. Toutefois, dans la pratique,
il est admis que l'on peut renvoyer de la prévention
les témoins qui ont fait preuve d'avoir, jusqu'au dernier moment, tenté les plus grands efforts pour éviter
la rencontre, et cela même s'ils y ont assisté.

En 1851, l'Assemblée nationale chargea un de ses
membres, le savant jurisconsulte Valette, de lui soumettre un rapport sur le duel, à la suite de quatre
projets de loi qui lui avaient été présentés dans le
cours des années 1849 et 1850. Ce rapport concluait à
l'adoption d'une loi que le changement de notre système représentatif a une fois de plus empêché de voter,
mais il a été publié dans la *Revue critique de législa-*

tion et de jurisprudence (années 1858-1859) et l'on
pourra l'y consulter avec fruit. Très modéré dans la
forme, le rapporteur flétrit naturellement le duel, mais
s'il se refuse à l'*absoudre*, il se déclare tout prêt à
l'*excuser* et il conclut enfin à une *répression modérée*.
C'est, croyons-nous, le sentiment, non-seulement de
tous les jurisconsultes, mais aussi de tous les hommes
de bon sens. Depuis, et tout récemment encore, à
propos d'un duel dont la solution avait été tragique,
le pouvoir législatif a été saisi de propositions tendant
à supprimer le duel; jamais ces propositions n'ont pu
être accueillies, car on sent bien qu'elles ont contre
elles le pire défaut, celui d'être impraticables.

Si le lecteur a pu suivre sans trop de fatigue ce rapide historique du duel, il aura reconnu que l'usage des
combats singuliers a pour origine le besoin de se
défendre soi-même, soi ses biens ou son honneur,
dans des cas où la justice était impuissante à prononcer. Il aura vu aussi que cet usage, qu'on a voulu tant
de fois réprimer, a bien perdu aujourd'hui de son
caractère sanguinaire et odieux d'autrefois ; les duels
à mort, qui étaient alors presque la règle, sont maintenant l'exception, et pour ainsi dire, le fait du hasard. On peut affirmer que les témoins actuels ont
remplacé avantageusement l'ancien tribunal du point
d'honneur. Si leur action est moins solennelle, elle
est aussi bien moins publique, et c'est là l'essentiel.
C'est par un choix sagace de témoins prudents,
expérimentés des choses de la vie et de l'honneur,
que le duel pourra désormais se réglementer de lui-

même et il n'est pas invraisemblable que les rencontres, plus rares déjà de beaucoup qu'il y a quarante ou cinquante ans, ne deviennent dans l'avenir un fait aussi exceptionnel qu'il a été fréquent et banal au temps de Louis XIII ou de la Régence.

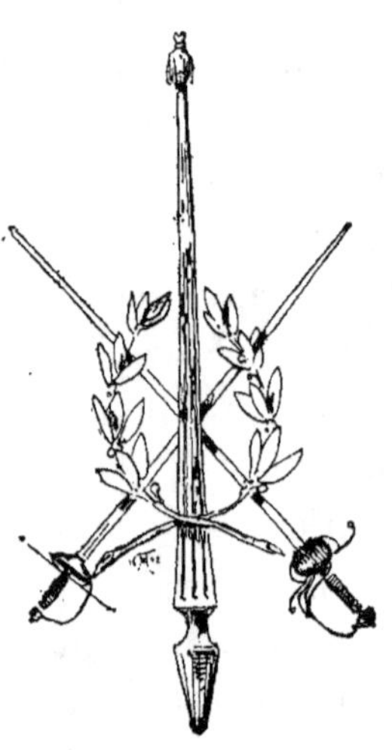

<h1 style="text-align:center">VII</h1>

LE DUEL A L'ÉTRANGER

Si la législation est restée hésitante chaque fois qu'il s'est agi de la répression du duel, depuis un siècle, c'est moins parce que les magistrats chargés de se prononcer éprouvaient quelque embarras à qualifier le duel d'homicide, ou de tentative d'homicide, que parce qu'ils ont toujours senti combien une telle façon de verser le sang d'autrui était différente de toutes les autres, et comment la sanction devait varier suivant les circonstances de l'acte.

En France, ce sentiment est demeuré si vif que la jurisprudence ne s'est pas fixée, et —. nous le montrerons en racontant quelques duels célèbres de notre époque, — la répression en a été poursuivie tantôt devant la Cour d'assises, tantôt devant les tribunaux correctionnels.

6.

Voyons maintenant comment les nations étrangères ont envisagé la question : quelles sont leurs mœurs lorsqu'il s'agit du règlement des affaires d'honneur, et quels codes elles se sont données pour empêcher la fréquence des duels.

BELGIQUE

La Belgique est le théâtre le plus habituel des rencontres entre Français. Avec les facilités que fournissent les chemins de fer, l'on juge souvent plus commode, plus rapide même, d'aller croiser le fer à la frontière belge qu'aux environs de Paris. La répression, cependant, s'exerce comme en France, et avec les mêmes hésitations ; la loi du 8 janvier 1841, qui régit encore la matière, assimile le duel, soit à un crime, soit à un délit, suivant que le combat a été suivi de blessures pouvant entraîner la mort, ou que les deux adversaires en sont sortis sains et saufs. Nos voisins se sont même alarmés, en ces derniers temps, de la propension que certains duellistes paraissaient avoir à aller vider leurs différends sur leur terrain, et des mesures spéciales ont été prises par l'autorité. Tout le monde a encore présentes à la mémoire les mésaventures qu'a éprouvées M. Rochefort, à deux reprises, lorsqu'il a voulu régler une affaire en territoire Belge : les gendarmes, opportunément prévenus, apparaissaient et reconduisaient, bon gré mal gré, les deux adversaires jusqu'à la frontière.

Au contraire, les duellistes ont-ils été assez habiles pour dépister la gendarmerie et se battre quand même ? La loi belge n'y perd rien de ses droits : MM. Dreyfus et de Morès se sont entendus condamner par elle à 100 francs d'amende, pour s'être battus en Belgique, au lieu de se rendre plus simplement un matin, de bonne heure, au Bois de Boulogne : peu après, à la suite d'un duel qui a eu du retentissement et dont nous reparlerons, MM. Déroulède et Laguerre ont été bel et bien appréhendés au corps et incarcérés à la prison de Charleroi, où ils passèrent quelques jours à goûter le régime peu confortable de la cellule.

Voici quelques extraits des Pandectes belges qui nous permettront d'être plus précis.

Dans l'ancien droit Belge, le duel constituait un délit spécial. On le considérait comme un crime de lèse-majesté, comme une usurpation du droit de souveraineté appartenant au Prince. Les peines prononcées contre les duellistes étaient de la plus grande sévérité. C'étaient la peine de mort et la confiscation des biens. Si les coupables étaient décédés, le procès était fait à leur mémoire. La provocation et l'acceptation de la provocation étaient aussi punies avec la plus grande sévérité (de Ghieuret, *Institutions du droit Belge*).

La législation des provinces Belges était à peu près la même que celle de la France. Le Code pénal Français du 25 septembre 1791, et ensuite celui de 1810, en vigueur en Belgique jusqu'à la promulgation du Code pénal Belge de 1867, gardèrent le silence sur le duel.

C'est la loi du 8 janvier 1841 qui, la première, interdit et punit le duel. Les principales dispositions de cette loi ont été reproduites dans le Code pénal Belge de 1867, dont voici les articles ayant trait à cette matière :

ART. 423. — La provocation en duel sera punie d'un emprisonnement de 15 jours à 3 mois, et d'une amende de 100 francs à 500 francs.

ART. 424. — Seront punis des mêmes peines ceux qui auront décrié publiquement ou injurié une personne pour avoir refusé un duel.

ART. 425. — Celui qui, par une injure quelconque, aura donné lieu à la provocation, sera puni d'un emprisonnement de 1 mois à 6 mois, et d'une amende de 100 francs à 1000 francs.

ART. 426. — Celui qui, dans un duel, aura fait usage de ses armes contre son adversaire, sans qu'il soit résulté du combat ni homicide, ni blessure, sera puni d'un emprisonnement de 1 mois à 6 mois, et d'une amende de 200 francs à 1000 francs. Celui qui n'aura pas fait usage de ses armes sera puni conformément à l'art. 423.

ART. 427. — Celui qui, dans un duel, aura blessé son adversaire, sera puni d'un emprisonnement de 2 mois à 1 an, et d'une amende de 300 francs à 1500 francs.

ART. 428. — Si les blessures ont causé une maladie ou une incapacité de travail personnel, le coupable sera puni d'un emprisonnement de 3 mois à 2 ans, et d'une amende de 500 francs à 2000 francs.

Art. 429. — L'emprisonnement sera de 6 mois à 3 ans, et l'amende de 1000 francs à 3000 francs, si les blessures résultant du duel ont causé, soit une maladie paraissant incurable, soit une incapacité permanente de travail personnel, soit la perte de l'usage absolu d'un organe, soit une mutilation grave.

Art. 430. — Celui qui, dans un duel, aura donné la mort à son adversaire, sera puni d'un emprisonnement de 1 an à 5 ans, et d'une amende de 2000 francs à 10.000 francs.

Art. 431. — Ceux qui, d'une manière quelconque, auront excité au duel, seront punis des mêmes peines que les auteurs. Dans le cas où le duel n'aurait pas eu lieu, ils encourront un emprisonnement de 1 mois à 1 an et une amende de 100 francs à 1000 francs.

Art. 432. — Dans les cas prévus par les articles 427, 428, 429 et 430, les témoins seront punis d'un emprisonnement de 1 mois à 1 an, et d'une amende de 100 francs à 1000 francs.

Art. 433. — Les coupables condamnés en vertu des articles 425 et suivants seront, en cas de nouveaux délits de même nature, commis dans le délai fixé par l'art. 56, condamnés au maximum des peines portées par ces articles, et ces peines pourront même être élevées au double.

La loi du 17 avril 1878, contenant le titre préliminaire du code de procédure pénale, statue en outre (art. 8) que : lorsqu'un Belge aura commis, hors du territoire du royaume, contre un étranger, un des délits prévus par les articles 423, parag. 1er, 427, 428, 429 et 430 du Code pénal (cités ci-dessus), il pourra être poursuivi en Belgique, sur la plainte de l'étranger offensé ou de sa famille, ou sur avis officiel donné à l'autorité Belge, par l'autorité du pays où l'infraction a été commise.

Cependant la sévérité du système pénal Belge peut être atténuée, selon la disposition de la loi, sur la libération conditionnelle.

Art. 9 de la loi sur la libération conditionnelle (31 mai 1888) :

« Les cours et tribunaux, en condamnant à une ou plusieurs peines, peuvent, lorsque l'emprisonnement à subir, soit comme peine principale ou subsidiaire, soit par suite du cumul de peines principales et de peines subsidiaires, ne dépasse pas six mois et que le condamné n'a encouru aucune condamnation antérieure pour crime ou délit, ordonner par décision motivée qu'il sera sursis à l'exécution du jugement ou de l'arrêt pendant un délai dont ils fixent la durée à compter de la date du jugement ou de l'arrêt, mais qui ne peut excéder cinq années.

« La condamnation sera considérée comme non avenue, si pendant ce délai le condamné n'encourt pas de condamnation nouvelle pour crime ou délit. Dans le cas contraire, les peines pour lesquelles le sursis a été accordé et celles qui font l'objet de la condamnation nouvelle seront cumulées ».

Le ministre de la Justice a recommandé, dans une circulaire récente adressée aux cours et tribunaux du royaume, de se montrer très favorable à l'application de la loi citée plus haut.

ITALIE

Depuis 1889, l'Italie s'est donnée un nouveau Code pénal où la répression du duel fait l'objet de nombreux articles. Nous croyons intéressant de les reproduire, d'après l'excellente traduction qu'en a publié M. Paul Lecomte.

CHAPITRE IX. — DU DUEL

ART. 237. — Quiconque défie une autre personne en duel, alors même que le défi n'est pas accepté, est puni d'une amende qui peut atteindre 500 livres ; mais s'il a été la cause injuste et déterminante en fait d'où est dérivé le défi, la peine est celle de la détention, qui peut être portée à 2 mois.

1° Est exempt de peine celui qui a été amené ou défié par une insulte grave ou un grave affront ;

2° Celui qui accepte le défi, quand il a été la cause injuste et déterminante du fait d'où il est dérivé, est puni d'une amende de 100 à 1500 livres.

Si le duel a eu lieu, on applique seulement les dispositions des articles suivants.

ART. 238. — Quiconque se sert d'armes dans un duel est puni : s'il ne cause à son adversaire aucune lésion personnelle, de la détention, qui peut être portée à 2 mois.

Si le coupable a été la cause injuste et déterminante du duel, la détention est de 15 jours à 4 mois.

Art. 239. — Le duelliste est puni de la détention :

1° De 6 mois à 5 ans s'il tue son adversaire ou s'il lui cause une lésion qui entraîne la mort ;

2° De 1 mois à 2 ans. s'il lui cause une lésion personnelle qui produise l'un des effets prévus au premier paragraphe de l'article 372 (infirmités graves) ;

3° De 4 mois au plus s'il lui cause une autre lésion personnelle, quelle qu'elle soit.

Si le coupable a été la cause injuste et déterminante du duel. la détention est. dans le premier cas. de 2 à 7 ans. dans le second. 3 de mois à 3 ans et dans le troisième. de 1 à 6 mois.

Art. 240. — Les peines édictées par la première partie des deux précédents articles sont diminuées d'un sixième à un tiers si le coupable a été entraîné au duel par une grave insulte ou un grave affront.

Art. 241. — Les porteurs du défi sont punis d'une amende de 500 livres au plus; mais ils sont exempts de peine, s'ils empêchent le combat.

Les témoins ou seconds sont punis d'une amende de 100 à 1000 livres. si le duel n'a pour conséquence aucune lésion personnelle. et de la détention, qui peut atteindre 18 mois dans les autres cas ; mais ils sont exempts de peine si, avant le duel, ils ont fait tout ce qui dépendait d'eux pour réconcilier les parties ou. si par leur fait, le combat a eu une issue moins grave que celle qui, d'une autre manière, pouvait advenir.

Art. 242. — Quand l'un des duellistes n'a eu aucune part au fait qui a occasionné le duel. s'il se bat à la place de celui qui a été directement intéressé. les peines édictées aux précédents articles 238 et 239 sont augmentées de la moitié.

On n'applique pas cette augmentation de peine, si
le duelliste est un proche parent de la personne directement intéressée, ou bien s'il est un des témoins
ou seconds et qu'il se batte à la place de son propre
parent absent.

ART. 243. — Au lieu des dispositions des articles 239 à
242, on applique à raison de l'homicide ou des lésions per-
sonnelles advenus en duel les dispositions des chapitres I
et II du titre IX :

1° Si les dispositions du combat n'ont pas été précédemment réglées par les témoins ou seconds, ou bien si
le combat n'a pas lieu en leur présence ;

2° Si les armes qui ont servi au combat ne sont pas
égales et ne sont pas des épées, des sabres, ou des pistolets
chargés d'une manière égale, ou bien si ce sont des armes
de précision ou à plusieurs coups ;

3° Si dans le choix des armes ou dans le combat, il y a
eu fraude ou violation des conditions arrêtées ;

4° S'il a été expressément convenu ou bien s'il est résulté
du genre de duel ou de la distance entre les combattants
ou des autres conditions arrêtées que l'un des duellistes
devait être tué :

Dans tous les cas, la peine est celle de la réclusion, et
lorsque la condamnation n'a pas pour conséquence l'interdiction perpétuelle, on y ajoute l'interdiction temporaire
des fonctions publiques.

Si la lésion personnelle est passible d'une peine inférieure aux peines édictées par les articles 239 et 242, on
applique ces dernières peines, augmentées d'un tiers en
substituant la réclusion à la détention.

Les témoins, dans les cas des numéros 2, 3 et 4, encou-

rent les mêmes peines édictées dans le précédent article
contre les duellistes, mais ces peines devront être diminuées d'autant.

La fraude ou la violation des conditions arrêtées, quant
au choix des armes ou au combat, est à la charge, non
seulement de celui qui en est l'auteur, mais encore de
celui des duellistes, des témoins ou seconds qui en a eu
connaissance, avant ou pendant le combat.

ART. 244. — Quiconque offense publiquement une
personne ou la signale, de quelque manière que ce soit,
au mépris public, soit parce qu'elle n'a pas fait une provocation en duel, soit parce qu'elle a refusé le défi, ou bien,
en témoignant ou en menaçant de ce mépris, incite quelqu'un au duel, est puni de la détention de 1 mois à 1 an.

ART. 245. — Quand celui qui provoque ou défie en duel
ou bien menace de provoquer ou de défier, agit dans le
but d'extorquer de l'argent ou un autre avantage, on applique, suivant les cas, les dispositions de l'article 407 ou
de l'article 409 (réclusion de 2 à 10 ans).

ESPAGNE

Le duel existait en Espagne avant l'invasion des
peuples du Nord, ainsi qu'en témoigne Tite-Live (livre
27, parag. 21). Après l'invasion, le duel fut rendu encore
beaucoup plus fréquent par les coutumes des Goths,
mais il convient d'ajouter que dans le code « Fuero-
juggo » il n'existe aucune trace que le duel fût employé comme moyen de preuve en litiges et querelles
criminelles.

Après l'invasion des Arabes, le duel prit encore plus
d'extension. A cette époque, le duel était pour ainsi
dire autorisé ; les monarques Espagnols ne pouvant le
proscrire, essayèrent seulement de le régulariser,
soumettant défis et rencontres à de minutieux règlements. Cette législation édictée par les « Cortès
de Najera » fut insérée par le roi Alphonse le Sage,
dans son « Codigo de las Partidas » (titres III et IV de
la 7e partie), mais on s'affranchit bien vite des entra-
ves et prescriptions de cette loi.

Le duel fut défendu la première fois, par les rois
catholiques, en une loi publiée à Tolède en 1480, et
insérée depuis dans la loi 1re, (titre XX, livre 12) de la
« Novissima Récopilacion » ; cette loi punissait de la
confiscation de biens ceux qui provoquaient ou accep-
taient un duel, qu'il eût ou non un résultat ; le provocateur, de la peine de mort, s'il tuait ou blessait son
adversaire ; le provoqué, s'il restait en vie, de l'exil à
perpétuité ; les témoins, de la confiscation de leurs
biens ; il y avait même des pénalités légères pour les
assistants. Cette loi ne suffit pas pour contenir les
duels ; le décret du 29 août 1678 qui les soumettait à
la juridiction ordinaire et l'ordonnance de 1701 qui
punissait les officiers n'eurent pas plus de résultats.
Elles sont insérées dans les notes 1 et 2, (titre XX,
livre 12) de la « Novissima Récopilacion ».

Le 27 janvier 1716, Philippe V publia une Pragmatique, qui fut renouvelée par Ferdinand VI, le 9 mai
1757 ; celle-ci maintenait en vigueur les décrets et
ordonnances des rois catholiques et imposait de

nouvelles pénalités. Malgré tout, les duels restaient impunis. les lois n'étaient pas appliquées. Le 6 septembre 1837. un ordre royal fut adressé aux tribunaux réclamant l'exécution de la Pragmatique de Philippe V. Les duels continuèrent. quoique moins fréquents à cette époque, les lois qui s'y rapportaient restant sans résultat.

Le code pénal de 1848 réformé en 1850 et 1870, aujourd'hui en vigueur. a modifié complètement la législation. car bien qu'il défende le duel. les pénalités sont beaucoup moindres. Les dispositions sont les suivantes :

Art. 439. — Les autorités qui auront connaissance d'un duel projeté, procéderont à l'arrestation du provocateur. à celle de l'adversaire. si celui-ci a accepté le défi ; ils ne seront mis en liberté qu'après avoir donné leur parole d'honneur de se désister de leur projet.

Celui qui, manquant déloyalement à sa parole, provoquerait de nouveau son adversaire. sera puni d'interdiction temporaire de l'exercice de toutes fonctions publiques, et même du bannissement.

Celui qui, dans les mêmes conditions, accepterait le duel. sera puni d'exil.

Art. 440. — Celui qui tuerait en duel son adversaire, sera puni de réclusion.

S'il le blessait de blessures définies dans le numéro I de l'article 431, il sera puni de la prison correctionnelle (application des pénalités, moyenne ou maximum).

En tout autre cas, on punira de détention les combattants, alors même qu'il n'y aurait pas de blessures.

Art. 441. — Au lieu des pénalités signalées à l'article précédent. on punira de bannissement. en cas d'homicide, d'exil en cas de blessures stipulées dans le numéro 1 de l'article 431. et d'une amende de 50 à 500 pesetas dans chacun des cas suivants :

1º Le provoqué ou défié qui se battrait pour ne pas avoir obtenu de son adversaire explication des motifs du duel ;

2º Le défié qui se battrait parce que son adversaire lui aurait refusé des explications suffisantes, ou une satisfaction honorable pour l'offense encourue ;

3" L'offensé qui se battrait pour n'avoir pu obtenir de l'offenseur une explication suffisante ou une satisfaction honorable qu'il aurait demandée.

Art. 442. — Les pénalités établies à l'article 440. seront appliquées au maximum :

1º A celui qui provoquerait le duel sans en expliquer les motifs à son adversaire. si celui-ci l'exigeait ;

2º A celui qui, ayant provoqué même avec raison, rejetterait les explications suffisantes ou la satisfaction honorable que lui aurait offert son adversaire ;

3" A celui qui, ayant fait injure à son adversaire, se refuserait à lui accorder des explications suffisantes ou une satisfaction honorable.

Art. 443. — Celui qui exciterait un autre à provoquer ou à accepter un duel. sera puni respectivement des pénalités mentionnées à l'art. 440, si le duel a lieu.

Art. 444. — Celui qui outragerait ou discréditerait un autre publiquement pour le fait d'avoir refusé un duel. encourrait une des pénalités établies pour les injures graves.

Art. 445. — Les témoins d'un duel d'où résulteraient la mort ou des blessures, seront respectivement punis comme auteurs de ces délits avec préméditation, s'ils ont provoqué le duel ou employé quelque perfidie, soit dans l'exécution du duel, soit dans le règlement des conditions de celui-ci.

Comme complices des mêmes délits, s'ils l'avaient décidé un duel à mort, ou connaissaient l'avantage d'un des combattants.

Ils encourent la réclusion et une amende de 250 à 2,500 pesetas, s'ils n'ont point fait tout leur possible pour concilier les parties, ou s'ils n'ont point établi les conditions du duel de la façon la moins périlleuse possible pour la vie des combattants.

Art. 446. — Le duel qui aurait lieu sans l'assistance de deux ou plusieurs témoins majeurs, pour chaque partie, et sans que ceux-ci eussent choisi les armes et réglé toutes les autres conditions, sera puni :

1° De prison correctionnelle s'il n'en résulte pas mort ou blessure ;

2° Des pénalités générales de ce Code si la mort en est résultée, la pénalité ne pouvant jamais être moindre que la prison correctionnelle.

Art. 447. — On appliquera aussi les lois générales de ce Code, et, en outre, l'interdiction absolue temporaire de l'exercice de toutes les fonctions publiques :

1° A celui qui provoquerait ou donnerait lieu à un défi ayant en vue un intérêt pécuniaire ou un but immoral ;

2° Au combattant qui commettrait la lâcheté de manquer aux conditions établies par les témoins.

Pour ce qui est de jurisprudence, les exemples en sont très rares. Les tribunaux ne s'occupent presque jamais d'affaires de cet ordre, quoique les journaux racontent les circonstances des duels, publient les procès-verbaux, etc., et si l'on assigne quelquefois les combattants et témoins à comparaître, c'est simplement pour la forme, car jamais les poursuites ne sont continuées.

On ne connaît, en Espagne, aucune législation spéciale au duel entre militaires. Le code pénal militaire en vigueur depuis le 1er janvier 1885 renferme absolument les mêmes dispositions que le code pénal ordinaire. Il est clair que le duel, entre militaires, a lieu comme entre civils, et qu'il n'y a rien de spécial à mentionner à ce sujet.

Comme duels célèbres, il n'en existe aucun offrant des particularités bien saillantes, si ce n'est celui qui eut lieu entre le duc de Montpensier et l'Infant Don Henri de Bourbon, dans lequel ce dernier fut tué par son adversaire.

Il y a peu de temps, a eu lieu, sans résultat, le duel de M. Béranger, qui, à cet effet, donna sa démission de ministre de la Marine, avec le directeur du journal « *Le Resumen* », Don Augusto Suarez de Figueroa, à cause d'articles très violents publiés par celui-ci sur l'administration de la Marine.

Comme pour les autres, il n'y eut aucune poursuite à cause de ces duels.

PORTUGAL

De même qu'en Espagne, le duel est défendu en Portugal. Le 16 septembre 1886, un nouveau Code pénal, plus complet que l'ancien, fut particulièrement sévère pour le duel.

Nous y trouvons les dispositions suivantes, que nous empruntons au précieux répertoire de Dalloz :

Art. 382. — L'amende et la prison sont infligés à ceux qui, publiquement, ont discrédité ou injurié celui qui a refusé un duel.

Art. 383. — Quiconque excite au duel par quelque injure ou d'une autre manière que ce soit, est puni d'un emprisonnement de 1 mois à 1 an, augmenté d'une amende.

Art. 384. — Est punissable le simple fait de se battre en duel.

Art. 385. — En cas de mort, la peine est de 1 à 2 ans de prison et du maximum de l'amende ; elle peut même être portée au double avec emprisonnement correctionnel. La peine est de 6 mois à 2 ans et d'une amende correspondante si les blessures ont occasionné une infirmité permanente ou une incapacité de travail de 20 jours ; elle est de 3 à 12 mois avec amende si les blessures sont légères.

Art. 386. — Une peine de 6 mois de prison est infligée aux témoins, avec amende, s'ils peuvent être compris comme complices du délit.

Art. 387. — Si le duel a eu lieu sans témoins ou s'il a été loyal, ou si la cause du duel avait comme cause un intérêt pécuniaire, les délinquants seront toujours punis des peines sus énoncées, dans le cas de mort ou de blessures graves.

Dans l'armée, le duel est de même défendu ; mais

l'officier qui ne se battrait pas, ayant été insulté, serait très sévèrement blâmé, et même puni sous prétexte d'avoir laissé insulter l'uniforme.

Les duels sont assez fréquents en Portugal. Parmi les plus connus on peut citer celui du ministre Marianno de Carvalho et de M. Thomaz Ribeiro ; celui du ministre Emygdio Navarro (qui fut ambassadeur à Paris) et du député Vaz Preto ; celui de l'ancien ministre Rodrigues de Sampaio et d'un journaliste (au pistolet) ; celui de Assés de Carvalho, capitaine d'artillerie et de D. Antonio de Vasconcellos, chambellan de la Reine ; enfin, le duel du capitaine de cavalerie Miguel de la Nogueira et du député José Julio, dans lequel ce dernier fut tué.

SUISSE

En cet aimable pays de Suisse, dont le nom semble synonyme de paysage gracieux, vie paisible et heureuse, et auquel on ne saurait penser sans évoquer le souvenir des chœurs de jeunes gens et de jeunes filles sur les beaux lacs pendant les douces nuits d'été, le duel est chose à peu près inconnue. Si nos voisins en connaissent le nom, c'est le plus que l'on puisse dire ; on raconte qu'à deux ou trois reprises depuis cinquante ans, un duel a... failli avoir lieu, mais qu'en réalité, les choses s'en sont tenues là.

En Suisse, autant de cantons, autant de codes, dont les avocats sont seuls à posséder le secret ; il serait

fastidieux de produire ici le chapitre relatif au duel
de chacun de ces vingt-quatre codes : nous nous
bornerons donc à donner l'extrait du Code pénal du
canton de Vaud prohibant les « batteries et duels »
mais en répétant encore que l'arme reste toujours au
fourreau, et que Thémis n'a jamais à intervenir en ces
matières. Heureux pays ! Heureuses mœurs !

CODE PÉNAL DU CANTON DE VAUD

Chapitre II du Titre V

Des batteries et du duel

ART. 240. — Celui qui prend une part active à une batterie, lors même qu'elle ne présente aucun des caractères
mentionnés aux articles suivants, est puni d'une amende
qui ne peut excéder soixante francs, ou d'un emprisonnement qui ne peut excéder 15 jours.

ART. 241. — Si la batterie a eu pour résultat une lésion
du genre de celles qui sont mentionnées à l'art. 231,
l'auteur de cette lésion est puni d'un emprisonnement de
10 jours à 10 mois ; les autres personnes qui ont pris part
à la batterie sont punies d'un emprisonnement qui ne peut
excéder 4 mois, ou d'une amende qui ne peut excéder
600 francs.

ART. 242. — Si la batterie a pour résultat une lésion du
genre de celles qui sont mentionnées à l'art. 232, l'auteur
de cette lésion est puni d'un emprisonnement de 1 mois à
2 ans ; les autres personnes qui ont pris part à la batterie sont punies d'un emprisonnement qui ne peut excéder 1,000 francs.

Art. 243. — Si la batterie a eu pour résultat des lésions mentionnées à l'art. 235, l'auteur de ces lésions est puni d'un emprisonnement de 6 mois à 4 ans.

Si elle a eu pour résultat une lésion ayant occasionné la mort, l'auteur de cette lésion est puni par un emprisonnement de 10 mois à 15 ans, sans préjudice des autres dispositions sur l'homicide.

Les autres personnes qui ont pris part à la batterie sont punies par un emprisonnement qui ne peut excéder 2 ans, ou par une amende qui ne peut excéder 2,000 francs.

Art. 244. — Dans les cas prévus aux articles précédents, le maximum de la peine peut être élevé de moitié contre ceux qui ont été provocateurs ou qui ont contribué à prolonger la batterie, ou qui ont fait usage d'armes meurtrières ou d'instruments dangereux.

Art. 245. — Si le délinquant a encouru la peine d'un emprisonnement de 10 mois ou au-delà, le juge peut substituer, en partie, le bannissement à l'emprisonnement, de telle sorte que le délinquant soit condamné à 6 mois, au moins, d'emprisonnement, et en outre, au bannissement pour un temps qui ne peut excéder 10 années ou être moindre de 1 an.

Art. 246. — Dans les cas prévus au présent chapitre, le juge peut libérer de toute peine celui qui a fait ses efforts pour arrêter la rixe, lors même qu'il y a pris une part active, ainsi que celui qui est suffisamment puni par les mauvais traitements qu'il a éprouvés, ou par les blessures qu'il a reçues.

Art. 247. — Les dispositions des articles 240, 241, 242, 243, 244, 245 et 246 sont applicables au duel. Toutefois, le tribunal, dans l'application de la peine, aura égard aux torts que peut avoir eus l'un ou l'autre des combattants, au moment où la querelle a eu lieu.

Le maximum de la peine peut être élevé de la moitié contre ceux qui ont été provocateurs ou qui ont contribué à prolonger le duel, ou qui se sont conduits avec déloyauté dans le combat. Les témoins et les autres assistants du duel ne sont punissables qu'autant qu'ils ont empêché la réconciliation, excité ou envenimé la querelle, ou cherché à aggraver les conditions du combat.

Dans ce cas, ils sont réputés complices et punis comme tels.

ART. 248. — Dans les cas prévus aux articles 242 à 247 inclusivement, la peine de la réclusion peut, suivant les circonstances, être substituée à celle de l'emprisonnement.

N. B. L'article 231 édicte les peines en cas d'incapacité de travail de 20 à 30 jours, l'art. 232 l'incapacité de plus de 30 jours, etc.

Le bannissement est supprimé comme peine, comme contraire au Code Fédéral qui défend de bannir un citoyen suisse.

Qu'on nous permette maintenant de donner un résumé des procès-verbaux pour la révision du Code Pénal Vaudois, du 18 février 1882.

Citons une partie du procès-verbal :

« Au sujet du chapitre X traitant des batteries et du duel, un membre a exposé que notre Code envisage ces délits d'une manière différente des autres législations.

« Tandis que ces dernières ne distinguent pas les batteries et les voies de fait, et prévoient des dispositions spéciales pour le duel, le Code de 1843 fait de la batterie un délit à part, ce qui a permis de réunir dans un même chapitre la batterie et le duel.

« La Commission a estimé que le système n'a offert aucun inconvénient dans la pratique et l'a conservé. La batterie suppose des paroles vives échangées, des injures qui amènent les personnes à se livrer par un accord tacite à des voies de fait réciproques, caractères qui se retrouvent aussi dans le duel.

« Quant au duel, un membre s'est élevé contre les dispositions de l'art. 247, qui statue que les témoins ne sont punissables qu'autant qu'ils ont empêché la réconciliation, envenimé la querelle ou aggravé les conditions du combat. Par cette disposition, il semblerait que la loi entoure le duel d'une certaine faveur en faisant des concessions à des habitudes déplorables, legs d'un autre âge, et qu'il convient de combattre énergiquement. Ce membre a proposé de punir les témoins comme complices, et qu'il soit ajouté une disposition qui se trouve dans plusieurs codes et qui punit le duel, même quand les délinquants se battent hors du canton, si le duel a été provoqué et accepté dans le canton.

« Les quatre autres membres de la Commission ne l'ont pas admis. Tout en reconnaissant que le duel est un acte honteusement blâmable, qu'il est nécessaire de réprimer dans le code pénal, il faut convenir que l'homme d'honneur peut être exposé à accepter un duel ou même à le provoquer, lorsque les tribunaux ne peuvent réparer le dommage, etc... La loi doit tenir compte de pareilles éventualités. Du moment que deux

hommes sont bien décidés à se battre en duel, il vaut
mieux que le duel ait lieu en présence de témoins et
qu'il ne risque pas d'être une espèce d'assassinat ; il
faut au moins s'assurer que les conditions imposées
par l'accord des combattants ont été respectées.

« Quant à la proposition faite de poursuivre les
délinquants qui vont se battre au-delà des frontières
pour échapper à la loi, la Commission a déclaré que le
duel devait être puni en pareil cas (en vertu de l'article
4) sans être obligé de l'inscrire ici.

« Quant aux duels dans lesquels des étrangers
auraient été impliqués, nous n'avons aucun intérêt à
les réprimer ».

Historique. — Au moyen-âge, les duels judiciaires
n'étaient pas rares ; les combats singuliers entre seigneurs étaient plus fréquents. L'histoire nous rapporte
le plus célèbre : celui de Gérard, d'Estadayer et d'Othon
de Grandson, deux puissants chevaliers du pays de
Vaud. Le tombeau du second se trouve dans la cathédrale de Lausanne.

Plus tard la répression des duels devient sévère.
Prenons pour preuve le mandat de leurs Excellences
de Berne du 24 avril 1651, tel que le cite le " Coutu-
mier de Vaud " :

« Sont punissables de mort, tant celui qui le donne
que celui qui l'accepte, lorsqu'ils se mettent en devoir
de l'exécuter. Les seconds sont aussi punis dans leurs
corps, vie, honneur et biens et le tué ne doit pas être
enseveli au cimetière. Ceux qui sont présents au cartel

ou qui apprennent qu'il y en a un, doivent l'empêcher
ou en informer le magistrat, faute de quoi ils seront
punis suivant l'exigence, en honneur, corps et biens ».

L'édit souverain de 1716 n'est pas moins catégorique à cet égard.

De son côté, M. de Seigneux, justicier de la ville de
Lausanne, pour le Gouvernement de Berne (le pays de
Vaud a été sujet des Bernois de 1536 à 1798), dit dans
son abrégé de jurisprudence criminelle (1756) : "Leurs
Excellences se réservent la connaissance des duels,
sous quelque juridiction que ce soit ".

Dans le courant du XIXe siècle, on peut cependant
citer un certain nombre d'affaires qui ont eu un grand
retentissement. Ainsi vers 1813, lorsqu'il y avait à
Lausanne un grand nombre d'officiers autrichiens de
passage, ce fut, pendant quelque temps, une véritable
fièvre de duels dans lesquels un grand nombre d'habitants des rives du bleu Danube perdirent la vie. L'aïeul
d'un des hommes d'Etat les plus influents aujourd'hui
n'en dépêcha pas mal pour sa part, dit-on.

En 1830, deux réfugiés Français pour cause politique,
MM. Sambuc et Allier, se battirent sur la place de
Montbenon, la promenade favorite des Lausannois. M.
Allier fut tué ; quant à son adversaire, il se déroba
aux recherches de la justice en passant la frontière.

Plus récemment, eut lieu, en 1864, au mois d'août,
près de Genève, le duel dans lequel le célèbre socialiste
Lasalle fut tué. L'auteur du « Système des droits
acquis » était fiancé à la fille du ministre de Bavière à
Genève, Hélène de Donnersmark ; il apprit un jour

que celle-ci avait des relations avec un boyar Valaque,
il écrivit aussitôt à sa fiancée une lettre offensante ;
de là, provocation en duel par le Boyard. Dans le combat, Lasalle reçut une balle dans le bas ventre ; il
expirait trois jours après.

Une seule société suisse d'étudiants admet le duel :
C'est l'Helvetia. D'autres sociétés d'étudiants fréquentant les Universités suisses admettent le duel ; mais
les membres en sont tous des Allemands. Les Tigurins,
la Rhenania, de même que l'Helvetia, suivent identi-
quement les mêmes règles que leurs voisines d'outre
Rhin.

ANGLETERRE

L'Angleterre, on peut le dire, est le seul pays d'où le
duel ait complètement disparu. Plus n'est besoin de
loi pour le défendre : le caractère britannique le répu-
die énergiquement, et ce sont les citoyens eux-mêmes
qui sont les meilleurs observateurs et défenseurs des
règles interdisant le duel.

Qu'on nous permette de citer ici quelques extraits
d'une étude fort sérieuse de M. Edouard Ernesemann
qui fournit des détails fort curieux sur le développement du duel en Angleterre et sur sa disparition
complète :

« Longtemps après que le duel judiciaire eut été
admis dans les Etats du continent comme moyen de

juger un procès, il franchit la Manche avec les Normands et s'introduisit en Angleterre.

« A l'origine, le duel, sous le nom de *trial by battle* ou de combat, était un privilège de Normand.

« Plus tard, il s'étendit jusque dans le droit commun de l'Angleterre, ''Common lavo England'' et ce fut seulement lors du cas célèbre '' Thornton contre Ashford '', 1817, après que lord Ellenborangh eut reconnu le *trial by battle*, comme faisant partie du droit commun, qu'il fut aboli comme un reste démodé du jugement de Dieu.

« De même que le duel judiciaire n'avait pénétré en Angleterre que longtemps après avoir été adopté sur le continent, de même le duel privé n'y pénétra que fort tard.

« Avant le XVIe siècle, on ne trouve aucune mention authentique du duel, dans le sens moderne de ce mot, ni dans la Grande-Bretagne, ni dans l'Irlande.

« Même sous Jacques Ier un duel était une rareté. Du temps de Cromwell les doctrines et les mœurs des puritains s'y opposaient rigoureusement.

« Ce ne fut que vers le '' temps léger '' qui commença à la cour d'Angleterre après la Restauration que le duel eut beau jeu.....

« Les Irlandais se battaient en duel pour tous les prétextes possibles.

« Une différence d'opinion sur un point de droit devant le tribunal entre deux avocats irlandais leur sembla un motif assez suffisant de duel ; ils se précipitèrent hors de l'audience , laissèrent attendre juges

et jury et allèrent régler la discussion dans un champ
voisin. Il arriva aussi qu'un Irlandais, qui avait perdu
un procès, provoqua tous les avocats de la partie adverse.

« Même les juges irlandais, depuis le lord Chancelier
jusqu'au " puisne juge " ne considéraient pas le moins
du monde le duel comme étant au-dessous de leur dignité. — On peut donc dire avec raison qu'au point de
vue du duel la société anglaise et irlandaise du siècle
dernier ne le cédait en rien aux États du continent, et
même peut-être qu'elle les surpassait tous.

Ce fait est d'autant plus étonnant que la loi ne
considérait avec aucune indulgence le cas de mort en
duel, et qu'elle menaçait le meurtrier des châtiments
les plus sévères. C'est que l'opinion publique n'était
pas encore mûre, même à cette époque, et jusqu'au
temps de Georges III, l'Ecosse, l'Irlande et l'Angleterre
ne fournirent que rarement un jury, qui, par un verdict
de culpabilité, ait mis l'accusé en danger d'être condamné à mort. Il fallut que le mal devînt assez grand
pour soulever, pour ainsi dire, l'opinion publique ;
que les dispositions élevées dans le " Tatler et le
Spectator ", que les considérations de John Cockburns
dans une "history of duels, 1720", que Paley, Bentham
et d'autres écrivains blâmassent la folie du duel, il
fallut tous ces efforts réunis pour préparer le terrain
et pour que le jury considérât la mort en duel comme
un cas de meurtre.

« Déjà du temps d'Elisabeth, des juges de la valeur
de Coke, Bacon Hale, avaient déclaré, sans hésiter, que

donner la mort en duel était un meurtre. Mais, de même qu'en Écosse, l'opinion publique se prononça là aussi contre la rigoureuse application de la loi, en admettant que le meurtre devait être distingué d'un simple homicide commis avec l'assentiment de la victime. Cependant, à la fin, force resta à la loi dans toute sa rigueur.

« Steinmetz rapporte que, sous Georges III, on fit mention de 172 duels. Seulement 18 poursuites eurent lieu, dont 6 se terminèrent par un acquittement. Dans huit cas, il y eut condamnation à la prison, dans sept cas, on admit l'homicide, et dans trois le meurtre. Deux accusés furent exécutés . . . . ».

Malgré ces condamnations réitérées, des duels et des provocations eurent lieu jusqu'en l'année 1851. Cependant lorsqu'une personne aussi influente que le prince Consort se fut prononcé de la manière la plus décidée contre le duel, c'en fut fait de ce remède à l'honneur outragé.

L'Anglais d'aujourd'hui (en comprenant sous le nom d'Angleterre propre, l'Écosse et l'Irlande) se refuse absolument à admettre le duel ; il se demande comment il est possible que, sur le continent, des hommes raisonnables s'imaginent par ce moyen donner satisfaction à leur honneur.

L'idée de se battre en duel est tellement sortie de l'esprit de l'Anglais, que, même dans un pays étranger, il refuse de se battre. Pour résumer, nous dirons donc que le duel, fort fréquent autrefois, a totalement disparu de l'Angleterre. — On peut dire que c'est le seul pays au monde qui ne fasse pas usage de ce moyen de venger une offense.....

GRÈCE

Depuis la constitution du royaume Hellénique jusqu'en 1834, le duel n'était pas défendu, mais de fait, il n'était pas alors de coutume en Grèce où les mœurs réglaient autrement les affaires d'honneur.

Il est proscrit depuis le 19 avril 1834, époque à laquelle fut mis en vigueur le Code pénal qui régit actuellement le royaume Hellénique.

En voici les principales dispositions :

Quiconque, pour quelque motif que ce soit, provoque quelqu'un en duel, et quiconque ainsi provoqué se présente au combat, est puni d'un emprisonnement de 14 jours à 6 mois, si le duel n'a pas causé de blessure ; de 3 mois à 2 ans, si la blessure a causé une incapacité de travail moindre de 3 mois ; d'un emprisonnement de moins de 2 ans, si la blessure a causé une incapacité de travail de plus de 3 mois, ou si le duel a eu lieu sans témoins ou assistants ; de réclusion, si l'un des combattants a été blessé mortellement ou a été tué sans que la mort d'un des deux adversaires fût préalablement convenue ; de travaux forcés à temps, si la mort a été prévue.

Sont punis d'un emprisonnement de 3 mois au maximum, ceux qui ont provoqué, ou qui ont accepté la provocation, même si le duel n'a pas eu lieu, ainsi que ceux qui ont menacé ou qui ont montré du dédain au provoqué qui n'a pas accepté le duel.

Est considéré comme circonstance aggravante le cas où l'une des parties aurait refusé la solution par voie des tribunaux, ou après l'avoir acceptée, aurait eu de nouveau recours au duel.

Les témoins ou assistants (aides, médecins, etc.) ne sont pas punis.

Le code pénal militaire ne fait pas mention du duel. Mais si le duel entre militaires n'est pas autorisé par la loi, il l'est absolument de fait ; un militaire qui refuserait de se battre en duel serait considéré comme déshonoré.

Il y a un certain nombre de duels célèbres en Grèce ; quelques-uns entre nationaux et étrangers, diplomates ou militaires : un des plus récents est celui du capitaine Bourbaki, neveu du général Bourbaki, de l'armée française, tué par son adversaire, M. Docos.

ALLEMAGNE

Ce n'est qu'en 1871 qu'un seul et unique code pénal, révisé en 1876, fut applicable à tout l'empire allemand.

Nous y trouvons les dispositions suivantes relatives au duel :

Art. 201. — La provocation au duel avec des armes meurtrières, ainsi que l'acceptation d'une semblable provocation est punie de la détention dans une enceinte fortifiée, pouvant aller jusqu'à 6 mois.

Art. 202. — La détention dans une enceinte fortifiée, pendant une durée de 2 mois à 2 ans, est appliquée quand, lors de la provocation, l'intention que les deux adversaires perdent la vie dans cette rencontre est exprimée, ou bien quand cette intention ressort des conditions du combat.

Art. 203. — Ceux qui se sont chargés de la provocation ou l'ont transmise (les porteurs du cartel), sont punis de la détention dans une enceinte fortifiée, pouvant aller jusqu'à 6 mois.

Art. 204. — Le châtiment de la provocation et de son acceptation, de même que le châtiment des porteurs du cartel n'est pas applicable quand les combattants ont volontairement renoncé au duel avant son commencement.

Art. 205. — Le duel en lui-même est puni de la détention dans une enceinte fortifiée, pendant une durée de 3 mois à 5 ans.

Art. 206. — Celui qui tue son adversaire en duel est puni de la détention dans une enceinte fortifiée, qui ne peut être inférieure à 2 ans, et quand le duel a eu lieu avec l'intention que l'un des deux adversaires devrait y trouver la mort, la détention dans une enceinte fortifiée ne peut être inférieure à 3 ans.

Art. 207. — Quand la mort ou une lésion corporelle a été produite en outrepassant intentionnellement les règles générales du duel ou les conditions particulières de ce duel, celui qui aura outrepassé ces règles sera puni d'après les prescriptions générales (de droit commun) qui concernent le crime d'homicide ou de lésion corporelle, à moins que les dispositions précédentes n'aient amené une condamnation plus sévère.

Art. 208. — Si le duel a eu lieu sans seconds ou témoins,

la condamnation pourra être augmentée de la moitié, mais sans dépasser 15 ans.

Les délits commis à l'étranger ne peuvent être punis que lorsqu'une peine a été fixée par des lois ou des ordonnances spéciales, ou des traités spéciaux.

ART. 209. — Les porteurs de cartel qui se sont efforcés sérieusement d'empêcher le duel ne peuvent pas être punis, non plus que les seconds, les témoins amenés au duel, les médecins et les chirurgiens.

ART. 210. — Quiconque excite intentionnellement une autre personne à se battre en 'duel avec une troisième, particulièrement en lui montrant que son honneur est en jeu, ou en la menaçant de son mépris, est condamné à la prison avec un minimum de 3 mois, si le duel a eu lieu.

Dans l'armée, si le duel n'est pas interdit, du moins est-il soumis à des mesures préventives bien établies.

C'est ainsi que les cours de tribunaux d'honneur, régis par l'ordonnance du 2 mai 1874, sont chargées de la délicate mission de juger si oui ou non, il y a matière à duel.

Cette ordonnance a pour but de réglementer ce qui a rapport à l'organisation de la justice d'honneur des officiers de l'armée. Elle règle la compétence et la juridiction des tribunaux d'honneur, leur composition suivant le rang des officiers, les attributions du conseil d'honneur attaché à chaque tribunal, et qui instruit les affaires qui lui sont soumises. L'honneur du corps d'officiers et de chacun de ses membres, en particulier, est donc sous la sauvegarde de ces tribunaux.

Les tribunaux d'honneur ont le droit d'appliquer des peines disciplinaires à tout officier dont la conduite leur paraît indigne ou blâmable ; ils ont même le pouvoir d'exclure tout officier indigne de l'armée. D'un autre côté, ils sont chargés de soutenir, d'aider et de défendre tout officier dont l'honneur est en jeu, et sur lequel la malveillance jetterait du discrédit.

Dès qu'un officier a une querelle avec un camarade, il doit soumettre le cas au conseil d'honneur, dont le premier soin sera d'essayer de réconcilier les parties. Si le conseil d'honneur échoue, le tribunal d'honneur est alors chargé d'instruire l'affaire, et de déléguer un membre pour le représenter au duel. Le devoir de ce tribunal, depuis l'ordonnance de 1874, ne consiste donc qu'à faire observer les règles prescrites pour le duel, et à en surveiller l'exécution. Cependant, dans la seconde partie de cette ordonnance, le tribunal a des droits plus étendus. C'est ainsi qu'il peut arranger le duel, d'office, et obliger le coupable à faire à son adversaire des excuses publiques.

L'article 112 du Code pénal militaire allemand du 1er octobre 1878 punit d'un an de détention au moins la provocation au duel entre officiers de différents grades pour faits relatifs au service. La peine est de 3 ans, si le duel a eu lieu, et l'exclusion de l'armée est prononcée.

Il est une question fort intéressante à étudier en Allemagne et qui fait partie de l'étude que nous avons entreprise : nous voulons parler du duel entre les étudiants.

On sait que les Universités d'Allemagne ont conservé bon nombre des traditions d'antan, alors même qu'elles peuvent paraître singulièrement surannées; du nombre de celles qui ont ainsi survécu et résisté à l'évolution des mœurs, l'une des plus curieuses, à coup sûr, est celle dont nous allons maintenant dire un mot.

Il faut d'abord savoir que la plupart des étudiants fréquentant une Université allemande sont affiliés à une des sociétés (*Verbindungen*) qui foisonnent dans les villes universitaires, et dont chacune a, pour la distinguer des autres, ses couleurs et ses emblèmes ; sans parler de celles, appelées Sociétés noires, qui se distinguent précisément par l'absence de tout signe distinctif.

Chaque membre d'une *Verbindung* doit subir, sous le nom de renard (Fux), un stage d'une année avant d'être reçu titulaire avec le titre de Bursch dans une solennité dont le cérémonial rappelle assez, mais burlesquement, celui de l'accolade au temps de nos preux chevaliers.

Or, un " *Fux* " ne peut devenir " *Bursch* " que s'il s'est battu en duel avec quelqu'un de ses camarades ; rien n'est plus bizarre que cette façon d'entendre la future confraternité. Le candidat devra donc s'arranger à chercher querelle à un autre "*Fux* " de son espèce. La chose est facile, surtout après boire, et l'on convient alors que la moindre vétille deviendra une véritable offense.

8.

Donc il va y avoir duel; les deux adversaires saisissent de l'affaire le conseil d'honneur (*Ehrengericht*) de leur Société, qui décide, sans qu'il y ait besoin de beaucoup d'explications, que le duel aura lieu à la rapière. On s'arrange habituellement à faire coïncider pour le même jour plusieurs duels de ce genre et toutes les mesures sont prises pour que la police ne vienne pas troubler la rencontre, car des peines très sévères sont prononcées contre les duellistes, lorsqu'on les prend sur le fait.

Le principal témoin, et celui que nous nommerions le directeur du combat, est l'*Impartial :* la blessure qui mettra fin au combat est une *Abfuhr ;* avant que les deux adversaires aient croisé le fer, l'Impartial leur dit, pour la forme, seulement pour la forme : « Nous vous invitons à vous réconcilier. De ma part sans résultat », répond l'un : « de la mienne aussi », ajoute l'autre, et ils se battent pour tout de bon, visant exclusivement à la tête et au visage, dont les yeux sont protégés par un masque en forme de lunette, mais il est défendu de porter des coups de pointe ; du reste, le bout de la rapière est rond.

Nous allions oublier de dire qu'on les nomme des *bestimmungsmensüren*. Il est très rare, d'ailleurs, que ces sortes de duels aient une issue fatale ou même grave ; la blessure produite par la rapière défigure plus ou moins et pour plus ou moins de temps.....

Ajoutons, pour ne rien omettre au sujet de ces singulières rencontres, qu'elles ne durent qu'un nombre limité de minutes, au bout desquelles le combat est arrêté, même s'il n'a pas eu de résultat; alors, on recommence un autre jour, mais à la troisième fois, s'il en a été de même, l'affaire est définitivement terminée.

AUTRICHE

Voici quelques dispositions sur le Code autrichien en matière de duel :

ART. 140. — Celui qui, pour quelque cause que ce soit, défie un autre à se battre avec des armes meurtrières et celui qui, après un tel défi, se présente au combat, commet le délit de duel.

ART. 141. — Ce délit, quand même il n'entraînerait aucune conséquence, est puni de prison de 1 an à 5 ans.

ART. 142. — S'il est résulté du duel une blessure, la peine est la prison dure, de 5 à 10 ans.

ART. 143. — Si le duel est suivi de la mort d'un des combattants, le meurtrier est puni de la prison dure, de 10 à 20 ans.

ART. 145. — Ceux qui, d'une manière quelconque, contribuent à la provocation ou à l'acceptation d'un duel, ou qui font des menaces ou des démonstrations méprisantes à celui qui était disposé à se dispenser de l'accepter, sont punis de la prison ; mais s'ils ont particulièrement influé sur la détermination ; et si dans le duel il y a eu blessure ou mort, ils sont punis de la peine dure, de 1 an à 5 ans.

ART. 146. — Ceux qui se présentent au duel comme assistants ou comme seconds, pour l'un des combattants, sont punis de la prison dure, de 1 an, et selon l'influence qu'ils ont exercée, ou le mal advenu, la prison dure peut être étendue à 5 ans.

Art. 437 et 438. — La simple provocation ou acceptation d'un duel entre militaires est un délit punissable de 3 mois d'arrêts, même si le duel n'a pas eu lieu, par suite de circonstances indépendantes de la volonté des coupables. Une peine de 6 mois à 1 an de prison est infligée à ceux qui se sont battus, même sans qu'il y ait eu blessure.

Art. 439 et 440. — La peine infligée peut aller jusqu'à 5 ans en cas de blessure, et jusqu'à 20 ans en cas de mort.

Art. 442. — Sont punis au même titre que les duellistes ceux qui ont aidé ou poussé au duel.

Art. 443. — Les parrains ou seconds sont punis de 6 mois à 5 ans de prison, selon les résultats du duel.

Art. 444. — Ne seront pas punissables les témoins qui auront fait tous leurs efforts pour empêcher le duel.

Art. 447. — Est punissable le commandant de la localité qui n'a pas tout fait pour empêcher le duel, ainsi que le juge militaire qui n'a pas poursuivi les coupables.

En 1871, on établit des tribunaux d'honneur chargés d'étudier les circonstances de la provocation, l'honorabilité des personnes avec lesquelles un officier pourrait se battre, et de prononcer un blâme contre celui qui étant offensé aurait refusé de se battre (du Verger Saint-Thomas).

HONGRIE

La Hongrie s'est aussi préoccupée du duel. Voici quelques extraits de son code :

Art. 294. — Sont punis de 6 mois de prison d'Etat, les

témoins ou seconds, et ceux qui empêchent la réconciliation des adversaires.

Art. 296. — La simple rencontre, non suivie de blessures, est punie de 1 an de prison d'Etat au plus, mais aucune
peine n'est prononcée, si, sur le terrain, les combattants
ont renoncé spontanément au duel.

Art. 298. — En cas de blessures, le duel est puni de 2 à
3 ans de prison, suivant leur gravité ; la peine est de 5
ans s'il y a mort.

Art. 300. — Les seconds qui se sont efforcés d'empêcher
le duel ne seront punissables qu'en cas de duel déloyal.

SUÈDE

Peu de pays ont édicté des lois défendant le duel
d'une façon plus rigoureuse. Le code pénal de 1864
contient un article qui nous donnera une idée de cette
sévérité :

Art. 38. — Tout duel suivi de mort est puni de 6 à 10 ans
de travaux forcés ; si les témoins ont décidé un duel à
mort, et que mort s'en soit suivie, la peine peut s'élever
jusqu'aux travaux forcés à perpétuité ; s'il y a eu blessures
graves, la peine est de 2 à 6 ans de travaux forcés ; s'il n'y
a eu que des blessures légères, ou même s'il n'y a eu aucune blessure, la peine est de 6 mois à 2 ans de prison.

L'emprisonnement est infligé à tout porteur de cartel ou
à quiconque prête son concours comme témoin dans un
duel.

NORWÈGE

Donnons quelques extraits du Code pénal de 1874 :

ART. 15. Chap. 14. — La peine des travaux forcés est infligée en cas de mort de l'un des adversaires, ou bien si les combattants ont décidé de se battre à mort, quelle que soit l'issue du duel.

ART. 19. Chap. 15. — Il en est de même si le duel a eu pour conséquence la perte d'un membre, d'un organe essentiel, ou une maladie grave ou des infirmités. Si les blessures ne sont que légères, aucune peine n'est encourue. Les témoins ne sont pas punissables.

AMÉRIQUE

Il a couru bien des préjugés sur l'Amérique, en matière de duel, qu'il s'agisse soit des conditions de la rencontre, soit de sa sanction. Nous avons sous les yeux la traduction d'un article important publié, il y a peu de temps, et qui a pour titre : *Duels Américains*. Les choses y sont ramenées à leur juste valeur. Les premiers efforts, y est-il dit, pour supprimer le duel aux Etats-Unis, ont été tentés par le major Gray, en 1804. Il formula une loi par laquelle quiconque occupait une fonction officielle s'engageait à ne se battre ni à se mêler d'aucune affaire d'honneur. Le gouvernement refusa d'approuver cette proposition. La question fut reprise de nouveau en 1806, et une

ordonnance régulière défendit aux officiers et aux soldats de se mêler, de quelque façon que ce fût, à une
affaire d'honneur, sous peine d'emprisonnement ou de
punition corporelle, prononcée par un conseil de
guerre. De nouveau, en 1824, le représentant Wright,
de l'Ohio, rédigea un projet analogue. En 1831, M.
Livingston, au Sénat, s'adressant à une Commission
spéciale, signala, sans plus de succès, la fréquence des
duels dans le district de Colombie.

« Le résultat fatal d'une rencontre qui eut lieu, en
1838, entre Cilley et Graves, inspira de nouvelles
tentatives pour mettre fin à ces combats.

« Le 20 février 1839, l'emprisonnement ou l'exclusion de tout emploi de l'Etat, et en certain cas la
peine de mort furent votés contre les duellistes ».

Et maintenant, faut-il citer quelques-uns des duels
les plus rigoureux qui aient eu lieu aux Etats-Unis ?
Lorsque l'offense a été particulièrement grave et rend
impossible tout accommodement, les Américains se
battent volontiers au mousquet ; la distance entre les
deux adversaires varie, dans ce cas, de dix à treize
pieds ; c'est dire que l'issue est presque toujours
fatale, au moins pour l'un des deux.

Les conditions du duel entre Cilley et Graves avaient
été tout autres. L'heure de la rencontre était midi ;
l'arme choisie était le rifle ; la distance 80 yards
(environ 70 mètres) et le commandement : Feu ! une,
deux, trois, quatre. On ne devait pas tirer avant le
mot feu. Après le mot quatre, Cilley tomba mortellement frappé.

RUSSIE

Dans cette série de tableaux des mœurs plus ou moins belliqueuses de chaque nation, nous avons réservé à dessin pour la fin, la législation Russe au point de vue " Duel ".

Si nous nous trouvons en face de duels des plus sérieux, avec des conditions de gravité exceptionnelle, nous constatons aussi une répression implacable et une sévérité qui laissent loin derrière elles la pénalité des autres nations en cette matière.

Historique. — Dans l'ancienne Russie, le duel n'existait pas. L'histoire, par contre, nous rapporte beaucoup de cas de combats singuliers ressemblant aux combats des chevaliers de l'Occident, combats qui servaient souvent à déterminer l'issue de toute une guerre (chacune des deux armées ennemies fournissait un champion, et la mort de l'un des deux déterminait la défaite de son armée). A côté de ces combats, existait le duel juridique connu sous le nom de « Jugement de Dieu », tel qu'il se pratiquait au moyen-âge dans toute l'Europe. Le plus ancien des codes Russes, le code de Jaroslaw (XIᵉ siècle) contient une foule de détails curieux sur ce genre de duel, ainsi que toutes les règles auxquelles il était soumis. Cette coutume se conserve jusqu'au XVIᵉ siècle, époque à laquelle elle tend à disparaître sous l'influence de l'Eglise; le nouveau code de l'empereur Alexis (XVIIᵉ) considère tout combat entre deux personnes armées comme une simple rixe, et le punit comme tel. Au XVIIIe siècle, sous Pierre le Grand, la Russie entre en relation plus intime avec le reste de l'Europe, et c'est à cette époque que le duel, tel qu'on le comprend aujourd'hui, y fait son apparition.

Il ne tarde pas à se propager avec une telle rapidité, que bientôt, Pierre Ier est obligé d'édicter des lois fort sévères pour le réprimer. Les « articles militaires » (Code Pierre Ier) infligent la peine la plus sévère (travaux forcés en Sibérie) à celui qui provoque en duel, ou à celui qui transmet une provocation. Malgré cela, le duel continue à prendre de l'extension dans l'aristocratie où il est considéré « de bon ton » et comme preuve d'une bonne éducation. L'époque à laquelle les duels se répètent le plus fréquemment est le commencement de ce siècle, ce qu'il faut surtout attribuer au contact intime de l'armée Russe avec les armées de l'Occident. Les exemples les plus connus sont les duels mortels de Pouschkine et de Lermontoff.

De nos jours, les Russes ne se battent presque jamais en duel que pour des causes graves. On ne va sur le terrain que lorsque l'honneur est sérieusement atteint, surtout l'honneur de la femme, et que, dès lors, en principe, l'un des deux adversaires doit disparaître. Cette manière d'envisager le duel est la cause pour laquelle les duels Russes sont régis par des règles et des usages qui sont infiniment plus rigoureux que dans les autres nations, où l'on se contente souvent d'une blessure très légère.

En principe, ou bien l'on ne se bat pas du tout, ou bien l'on se bat à mort. Il est évident que les duels ne finissent pas toujours d'une manière aussi tragique, mais les issues fatales sont néanmoins très fréquentes.

L'escrime n'est pas en usage en Russie. Les résultats donnés par l'arme blanche sont jugés insuffisants, et par conséquent, les duels à l'épée ou au sabre sont excessivement rares. L'arme habituelle est le pistolet, dit pistolet de duel, non rayé, à balle sphérique.

Il existe deux types principaux de duel, ce sont :

  1° Le duel à distance fixe ;
  2° Le duel à distance variable.

1° Duel à distance fixe :

C'est le duel le moins grave. Les adversaires sont placés à une distance déterminée par les témoins selon la gravité du cas, distance qui varie de 15 à 25 pas, jamais plus. Le feu est déterminé par le commandement « Feu », ou bien, l'un des témoins compte : un ! deux ! trois ! et pendant ce temps, chacun des adversaires a le droit de tirer (variétés : nombre déterminé de balles, continuation du duel jusqu'à la première blessure, etc.).

2° Duel à distance variable :

Ce duel est usité dans les cas graves et est presque toujours suivi d'une issue fatale ; il est appelé « duel à barrières ». Les témoins tracent sur le sol deux lignes transversales appelées « barrières » à une distance de 5 ou 10 pas l'une de l'autre ; les adversaires se placent chacun à 5 pas de leur barrière respective. Au commandement « Allez », les adversaires s'avancent, vers les barrières (qu'ils n'ont pas le droit de dépasser), et pendant le trajet ils peuvent faire feu. Celui qui a tiré le premier et manqué son adversaire, est obligé de s'arrêter ou de s'avancer jusqu'à sa barrière, selon les conditions ; celui qui n'a pas encore tiré a toujours le droit de s'avancer jusqu'à sa barrière.

A côté de ces types très usités, il y en a d'autres plus rares, mais qui sont cependant en usage, tels que le duel « à travers un mouchoir » avec un seul pistolet déterminé par le sort, le duel « américain » où l'un des adversaires doit se suicider (il y a des cas historiques de ce genre de duel).

La loi, on va le voir plus bas, punit très sévèrement le duel, et même la provocation non suivie de duel. Quatre témoins, deux de chaque côté, et un médecin sont absolument nécessaires pour que la loi considère le délit comme « duel » ; autrement, elle ne le considère que comme « assassinat ou tentative d'assassinat ». En cas d'issue fatale, le survivant est puni un peu moins sévèrement qu'un meurtrier ordinaire, et les témoins comme complices ou recéleurs. Il est vrai que le jugement est toujours soumis à l'Empereur, qui ne le ratifie presque jamais, et la peine infligée par le tribunal (travaux forcés avec dégradation) est commuée en un ou deux ans de réclusion dans une forteresse, sans dégradation.

L'usage veut que les témoins fassent tout leur possible pour éviter le duel ; si cependant leurs efforts n'ont pas abouti et que la rencontre ait lieu quand même, ils sont tenus de faire, sur le terrain même, une dernière exhortation aux adversaires pour amener une réconciliation, et ce n'est que sur le refus formel des adversaires que le duel peut avoir lieu.

Toutes ces péripéties sont consignées sur un procès-verbal, qui diminue, en quelque sorte, la responsabilité des témoins devant la loi. Jusqu'à présent, on n'en faisait pas, et ce n'est qu'en ces dernières années que l'usage du procès-verbal s'est répandu en Russie.

CODE CRIMINEL RUSSE

Livre IX. — Chapitre IV

Des Duels

Art. 1497. — Le fait de provoquer en duel, qui que ce soit et sous n'importe quel prétexte. alors même que, par suite de circonstances indépendantes de la volonté du provocateur, la provocation n'a pas de suites, entraîne pour celui qui s'en est rendu coupable un emprisonnement de 3 à 7 jours.

Si le duel a eu lieu sans être suivi d'effusion de sang, le provocateur est puni d'un emprisonnement de 3 semaines à 3 mois.

En cas de récidive, la peine est l'internement de 2 à 4 mois, dans une forteresse (15 août 1845 ; — 17 avril 1863).

Art. 1498. — Les peines spécifiées dans l'article précédent sont élevées d'un ou de plusieurs degrés, si la provocation émane de la personne qui a manifestement engagé la querelle (15 avril 1845).

Art. 1499. — Quand la provocation en duel s'est produite à la suite d'une grave injure personnelle ou d'une offense adressée soit au père, soit à la mère ou une parente en ligne directe, soit à la femme, fiancée, sœur, fille, bru, belle-sœur ou beau-frère du provocateur, le coupable peut être acquitté ou condamné à un emprisonnement de 1 à 3 jours (15 avril 1845).

ART. 1500. — Quiconque est convaincu d'excitation au duel, si ces excitations ont eu pour résultat d'amener une rencontre, sera puni d'internement dans une forteresse durant 1 an et 4 mois au moins, 4 ans au plus, ou d'un emprisonnement de 4 mois au moins; de 1 an et 4 mois au plus.

Sont passibles des mêmes peines ceux qui, dans le but de déterminer un duel, ont encouragé deux personnes à s'injurier, lorsque ces manœuvres auront réellement amené une rencontre (15 août 1845 ; — 17 avril 1863).

ART. 1501. — Quiconque aura sciemment transmis une provocation en duel sera puni des peines prescrites à l'article 1497, à moins qu'il ne soit prouvé qu'il a fait tous ses efforts pour empêcher le différend de se produire, ou qu'il n'ait, par quelque autre manière, empêché la provocation d'avoir des suites (15 août 1845).

ART. 1502. — Quiconque accepte une provocation et se bat en duel, même s'il n'y a pas eu effusion de sang, est puni de 3 à 7 jours de prison.

ART. 1503. — Dans un duel dont l'issue a été la mort ou une infirmité grave, ou une blessure sérieuse, si le coupable est, en même temps, l'insulteur ou le provocateur au duel, il est condamné à l'internement dans une forteresse, durant 4 ans au moins, 6 ans et 8 mois au plus s'il y a eu mort ; 2 à 4 ans, en cas de blessures graves.

Si le coupable n'est pas aussi le provocateur, la peine est l'internement dans une forteresse, de 2 à 4 ans, en cas de mort ; de 8 mois à 2 ans, en cas de blessures graves.

ART. 1504. — Si les conventions réglant le duel ont été

que la mort d'un des deux combattants était nécessaire, et
si, en effet, la mort ou une blessure mortelle résulte du
duel, le meurtrier, si c'est lui qui a exigé cette condition,
est privé de tous ses droits et biens et déporté en Sibérie
à perpétuité. Il n'est qu'interné dans une forteresse durant
6 ans au moins, 9 ans et 6 mois au plus, si la condition a
été imposée par la victime.

Les témoins du duel, pour avoir souscrit à une pareille
condition, sont passibles de l'internement pour une période
de 2 à 4 ans (5 août 1845 ; 7 avril 1863).

Art. 1505. — Lorsque le duel s'est terminé par des blessures légères ne menaçant pas la vie et ne devant même
pas laisser de suites durables, les combattants sont punis
d'emprisonnement ; le provocateur, à 8 mois au moins, 1
an et 4 mois au plus ; l'offensé à 2 mois au moins, 4
mois au plus (15 août 1845 — 17 avril 1863).

Art. 1506. — Si, au moment de la rencontre, et même
lorsque les armes sont déjà en mains, mais avant qu'il y
ait eu effusion de sang, les adversaires se réconcilient,
soit de leur propre mouvement, soit en cédant aux sollici-
tations des témoins, sans qu'il y ait eu de circonstances
indépendantes de leur volonté, il ne sera exercé contre
eux aucune poursuite (15 août 1845).

Art. 1507. — Les témoins qui n'auraient pas fait tous
leurs efforts pour empêcher le duel seront punis, s'il y a eu
mort d'homme ou blessure mortelle, de 4 à 8 mois d'internement, et, dans les autres cas, de 2 à 4 mois de prison.

(Remarque). Les médecins appelés au secours des blessés ne sont pas assimilés aux témoins (17 avril 1863).

Art. 1508. — Si les témoins, loin d'avoir essayé d'empêcher le duel, sont convaincus de l'avoir favorisé ou d'avoir
contribué à sa durée ou à sa reprise, ils sont punis de 2 ans
8 mois, à 4 ans d'internement.

Art. 1509. — Dans les duels sans témoins, si la consé-

quence a été la mort ou des blessures graves, les coupables
sont condamnés suivant l'article 1504 lorsque la condition
du combat à mort a été acceptée ; s'il n'y a eu ni mort, ni
blessure grave, ils seront punis de 1 an et 4 mois à 2 ans
de détention dans une forteresse.

Art. 1510. — Quiconque a, dans un duel, tué son adversaire ou l'a blessé grièvement dans des conditions qui ne
sont pas strictement loyales, est puni du maximum des
peines édictées par l'article 1454. comme pour l'assassinat
avec guet-à-pens et préméditation. Ces peines sont :

1° La perte de tous les droits et la déportation en
Sibérie avec les travaux forcés et le travail dans les mines
pour une durée de 12 à 15 ans. Si le duel a eu lieu sans
témoins, la condamnation sera prononcée comme pour un
assassinat prémédité et s'augmentera des circonstances
précisées par l'article 1453.

La perte de tous les droits, la déportation en Sibérie et
les travaux forcés dans les usines ou ateliers pour une
durée de 6 à 8 ans.

En cas de blessures graves, les peines seront celles spécifiées par l'article 1477 (15 août 1845).

Art. 1511. — Celui que le hasard a rendu témoin d'un
duel et qui n'en a pas profité pour s'interposer entre les
combattants et provoquer leur réconciliation est, s'il y a
eu mort ou blessures graves. condamné à la punition spécifiée par l'article 1521 pour avoir laissé sans secours un
homme en péril. Cette peine est : Condamnation à une
pénitence religieuse que déterminera le directeur religieux
du coupable.

Art. 1512. — Le fait d'insulter un homme qui a refusé
d'accepter une provocation en duel, ou qui l'ayant acceptée, refuse d'y donner suite, et, par ces manœuvres, amène
en réalité la rencontre, est puni des peines spécifiées par

l'article 1500 pour excitation au duel. Si le duel n'a pas eu lieu, la peine est celle qui est spécifiée pour offenses avec circonstances aggravantes.

Comme on a pu le voir dans ce rapide historique, les Russes nous ont imité dans la façon dont se poursuit et se traite le duel. Ils nous ressemblent aussi en ce que chez eux, comme chez nous, l'honneur de la femme est chose sacrée pour laquelle on n'hésite pas à verser son sang. C'est là un trait à ajouter à la sympathie qui unit les deux peuples, et pour bien des raisons, rien ne nous est plus agréable que d'avoir à le noter en terminant ce chapitre.

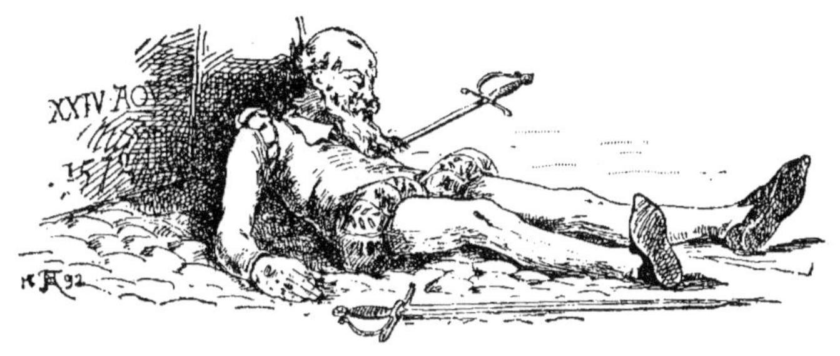

DEUXIÈME PARTIE

LES DUELS CÉLÈBRES

Nous allons entreprendre maintenant de raconter avec toute la précision possible et des renseignements nouveaux, puisés aux pures sources, l'histoire des duels qui ont eu le plus de retentissement, soit par la qualité descombat-tants, soit par les conditions ou les circonstances du combat, et pour éviter de ce chef une classification trop subtile, nous préférons adopter, pour cet exposé, l'ordre chronologique.

Comme pour la première partie de cet ouvrage, nous

avons tenu à ne citer que des duels inédits, ou, lorsqu'ils
étaient connus, intéressants par les détails très particuliers que nous avons pu nous procurer. Nous ne nous
étendrons pas sur les duels qui se sont passés ces
derniers temps, car la pluspart d'entre eux sont encore
présents à la mémoire, et nous pensons qu'il serait
inutile de fatiguer le lecteur par des redites.

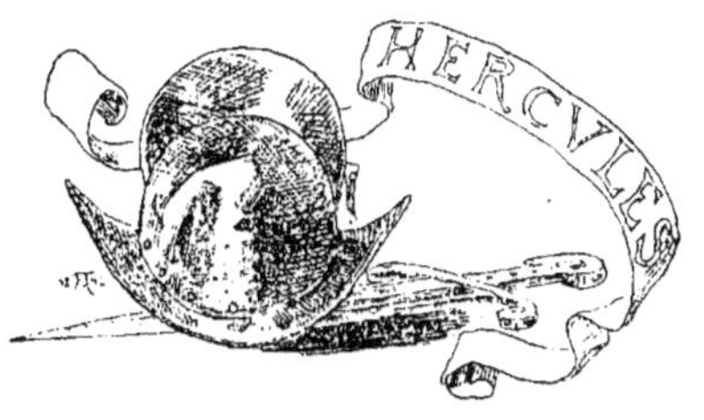

I

JUSQU'AU XVIme SIÈCLE

L'ANTIQUITÉ. — on l'a vu. — n'a pas pratiqué
le duel. Ces rencontres héroïques dont
parle Homère, n'étaient, même abstrac-
tion faite de la légende qui les enveloppe,
que des épisodes dramatiques d'une bataille.
Il n'en est pas autrement du fameux combat des
Horaces et des Curiaces. Pour celui-là, on a le
témoignage d'un véritable historien, de Tite-Live, mais
il suffit de se reporter au livre I, ch. XXIV - XXVI de
l'*Histoire romaine* pour voir combien Tite-Live lui-
même a de doutes sur l'authenticité des faits qu'il
raconte, puisqu'il avoue ne pas savoir lesquels repré-
sentaient les Romains, des Horaces ou des Curiaces.
Et puis, admit-on la vérité des faits, était-ce bien un
duel que ce combat de guerriers sortis du front des

deux armées pour décider du résultat final de la guerre ? A peine pourrait-on y voir un duel judiciaire, car il ne s'agissait, en réalité, que de la décision du hasard.

Le haut moyen-âge n'offre pas davantage, dans ses annales, le témoignage authentique de duels célèbres. Roland, Olivier, les chevaliers de la Table-Ronde, tous ces preux ont existé sans doute, mais leurs prouesses sont surtout l'œuvre des trouvères et des troubadours qui venaient les chanter au peuple ébahi et charmé.

Le premier duel célèbre, — et bien digne de l'être s'il a eu lieu réellement, — serait celui d'un chien contre le meurtrier de son maître. Le fait est bien connu, sous le nom d'histoire du chien de Montargis, parce qu'il était figuré en peinture dans une des salles de ce château (Androuet du Cerceau, le fameux artiste du XVIe siècle, l'y a copié et on retrouve son dessin dans son œuvre gravé). Mais laissons d'abord la parole aux historiens, ou plutôt aux chroniqueurs. Voici ce qu'en dit Olivier de la Marche, écrivain du XVe siècle, dans son curieux *Livre des duels*, autrement intitulé *L'advis de gage de bataille* (Paris, 1586, in-16) : « Et dict la Cronicque qu'un chevalier avoit un autre chevalier à compaignon, et pour ce que le compaignon estoit homme de vérité et de grande vaillance et de grande renommée, et estoit estimé, aimé et honoré du Roy et des seigneurs, et avoit avancement devant le chevalier, ledit chevalier print telle envie et hayne sur son compaignon que, malicieusement et par orgueil, eux estans en un bois, le chevalier frappa son compaignon d'une espée par derrière et l'occit ; et ne se pouvoit

LE COMBAT DVN CHIEN CONTRE VN GENTILHOMME
QVI AVOIT TVE SON MAISTRE FAICT A MONTARGIS

ceste chose preuver, car nul ne l'avoit veu que le
levrier, qui par paroles ne le pouvoit descouvrir. Le
chevalier meurtry s'appelloit messire Aubery de Montdidier et le chevalier qui le meurtrit s'appelloit messire
Machaire, et le meurtrit ès bois de Bondis, près Paris.
Et advint que le meurtrier avoit couvert le chevalier
meurtry de fueilles d'arbres en telle manière qu'on ne
se pouvoit appercevoir de mort. Mais le levrier, qui
aimoit son maître Aubery, demeura auprès du corps
jusques à ce que destresse de faim le fit partir et venir
à la Cour du Roi querre sa vie, et si tost qu'il vid marcher le meurtrier de son maistre, il lui courut sus et
on ne le pouvoit recourre qu'il ne l'estranglast. Et tant
de fois fit le semblant qu'il mit en suspection le Roy
et la noblesse que le levrier ne le faisoit pas sans
aucune signifiance. Et pour ce que le levrier, sitost qu'il
avoit mangé son repas, il s'en retournoit vers son
maistre trespassé, le Roy le fit suivir par aucuns de ses
familiers et trouvèrent Aubery gisant mort au bois,
navré en plusieurs lieux, ramenèrent le levrier et
firent le rapport au Roy. Le Roy fit prestement assem-
bler son Conseil et fut déterminé que pour approuver
le meurtre et ceste trahison, Machaire combattroit le
levrier qui tant de fois l'avoit assailly, et fut baillé
jour pour faire la bataille en l'isle Notre-Dame.
Exprès fut Machaire enfouy jusques au fau du corps,
en telle manière qu'il ne se pouvoit tourner ne virer
tout à sa guise, luy fut baillé un escu et un baston
pour toutes deffenses et sans autres armures. L'amy
de Aubery de Montdidier tenoit le levrier qui fut laissé

aller et prestement courut sus Machaire, si aigrement et de tel courage qu'il le print aux dents par la gorge et recognut la trahison qu'il avait faite. Et le leal levrier, un chien, une beste, eut la grace et l'aide de Dieu et approuva la vérité de ceste manière. Et semble par cest exemple que Dieu veult et permet que tels insults et faits en trahison soient prouvez pour en faire la punition. Car ledit Machaire fut pendu et estranglé au gibet de Montfaucon, et le corps d'Aubery allé querre par ses amis et sépulturé honorablement comme leal chevalier qu'il estoit.....».

Qu'y a-t-il de vrai dans ce récit ? Bon nombre d'érudits du XVIe siècle et des siècles suivants se sont préoccupés de le savoir. Parmi eux, nous citerons Scaliger, puis Montfaucon, le savant abbé Lebeuf, le non moins savant président Bouhier. *Le Journal littéraire* de 1732, imprimé à La Haye, plaisanta ces érudits et notamment Montfaucon d'y avoir cru. Il faut dire qu'une erreur avait attribué l'époque du combat au règne de Charles V ; or, nous venons de le voir, rien ne prouve que le fait ait eu lieu au XIVe siècle. Si on le fait remonter au siècle précédent, il n'y aura plus rien d'invraisemblable à penser que ce singulier duel judiciaire (car c'en était un, en réalité) se soit vraiment livré. En lui-même d'ailleurs, le phénomène n'a rien d'extraordinaire. Qui ne connaît la fidélité, le dévouement extrêmes des chiens pour leur maître ? Qui ne sait aussi avec quelle facilité ces animaux éprouvent une véritable haine pour certaines personnes, en qui ils sentent des ennemis ? A plus forte raison lorsqu'ils en ont eu la meilleure des preuves. Aussi, pour notre part, n'hésiterons-nous pas à tenir pour véridique le duel du chien de Montargis.

Arrivons cependant à des évènements qui prêtent moins à la controverse. Parmi les plus braves guerriers du moyen-âge, Duguesclin apparaît en première ligne. Nous n'avons pas ici à raconter ses exploits militaires, ses victoires remportées sur les Anglais, mais seulement un duel qu'il eut dans le temps de sa jeunesse et qui n'est pas le moindre de ses faits d'armes.

C'était au siège devant Dinan ; un jeune frère de Duguesclin fut, un beau matin, fait prisonnier par un chevalier anglais, Thomas de Canterbury, en dépit d'une trève de quelques jours, consentie entre les deux camps. Duguesclin provoque aussitôt l'Anglais, en s'écriant : « Faux chevalier ! Traître ! Vous mordrez la poussière devant tous les seigneurs, ou à honte mourrai ! ». Le combat eut lieu, le lendemain, sur la place du marché de Dinan, en présence du duc de Lancastre, qui commandait en chef l'armée anglaise. Dès le premier engagement, les deux adversaires s'attaquent avec tant d'impétuosité que leurs lances se brisent ; ils prennent alors l'épée. Tout à coup, l'arme de Canterbury, mal dirigée, lui échappe de la main. Prompt comme l'éclair, Duguesclin saute à bas de son cheval, ramasse l'épée et la jette hors des lices. A ce moment, l'Anglais resté à cheval s'élance sur notre brave champion et veut le renverser sous le poids de sa monture, mais Duguesclin évite le choc et perce le flanc du cheval qui, en s'affaissant, renverse

avec lui son cavalier. Celui-ci gisant sur le sol, embar-
rassé dans son armure, allait être infailliblement mas-
sacré par Dugueselin qui fondait sur lui comme « lion
crété », mais les juges du combat s'interposèrent :
« Ami Bertrand, vous en avez assez fait. L'honneur
de la journée est pour vous. — Noble duc, répond
Dugueselin au duc de Lancastre, je vous prie et
requiers, ne me veuillez haïr ni blâmer si j'ai mal-
traité ce meurtrier. Ne fût pour votre amour, il eust
été occis ».

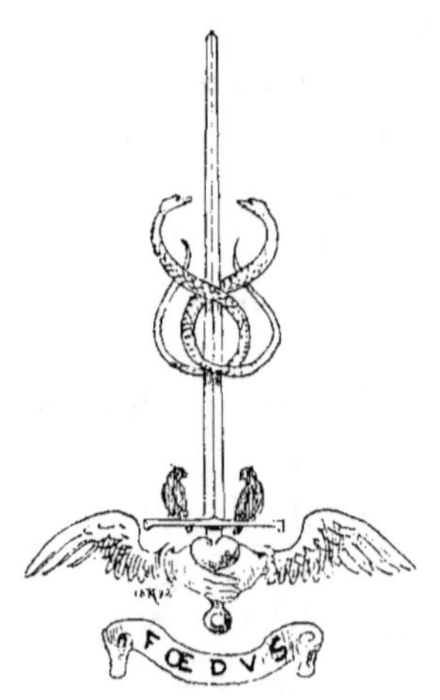

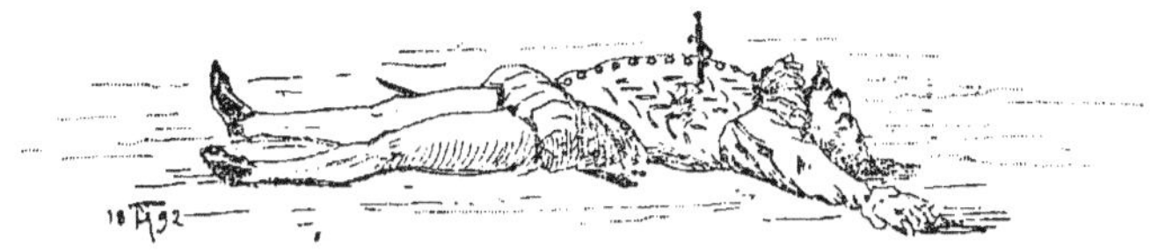

II

XVIme SIÈCLE

Par plus d'un côté Bayard ressemble à Duguesclin : c'est l'héritier de son courage, de son audace, et comme lui, l'un des plus vaillants défenseurs de notre pays. Mieux encore que pour Duguesclin, la légende s'est faite autour de son nom, et certes, parmi les exploits du « chevalier sans peur et sans reproche », il en est plus d'un que l'historien récuserait, mais il en est tant d'autres glorieux à son actif que ce n'est pas lui faire tort de beaucoup. Parmi ceux qui sont bien avérés, nous raconterons le duel mémorable que soutint Bayard au royaume de Naples contre un capitaine espagnol appelé dom Alonzo de Soto-Maior, et c'est Brantôme [1], presqu'un contemporain, qui nous y servira de guide.

[1] *Discours sur les duels*, au tome VI des Œuvres de Brantôme, publiées par la Société de l'Histoire de France.

Cet Espagnol, prisonnier de guerre des armées françaises, eut la mauvaise grâce de se plaindre des traitements rigoureux qu'on lui faisait subir, et d'en rendre responsable Bayard, bien que la courtoisie de ce dernier fût universellement notoire. Le bruit de ce reproche étant venu aux oreilles de Bayard, un défi fut échangé et le combat décidé. « Le camp avoit esté dressé, nous dit Brantôme, seulement de quelques grosses pierres mises l'une sur l'autre. M. de Bayard se mit à l'un des bouts du camp, accompagné de plusieurs bons et vaillans capitaines, comme Messieurs de la Palisse, d'Oroge, d'Imbercourt, de Fonterrailles, du baron de Beard et autres qui tous prioient pour leur combattant. Dom Alonzo se mit à l'autre bout, accompagné du marquis Licite, de Dom Diego de Guignonnes, lieutenant du grand capitan Gonzallo Hernando, Dom Pedro de Balde et Don Francisque d'Altemeze, et puis envoya à M. de Bayard les armes, qui estoient un estoc et un poignard, eux armez de gorgerin et segrette. M. de Bayard ne s'amusa point à autrement choisir ; son parrain estoit un Belarbre, qui estoit son compagnon ancien d'armes ; et pour la garde du camp M. de la Palisse, qui très bien s'entendoit en ces choses là. De l'Espaignol et pour sa garde du camp, Dom Francisque d'Altemeze. Tous deux en tel estat entrez dans le camp, chacun se mit à genoux pour prier Dieu ; mais M. de Bayard se coucha de son long pour baiser la terre, et en se levant fit le signe de la croix, puis marcha droit à son ennemy, aussi assuré comme s'il fust esté dans un palais. Dom Alonzo, de son

costé, ne se monstra pas aussi estonné et vint droit à
son ennemy et luy demanda : *Señor Bayardo, que
me quereys ?* (Seigneur Bayard, que voulez-vous de
moi ?) Il luy respondit : « Je veux deffendre mon honneur », et sans plus de paroles s'approchèrent et se
ruèrent tous deux chasque un merveilleux coup
d'estoc, dont de celui de M. de Bayard fut un peu
blessé Dom Alonzo au visage en coulant. Si se ruèrent
plusieurs coups sans auttrement s'attaindre. M. de
Bayard cognut la ruse de son ennemy qui, incontinant
ses coups ruez se couvroit le visage, de sorte qu'il ne
luy pouvoit porter dommage, et pour ce s'advisa d'une
finesse ; c'est, ainsi que Dom Alonzo leva le bras pour
ruer un coup, M. de Bayard leva aussi tost le sien, mais
il tint l'estoc en l'air sans jetter son coup, et comme
asseuré quand celuy de son ennemy fut passé, et il
peut choisir à descouvert, lui va donner un si merveilleux coup dans la gorge que, nonobestant la bonté
du gorgerin, l'estoc entra dans la gorge quatre bons
doigts, de sorte qu'il ne le peut retirer. Dom Alonzo,
se sentant frappé à mort, laissa son estoc et saisit au
corps M. de Bayard qui le prit aussi, comme par manière de lucte, et se pourmenèrent si bien que tous
deux tombèrent à terre l'un près de l'autre ; mais
M. de Bayard diligent, et soudain, prit son poignard et
le mit dans les naseaux de son ennemy en luy escriant :
« Rendez-vous, Señor Alonzo, ou vous estes mort ! »
Mais il n'avoit garde de parler, car desjà estoit trespassé. Alors son parrain Don Diego de Guignonnes
commença à dire : *Señor Bayardo, es muerto : vincido*

haveys. (Seigneur Bayard, il est mort ; vous avez vaincu). Ce qui fut trouvé incontinent, car plus ne remua pieds ne mains. Qui fut bien desplaisant, ce fut le bon chevallier Bayard, car s'il eust eu cent mille escus, il les eust avoir donnez et qu'il l'eust pu vaincre vif ; ce neanmoins, en reconnaissant la grâce que Dieu luy avoit fait, se mit à genoux le remerciant très humblement, puis baisa par trois fois la terre. Après, tira son ennemy hors du camp, et dit à son parrain : Seigneur Dom Diego, en ay-je assez fait ? Lequel respondit piteusement « *Harto y de ma fiado, Señor Bayardo, por l'honra d'Espagna* ». (Assez, par ma foi, seigneur Bayard, pour l'honneur de l'Espagne).

François Ier, nous l'avons dit déjà, n'aima jamais à autoriser les duels entre ses sujets ; c'est pour cela que le fameux duel de Jarnac et de La Châteigneraie n'appartient point à l'histoire de son règne, quoique l'injure qui le motiva se soit produite à sa Cour. La rencontre où eut lieu le fameux coup de Jarnac, se fit dès que le vieux roi fut mort, le 10 juillet 1547 ; elle est trop célèbre pour que nous ne la racontions pas en détail et avec preuves à l'appui, d'autant mieux que depuis longtemps la légende s'en est emparée pour la travestir en une sorte de guet-apens.

Guy Chabot, seigneur de Jarnac et de Montlieu, avait un jour dit à La Châteigneraie, son ami, qu'il « entretenait fort paisiblement » sa belle-mère, et en tirait ce qu'il voulait pour faire bonne figure à la Cour. La

Duel entre Jarnac et La Chateigneraie

Châteigneraie eut le tort d'ébruiter ce propos en lui donnant ou lui laissant donner une mauvaise interprétation, qui était que Chabot était l'amant de sa propre belle-mère. Chabot l'ayant appris, déclara publiquement qu'il donnait le démenti à quiconque avait pu tenir un pareil propos. La Châteigneraie releva le démenti ; on vient de voir pour quelles raisons le combat ne put avoir lieu que longtemps après, dès l'avènement de Henri II dont La Châteigneraie était le favori et qui, paraît-il, s'était, lui surtout, fait l'écho de ces bruits malveillants. On nous permettra de citer, malgré une certaine crudité de termes, le texte du cartel dans lequel La Châteigneraie relevait le défi du seigneur de Jarnac :

« Sire, ayant entendu que Guychot Chabot a esté dernièrement à Compiègne où il a dict que quiconques auroit dit qu'il se fust vanté d'avoir couché avec sa belle-mère estoit meschant et malheureux ; sur quoy, Sire, avec vostre bon congé et plaisir, je responds qu'il a meschantement menty et mentira toutes et quantes fois qu'il dira que en cela j'aye dict chose qu'il ne me aye dicte ; car il me l'a dict par plusieurs foys, et s'est vanté avoir couché avec sa dicte belle-mère ».

Cette dernière, Madeleine de Puy-Guyon, était atteinte par ce cartel au moins autant que son beau-fils ; aussi demanda-t-elle au Conseil du Roi la permission de poursuivre le calomniateur avant que le combat n'ait eu lieu, mais elle ne le put obtenir.

C'est Saint-Germain en Laye qui fut choisi pour le

lieu du combat. On était en plein été et il fut jugé utile
de se battre de bonne heure, à six heures ; mais les
préliminaires furent si longs que la rencontre n'eut
lieu qu'à la chûte du jour, alors que le soleil était
déjà quasi-couché. Un témoin oculaire, Vieilleville,
rapporte qu'il était venu de Paris un nombre immense
de curieux, écoliers, artisans et vagabonds « qui
s'estoient jectez là dedens à corps perdu, comme au
sac d'une ville prise par assault pour y exercer toutes
sortes de ravages ».

La première cérémonie du duel fut la proclamation
du *cri* par le roi d'armes : il était ainsi conçu [1] :
« Aujourd'huy, dixième de ce present mois de juillet,
le Roy, nostre souverain Seigneur, a permis et octroyé
le camp libre. seur à toute outrance, à François de
Vivonne, sieur de La Chasteigneraye, assaillant, et Guy
Chabot, sieur de Montlieu, deffendant et assailly, pour
mettre fin par armes au differend d'honneur dont
entre eux est question. Par quoy j'ay fait assavoir à
tous, de par le Roy, que nul n'ait à empescher l'effect
du present combat, ne ayder ou nuire à l'un ou à l'autre desdits combattans, sur peine de vye ».

Puis, l'on procéda à l'interminable cérémonie de la
présentation des armes : le gousset de mailles, la
manche de mailles, le gantelet de fer, le brassal de
fer, le bouclier d'acier, la jacquette de fer et les mo-
rions. Chacune de ces pièces était portée par un héraut

---

[1] Ce texte, et ceux que nous citons plus bas pour la suite du récit, sont empruntés
à un manuscrit de la Bibliothèque de la Ville de Paris, coté 6411, in-fol. Nous les croyons
inédits ; à coup sûr fort peu connus.

devant la tribune du Roi, puis soumise à l'examen des témoins qui la visitaient et la déclaraient conforme à l'armure correspondante de leur mandataire.

Le héraut prit de nouveau la parole :

« De par le Roy, je fais exprès commandement à tous que, tantost que les combattans seront au combat, chacun des assistans ayt à faire silence et ne parler, tousser, ne cracher, ne faire aucun signe de pieds ou de main ou d'œil, qui puisse ayder, nuire ou préjudicier à l'un ou à l'autre des combattans. Et davantage, je fais exprès commandement, de par le dict seigneur Roy à tous, de quelque qualité et grandeur qu'ils soient, que, pendant et durant le combat, qu'ils n'ayent à entrer dans le camp, ne subvenir à l'un ou l'autre des dits combattans pour quelque occasion ou necessité que ce soit sans permission de messieurs les connestable et mareschaux, sur peine de vie ».

Les deux adversaires entrèrent alors dans le camp, en observant un cérémonial singulier ; précédés des hérauts, de trompettes et de tambourins, ils s'avancèrent jusqu'au devant de la tribune du Roi. Le livre des Evangiles y était posé sur une pièce de velours disposée sur un escabeau recouvert de drap d'or.

Voici quel fut le serment du sire de Jarnac: « Nous, Guy Chabot, jure sur les saintes Evangiles de Dieu, sur la vraye croix de Notre Seigneur et sur la foy de baptesme, que je tiens de luy, que j'ay bonne et juste cause de me deffendre contre François de Vivonne, et outre, que je n'ay sur moy ne en mes armes aucunes parolles, charmes ne incantations desquelles j'aye

espérance de grever mon ennemy et desquelles je me
veille ayder contre luy, mais seulement en Dieu, en
mon bon droit, en force de mon corps et de mes
armes ».

La dernière cérémonie préliminaire fut « l'accord »,
c'est-à-dire l'examen des armes offensives : c'étaient
une épée portative pour combattre à pied ou à cheval,
deux daguettes épointées, et, par précaution, deux
épées de rechange, confiées à la garde du connétable.
Tout étant enfin réglé, le héraut poussa par trois fois
le cri sacramentel : *Laissez aller les bons combattants*, et les deux adversaires n'eurent plus qu'à
défendre leur vie.

« Sur quoy seroient venus l'un contre l'autre furieusement et dextrement, et pour aborder l'un de l'autre
auroient rué de grands coups, tant d'estoc que de
taille, l'un desquelz, de la part dudit sieur de Montlieu, auroit atteint de costé le jarret de la jambe
gauche dudit sieur de La Chasteigneraye en jettant
un estoc audit sieur de Montlieu, et de rechef encore
un autre grand coup sur le mesme jarret, au moyen
desquels coups auroit commencé ledit sieur de La
Chasteigneraye à soy s'affoiblir. Quoy voyant, ledit
sieur de Montlieu se seroit demarché, voyant icelluy
sieur de la Chasteigneraye estre fort navré, qui tout
incontinant seroit tombé à terre, et qu'il estoit atteint
de telle sorte que sa vie etoit en discretion. Lors,
icelluy de Montlieu luy auroit crié : « Rends moy mon
honneur et crye à Dieu mercy et au Roy de l'offense
que m'as faicte. Rends mon honneur »! Et ce dit-

connoissant ledict de Montlieu que ledict de La Chasteigneraye ne se pouvoit lever, l'auroit là laissé sans
luy rien faire ny rien dire autre chose, et se seroit allé
vers le Roy qui estoit en son echaffaut... ».

Un duel aussi officiel, si l'on peut ainsi parler, ne
pouvait, en effet, se terminer tout simplement. Le
procès-verbal auquel nous empruntons ces détails et
qui a tous les caractères de l'authenticité, prète alors
à Jarnac trois discours adressés au Roi et dans lesquels il le supplie de l'estimer homme de bien. Sans
doute, l'usage était que le Roi ou le principal témoin
fît ainsi la sourde oreille pendant les deux premières
suppliques que lui adressait le vainqueur. Quoiqu'il en
soit, après que Jarnac eut prononcé son troisième discours, le Roi finit par lui faire signe de monter auprès
de lui, et l'ayant embrassé, lui dit : « Vous avez com-
battu en César et parlé en Aristote », duquel honneur
ledit de Montlieu l'auroit très humblement remercié,
le suppliant le tenir pour son très humble serviteur,
ce que ledit Seigneur luy auroit promis, et après quelques autres parolles de son devoir, auroit icelluy de
Montlieu prins congé dudit sieur Roy et s'en seroit
retourné en sa tente ».

Cependant, l'infortuné La Châteigneraie gisait toujours, fort mal en point, sur le sol du camp. Le Roi
ordonna qu'on le fît porter au dehors,— et, en effet, les
hérauts d'armes et quatre gentilshommes s'approchèrent de lui et voulurent, pour le soulager, défaire son
armure, mais ils durent y renoncer tant le malade
était gravement atteint. Ils l'emportèrent donc tout

armé hors du camp clos, mais quelques heures plus tard, il expira.

Tel est, d'après la relation contemporaine que nous avons fidèlement suivie, le récit de ce fameux duel de Guy Chabot et de François de Vivonne. On peut juger, maintenant, que les deux coups d'épée portés au jarret n'avaient rien de contraire aux lois du combat, et que, par suite, c'est à tort que la locution « coup de Jarnac » est parfois employée comme synonyme d'action perfide. La légende, au reste, s'est vite emparée de ce combat dramatique ; c'est ainsi que, sans doute pour justifier « le coup de Jarnac », on a prétendu que ce dernier, voyant son ennemi à terre, s'était rué sur lui et l'avait lâchement poignardé. Rien n'est moins vrai. Brantôme, qui était le neveu de La Châteigneraie, raconte, de son côté, que Jarnac, après avoir donné son « coup de jarret » n'osait pas approcher de son adversaire étendu sur le sol « car il le cognoissoit de longue main pour un des plus vaillans et determinez hommes du monde et qui ne faudroit (manquerait) d'exercer sa dernière furie déterminément ; ainsy, qu'il se lança sur luy par deux fois, ce que craignant l'autre, temporisa toujours et eut loisir d'attendre que le Roy eust jetté le baston ». Il suffisait, en effet, que le Roi jetàt dans le champ-clos une sorte de sceptre qu'il tenait à la main, pour que le combat cessât immédiatement, sous peine de mort.

Empruntons enfin un dernier trait, pour compléter cette narration, aux *Mémoires* de Vieilleville. La Châteigneraie se croyait tellement sûr de la victoire qu'il

avait fait préparer d'avance un splendide festin, mais
« Dieu, qui l'attendoit au passage, le fit de vainqueur,
par fantaisie, demeurer vaincu par effet, et fut ce
soupper tout cru enlevé par les suisses et laquais de
la cour (car on n'avoit pas voulu touscher au feu que
l'on en eust vu la fin ; aussi qu'il estoit quasi soleil
couché premier qu'ils entrassent en duel) ; les pots et
marmites renversées, les potaiges et entrées de tables
respanduz, mangez et devorez par une infinité de her-
paillex ; la vaisselle d'argent, de cuysine et riches
buffets, emprumptez de sept ou huit maisons de la
cour dissipez, ravis et volez avec le plus grand désor-
dre et confusion de monde ; et pour le dessert de tout
cela, cent mille coups de hallebardes et de baston
departis sans respect à tout ce qui se trouvoit dedans
la tente et pavillon de La Chasteigneraye, par les capitaines et archers des gardes et prevost de l'hostel, qui
y survindrent pour empescher ce vol et saulver ce
que l'on pourroit.... ».

Comme on a pu le remarquer, ce duel fameux, s'il
avait eu lieu en présence d'une assistance aussi nombreuse que brillante, puisque le Roi et sa cour étaient
venus le voir, se produisit entre les deux seuls adversaires. C'est vers ce même temps, un peu plus tard,
que l'on prit l'habitude d'amener sur le terrain des
seconds qui combattaient entre eux pendant que les
véritables duellistes, offenseur et offensé, vidaient
leur querelle. Aucun usage n'était plus insensé, et
Montaigne a eu grandement raison de le flétrir. «C'est,
dit-il, une espèce de lascheté qui a introduit en nos

combats singuliers cet usage de nous accompagner des
seconds et tiers et quarts. C'étoit anciennement des
duels ; ce sont à cette heure rencontres et batailles.
Outre l'injustice d'une telle action et vilenie d'engager
à la protection de votre honneur aultre valeur et force
que la vostre, je trouve du désavantage à mesler sa
fortune à celle d'un second. Chacun court assez de
hasard pour soy, sans le courir pour un aultre ».

Autre chose est se battre ainsi avec des amis assez
dévoués pour risquer leur vie dans une cause où leur
propre honneur n'est nullement engagé, autre chose
se faire accompagner de témoins qui jugeront des
coups après avoir réglé tous les préliminaires de la
rencontre. Or, il paraît qu'au XVIe siècle il y eut souvent des duels sans témoins. C'est Brantôme qui le
rapporte pour critiquer cet usage fâcheux, et il en
donne deux exemples qui prouvent, en effet, qu'une
fois le combat fini et les deux duellistes revenus du
champ, il était à peu près impossible de savoir comment avait eu lieu réellement le combat, chaque adversaire le racontant à son avantage, d'où résultait le
plus souvent l'obligation d'un nouveau duel.

Ce ne fut pas le cas cependant pour ce duel fameux
du marquis de Maignelay et de Jean de Duras, seigneur
de Livarot, duel également sans témoins, et dont
l'issue fut, certes, la plus inattendue du monde. Le
combat avait eu lieu à Blois, en une petite île sur la
rivière de Loire, dit Brantôme, mais nous croyons volontiers que c'était plutôt sur une de ces grèves si
nombreuses dans la Loire en été, car il n'y pas d'île

en face de Blois. A la seconde reprise, le marquis tua net Livarot d'un coup d'estocade, et Brantôme ajoute : « Ce coup je le représenterois mieux que je ne le dirois, car il me l'avoit dict avant, et le rendit tout roide mort. Mais quel malheur pour luy ! Ainsi qu'il s'en retournoit, le laquais de Livarot, qui estoit un grand laquais et fort, et desjà portant espée, l'ayant cachée une heure devant dans du sable (aucuns disent que ce fut de son propre mouvement, autres du commandement de son maistre, ce que je ne croy, car il estoit trop gallant), vint par derrière et luy donna un grant coup d'espée dont il le tua tout roide mort, ledit marquis ne disant seulement lorsque l'autre l'eut atteint : « Ah ! mon Dieu, qu'est cecy ? » Ledict laquais fut aussitost pris, par le raport d'aucuns qui le visrent et fut aussitost pendu, ayant confessé le tout. et qu'il l'avoit faict pour venger la mort de son maistre ».

Ce n'était pas encore le temps où tout se terminait par des chansons, mais déjà celui où le moindre événement était prétexte à rimer une pièce de vers. Sur ce duel émouvant on fit circuler à la Cour le sonnet que voici :

Mars et le Ciel cruel, qui portèrent envie
A ces jeunes guerriers, desdaingneux de la mort
Semèrent parmi eux la haine et le discord
Qui, mutins, ont privé l'un et l'autre de vie.

Ils ont eu tous les deux la Fortune ennemie
Et l'un et l'autre estoit et magnanime et fort :
Chacun d'eux à l'envi fist maint et maint effort
Pour rendre du vaincu la gloire ensepvelie.

Lyvarrot, le premier, en mille et mille lieux
Chargé d'un beau laurier, s'est vu victorieux,
Remportant de son los un trophée honorable.

Pienne, s'estant veu vainqueur de ce guerrier,
De ce brave combat remportant le laurier
A receu d'un laquais une mort misérable.

Ajoutons que Pienne, marquis de Maignelay, n'avait pas encore vingt-trois ans.

L'un des duels les plus dramatiques du XVIᵉ siècle fut, à coup sûr, celui des mignons de Henri III. Nous allons le raconter, à l'aide des renseignements fournis par les chroniqueurs contemporains. Ce fut le 27 avril 1578 que Quélus et Antraguet (Charles de Balsac d'Antragues) « *s'appelèrent* », c'est-à-dire se donnèrent rendez-vous sur le terrain. La querelle était futile, il s'agissait de quelque intrigue d'amour et les deux combattants avaient été, jusque-là, les meilleurs amis qu'on pût voir. Chacun d'eux amena avec lui deux amis, Maugiron et Livarot du côté de Quélus ; Schomberg et Ribérac pour Antraguet. Tous, au reste, se connaissaient de longue date. étaient liés d'amitié, jeunes et ayant le droit d'attendre de la vie un brillant avenir, car tous six étaient les favoris du Roi. Ils s'alignèrent cependant les uns en face des autres, Maugiron en face Ribérac, Livarot en face Schomberg, à trois heures du matin,— c'était en été,— sur le rempart de la porte Saint-Antoine. Maugiron et Schomberg demeurèrent morts sur la place ; Ribérac mourut le lendemain ; Livarot fut six semaines entre la

MAUGIRON

(d'après un portrait du temps, conservé au Cabinet des Estampes de la Bibliothèque Nationale).

vie et la mort, mais il en réchappa pour mourir un an après dans le duel que nous racontions tout à l'heure. Quélus, le principal auteur de la querelle, languit trente-trois jours, avec dix-neuf blessures, et mourut le trente-quatrième. Son adversaire, Antraguet, n'eut qu'une égratignure.

A ce propos encore, des vers coururent en grand nombre ; nous n'en citerons que quelques-uns, où l'on verra le peu de sympathie qu'inspiraient dans la ville les mignons du Roi :

> *L'Entraiguet et ses compaignons*
> *Ont bien estrillé les mignons.*
> *Chacun dit que c'est grand dommage*
> *Qu'il n'y en est mort davantage.*

et ce quatrain, qui n'est guère qu'une variante du précédent :

> *En la place des Maquignons*
> *Est demeuré l'un des mignons.*
> *Le peuple dit : « C'est grand dommage*
> *Qu'on n'en a tué davantage ».*

Parmi les bretteurs les plus renommés de cette triste époque, Bussy d'Amboise mérite une place d'honneur, et il s'est rendu par là au moins aussi célèbre que par ses amours avec la comtesse de Montsoreau et leur fin tragique. Mignon lui-même, non pas du Roi, mais de son frère, le duc d'Anjou, il eut bien des fois maille à partir avec les mignons de Henri III, et sans être la plus fine lame, il se montra dans chaque rencontre d'une incomparable bravoure. Très querelleur, au reste, il voulait mettre l'épée à la main à propos de tout, — ou plutôt à propos de rien. C'est ainsi qu'un jour, à la Comédie, il montre à son ami[1] Saint-Phal les dessins qui ornent le manchon d'une dame, et déclare qu'ils sont en forme de X; Saint-Phal soutient qu'ils sont en forme de Y. Il n'en faut pas plus pour qu'un duel ait lieu le lendemain ; Bussy arrive sur le terrain avec six de ses amis, Saint-Phal avec six Ecossais de la garde, dont deux sont armés de pistolets. L'un de ces derniers blesse Bussy au doigt. Saint-Phal se retire alors, mais Bussy le fait « appeler » à nouveau par un de ses amis pour un second combat dans l'île du Palais. Il fallut l'intervention du capitaine des gardes et d'un de ses archers pour interdire aux bateliers de faire passer l'eau à nos deux duellistes. Pendant plus d'une semaine, on dut s'interposer entre eux pour éviter une rencontre, et elle aurait eu lieu infailliblement si le Roi ne s'en était mêlé, en exigeant leur parole.

Peu après, Bussy eut de nouveaux démêlés avec les mignons, Gramont et Quélus. A un cortège où ceux-ci avaient déployé le plus grand luxe d'habits, lui était venu « tout simplement et modestement », mais suivi de six pages très richement vêtus, et il disait que « le temps estoit venu que les belistres seroient les plus braves ». Gramont, qui l'avait entendu, le provoque pour le soir même, mais Bussy répond qu'il « ne se bat jamais la nuit et n'a jamais apris de monstrer sa valleur aux estoiles ny à la lune, qui n'est assez digne

(d'après un dessin du temps, conservé au Cabinet des Estampes de la Bibliothèque Nationale).

pour la contempler ny la comprendre, sinon au soleil, lequel, comme il est clair, la faict paroistre et esclairer comme elle est ». Un duel formidable est alors décidé, avec trois cents gentilshommes de chaque côté, pour le lendemain matin à la porte Saint-Antoine. Etait-ce bien un duel, à la vérité? Le Roi intervint encore à temps pour empêcher cet égorgement; Gramont et Bussy furent conduits au Louvre et mis sous bonne garde. Ils eussent mieux mérité la Bastille.

Une autre fois, Bussy passant avec un seul laquais hors de la porte Saint-Honoré, est assailli par Quélus, Joyeuse et Saint-Mégrin, sans qu'il y eût eu, paraît-il, nulle provocation. Malgré son courage, les chances n'étaient pas égales et notre héros se retira « fort navré ». C'est alors qu'il écrivit au roi cette lettre, noble et digne, qu'on a lue dans la première partie de notre ouvrage (page 31). L'autorisation d'appeler Quélus lui fut refusée, mais il y eut une compensation dans l'ordre qu'il reçut d'aller préparer l'expédition de Flandre.

C'est là qu'il eut encore occasion d'échanger des cartels avec Carles d'Oraison, seigneur de Barles, qui était venu tout exprès de Provence, pour se mesurer avec lui. D'Oraison lui propose le combat « avec telles armes que vouldrez prendre, et six ou huit cavaliers pour voir ou rapporter seullement la vérité de ce qui sera de nostre combat ». Mais Bussy riposte : « Je ne désire point que la compaignie soit si grande que vous la demandez. Vous dictes avoir querelle avec moy; je vous feray raison, non avec toutes les cérémonies que vous opposez, car ce ne seroit jamais faict qui les vouldroit toutes observer... » Et il termine ainsi : « Je donne ordre et faictz mes affaires, et nous verrons, gaye bergère, qui, premier, s'en repentira ».

Le duc d'Anjou s'interpose et veut empêcher la rencontre, car il a besoin du bras de Bussy; aussi renvoie-t-il le sieur de Barles. Alors, celui-ci furieux, écrit immédiatement à Bussy : « Loys de Bussy, vous m'avez escript que vous feriez monts et merveilles ; je m'estonne que, vous ayant escript deux fois, ne m'ayez résolu de vostre intention. Voicy la troisième, par laquelle je vous diz que si vous ne venez dans vingt-quatre heures, je ne vous reputeray jamais pour homme d'honneur. Resoubz toi que si tu ne viens, je m'en iray en France avec tel contentement que sy j'avois eu la victoire sur toy » [1].

On ne peut se défendre d'admirer l'énergie courageuse que contient ce défi, surtout dans sa dernière phrase. Néanmoins, le combat n'eut pas lieu, et Bussy, — il est permis de l'affirmer, — ne passa pour lâche aux yeux de personne.

Ce serait faire trop d'honneur à Maurevel, dit le *tueur du roi,* que de le mettre sur la même ligne que Bussy; l'assassin de Mouy et de Coligny n'était qu'un vulgaire Saltabadil. Cependant, de Mouy l'attaqua un jour, pour venger la mort de son père. Les combattants étaient, dit l'Estoile, neuf ou dix de chaque côté. De Mouy chargea rudement Maurevel qui, étant

---

(1) Ces pièces se trouvent à la Bibliothèque Nationale, dans le manuscrit **272** de la collection de Brienne. Elles ont été publiées par **M.** Joubert, dans son livre : *Louis de Clermont, sieur de Bussy d'Amboise.* Angers, 1885, in-8°.

Duel des Mignons (27 avril 1578), au marché aux chevaux, près la Porte Saint-Antoine

(d'après des dessins du temps conservés à la Bibliothèque Nationale.)

manchot, ne pouvait tenir l'épée, et était armé d'une
« pistole », sorte de grand pistolet, qui ne lui servit
de rien, car ayant visé, il manqua son adversaire.
Celui-ci alors lui donna deux grands coups d'épée dont
il mourut le lendemain, mais l'un des compagnons de
Maurevel ayant déchargé son arme presqu'à bout portant sur de Mouy « lui tira le coup de la mort, car la
bale ramée entrant par la bouche lui rompist la ma-
choire inférieure et la langue, et traversant le cerveau,
sortist par le derrière de la teste, et tumba mort dans
le ruisseau ».

Un duel assez analogue, mais entre adversaires plus
courtois, eut lieu quelques jours après, derrière les
Chartreux, entre le baron de Viteaux et le seigneur
de Milland qui, lui aussi, voulait venger son père, tué
dix ans auparavant par son adversaire actuel. Ils com-
battirent en chemise avec l'épée et la dague. Après
quelques engagements, Viteaux tomba mort sur le
terrain, et l'Estoile ajoute : « de bonne guerre, sans
fraude, voire et justement comme chacun tenoit, pour
avoir esté le meurtrier du père de son ennemy, en
présence de plusieurs gentilshommes qui s'y trouvèrent et les assistèrent ».

Tel était le spectacle qu'offraient journellement au
bon peuple de Paris les gentilshommes de la Cour, depuis la seconde moitié du XVIe siècle.

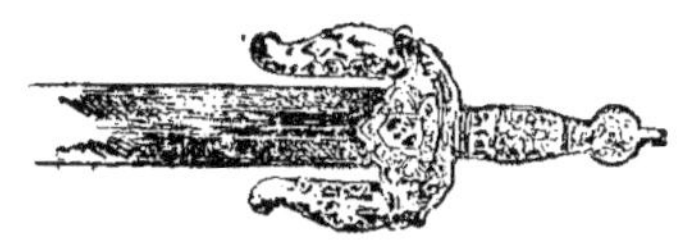

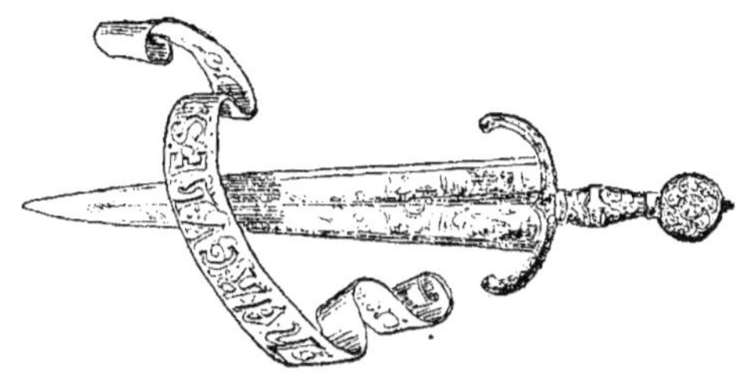

III

XVIIme SIÈCLE

'un des siècles les plus batailleurs, le XVIIe, commença fort paisiblement, sans être marqué par aucun de ces grands duels qui devaient se produire si fréquemment quelques années plus tard. Faut-il attribuer ce fait à l'humeur gaie et affable de Henri IV, ou à ce besoin de repos qui suit fatalement les grandes crises ? Faut-il y chercher toute autre cause et, par exemple, le simple hasard ? Nous ne saurions le dire. Quoi qu'il en soit, le règne de Henri IV n'offre pas à l'historien du duel matière à quelque récit émouvant et dramatique. A défaut de combat, nous signalerons quelques accords de combat peu connus, qui ne sont pas sans intérêt et qui, du reste, se ratta-chent fort étroitement à notre sujet. L'un de ces accords fut celui qui intervint entre Louis de Bourbon, comte de Soissons, et Sully, c'est-à-dire entre le cousin de

Henri IV et le premier ministre, en même temps que
le premier ami du Roi. Sully avait eu tort de dire un
peu trop franchement sa pensée sur les rentes opu-
lentes que recevait le comte et les maîtresses qu'il
entretenait avec l'argent de l'État. Ces propos furent
perfidement répétés à celui qui en était l'objet : des
témoins, comme nous dirions aujourd'hui, furent
échangés et un duel parut imminent. Le fier Sully dut
souffrir cruellement dans son amour-propre quand il
dut écrire et signer à son ennemi, par ordre du roi, la
lettre suivante :

« Monsieur j'ay sçeu les trois choses que l'on vous
a rapporté que j'avois dictes de vous. Je vous supplie
très humblement de croire que je n'ay jamais tenu tel
langage, le connoissant si faux que si j'avois ouï quelqu'un le dire, comme vostre serviteur, je me couperois
la gorge avec luy pour l'en faire dedire, et je tiens
pour très meschants non seulement ceux qui l'ont
dict, mais aussi ceux qui en auront la pensée et qui,
par telles faulces inventions, seroient si oubliez de vouloir mettre un prince de vostre qualité mal avec le
Roy, et si je sçavois celuy qui m'a presté ceste charité
pour me rendre hay de vous, pour une si injurieuse
et faulce calumnie il me cousteroit la vie, ou j'aurois
la sienne, et luy ferois advouer et connoistre à tout le
monde sa mechanceté et menterie ».

« A ce, Monsieur le comte de Soissons respond qu'il
n'est en sa puissance, non plus que d'aucun autre
homme que ce soit, de forcer son esprit à ne connoistre point ce que certainement il sçait et connoist;

qu'il seroit indigne de l'honneur qu'il a d'estre proche parent comme il est d'un si grand et courageux Roy, s'il n'avoit du ressentiment de si sanglantes calomnies inventées contre luy, et des injures qu'il sçait qu'on luy a faictes de gayeté de cœur, lesquelles tendent à la ruine de son honneur et de sa vie. Et que, pour veriffier les dictes calomnies du sieur de Rosny, il a des preuves, lesquelles au cas de desny, lui seront maintenues par la voye des armes, et demeurant d'accord des faicts, Sa Majesté jugera sur le tout, s'il luy plaist, ce qu'elle verra estre raisonnable ».

L'on conviendra que c'était là répondre du haut de sa grandeur et bien impoliment à une lettre qui eût donné satisfaction au plus exigeant, mais le comte de Soissons s'était promis d'humilier le grand-maître de l'artillerie, et surtout le grand ministre. Il n'y réussit pas, cependant. L'affaire fut portée devant le Roi qui la termina de la façon suivante :

« Mon cousin, j'ay veu l'escrit que vous m'avez envoyé par le comte de Saint-Pol, mareschal de Brissac et comte de la Rochepot, les langages qu'on vous a raportez avoir esté tenuz par M. de Rosni, desquels vous vous plaignez, et l'offre que vous faictes de prouver qu'ils ont esté dits par luy, mais je n'ay jugé à propos d'entrer en telles preuves, tant pour ce que je ne revocque en doute que ce raport ne vous ayt esté faict que pour avoir esté bien asseuré par M. de Rosni que son intention ne fut jamais de dire choses qui vous peussent offenser, estant vostre serviteur comme il est ; et desirant que les choses s'adoucissent et se terminent avec la satisfaction qui vous est deüe, je vous pris de recepvoir de M. de Rosni ce qu'il offre de vous faire, et en demeurer satisfaict [1] ».

Arrivons au règne de Louis XIII que l'on pourrait appeler le règne du duel, tant la Cour fut alors le théâtre de duels fameux, et tant leur répression aussi eut d'éclat. Nous parlerons d'abord de celui du chevalier de Guise, fils du célèbre assassiné du château de Blois, avec Edme de Malain, baron de Luz. Ce dernier s'était, paraît-il, vanté d'avoir assisté au Conseil du Roi où la mort du duc de Guise avait été résolue. Le chevalier l'ayant appris jura de se venger. Ce fut le 5 janvier 1613 qu'il satisfit sa vengeance. Lui-même l'a raconté d'une façon très dramatique dans sa simplicité : « J'ay veu venir son carrosse, ce qui m'a fait tourner tout aussytost comme pour aller vers la porte de Saint-Honoré. Comme j'ay esté à la barrière des Sergents, je me suis tourné et l'ay veu à trente pas de moi. Je suis allé droit à luy et luy ay dit tout hault : Monsieur, Monsieur le baron, je vous supplie, que je vous die quatre paroles. Il a respondu : Oui, tant qu'il vous plaira. Il estoit au derrière de son carrosse et y avoit deux gentilshommes à chacune des portières, qui tous ont mis pied à terre ; moy et les miens en avons fait de mesme en mesme temps. Cela fait, je l'ay pris par la main, et luy ai dit : Monsieur, j'ay sceu que vous avez dit à Monsieur du Maine, en la présence de plu-

----

(1) Ces pièces sont extraites du manuscrit 4810 du fonds français de la **Bibliothèque** Nationale. On en trouve une autre copie, analogue, dans le manuscrit 272 de la collection de Brienne, à la même Bibliothèque.

sieurs gentilshommes d'honneur, que vous fustes du Conseil de Blois où il fut résolu de tuer Monsieur mon père, et qu'hier mesme, vous le distes à la royne Marguerite. Je ne veux point là dessus de responce de vous que l'espée à la main, si vous en avez le courage. Ça, l'espée à la main, il faut mourir ! Sur cela, il s'est voulu jetter sur moy ; je l'ay repoussé d'un coup de poing que je luy ay donné en l'estomach, et me retirant deux pas en arrière, ay mis l'espée à la main. Il en a fait de mesme, et tirant l'un contre l'autre en mesme temps, j'ay paré son coup avecque le bras que j'avois enveloppé de mon manteau ; le mien luy a porté dans le costé gauche, assez avant, et tout aussitost, il s'est retiré dans une maison prochaine et je m'en suis venu de ça ». Il mourut, en effet, presque sur le champ, n'ayant eu le loisir que de crier : « Un prestre, un prestre ! Jésus ! Maria ! »

Le chevalier avait vengé son père. Le fils du baron, Claude de Malain, voulut aussi venger le sien. Sans doute absent de Paris au moment de ce drame, ce n'est qu'à la fin du même mois qu'il adressa au chevalier de Guise le cartel suivant :

« Monseigneur, nul ne peult estre plus fidèle tesmoing de ma juste douleur que vous ; c'est pourquoy, Monseigneur, je vous supplie très humblement de pardonner à mon ressentiment si je vous convie par ce billet de me faire l'honneur que je me puisse voir l'espée à la main avec vous pour tirer raison de la mort de mon père. L'estime que je fais de vostre courage me fait espérer que vous ne mettrez en avant

vostre qualité pour evilter ce à quoy vostre honneur
vous oblige. Ce gentilhomme vous ammènera au lieu
où je suis, avec un bon cheval et deux espécs desquelles vous aurez le choix. Et si vous ne l'avez agréable,
j'iray partout où vous me commanderez. Le trente ung
janvier 1613 » [1].

Le *Mercure françois*, publication contemporaine [2],
raconte que le chevalier était encore au lit lorsqu'on
lui apporta ce cartel. Le messager s'appelait Du Riol,
ami du baron auquel il allait servir de second. Du Riol
aide le chevalier à s'habiller et tous deux sortent de
l'hôtel de Guise sans que nul l'ait remarqué. Ils mon-
tent à cheval, réveillent en passant le chevalier de
Grignan pour qu'il devienne l'adversaire de Du Riol,
dépassent la porte Saint-Antoine et rejoignent le baron
de Lux. « Après que le chevalier de Guise et le baron
eurent esté visitez par leurs seconds, et leurs pour-
points ostez, tous quatre à cheval ayant pris du champ
autant qu'ils advisèrent leur estre besoin, s'esbranlè-
rent au pas, l'espéc à la main. A la première passe, le
baron blessa le chevalier, mais à la troisième, le chevalier perça le baron de part en part, qui tumbant de
dessus son cheval, n'eut plus d'autre besoin que de
soigner à l'état de son âme. A quoy le chevalier l'ayant
exhorté, il courut vistement vers les deux seconds, car
le chevalier de Grignan avoit jà reçu deux grands coups
d'espéc de Du Riol qui le menoit fort mal. Du Riol

<hr>

(1) Bibl. Nat. Manuscrit fonds franç. 4810, fol. 126 2°.
(2) T. III, pages 48-50.

n'estant blessé, se voyant prest d'avoir affaire à deux (le baron estant par terre et proche de la mort), songea à sa retraite, gaigna Charenton et puis la Bourgongne. Le chevalier de Guise, qui s'estoit si heureusement demeslé d'un si sanglant combat où il avoit reçu trois blesseures, ayant laissé mort son ennemy sur la place, retourna à l'hôtel de Guise où il fut visité des braves de la Cour ».

Bassompierre s'étonne, avec raison, que la reine-mère, après avoir voulu faire le procès du chevalier pour son premier duel, ne s'émût nullement du second et qu'au contraire elle ait fait prendre des nouvelles de sa blessure jusqu'à ce qu'il en fût tout à fait guéri.

Parmi les duellistes fameux du XVIIe siècle, et l'on peut dire de tous les siècles, Louis de Montmorency, comte de Bouteville, occupe une place éminente, autant par la bravoure dont il fit toujours preuve, que par la fin tragique que lui valut sa passion du duel ; aussi son histoire nous arrêtera-t-elle quelque temps, et l'on jugera, croyons-nous, qu'elle en vaut la peine. Le premier de ses duels qui ait fait quelque bruit eut lieu le jour de

CHALAIS

Pâques, 1624 : c'était un double crime que de violer en même temps le récent édit contre le duel et la loi religieuse. Son adversaire était le comte de Pontgibaut, et sans que l'on sache le motif de la querelle, il paraît qu'elle fut vidée avec des couteaux pris dans la première taverne venue. Comme bien l'on pense, ni Bouteville ni Pontgibaut n'attendirent, pour s'enfuir, l'arrêt du Parlement, rendu le 24 avril suivant, et par lequel eux et leurs seconds étaient condamnés comme « ignobles, roturiers et infâmes à estre penduz et estranglez à une potence croisée qui, pour cest effect, sera dressée en la place de Grève de ceste ville de Paris, leurs corps portés à Montfaulcon, si apprehendez peuvent estre, sinon par effigie en un tableau qui sera attaché à une potence érigée en ladite place ». En outre, tous leurs immeubles devaient être rasés et démolis ; défense était faite à qui que ce fût d'y reconstruire à jamais ; sur leur emplacement, serait élevé un pilier de pierre portant une plaque de cuivre sur laquelle devait être gravée l'inscription explicative des causes de la démolition ; enfin, tous les biens des condamnés devaient être saisis au profit du domaine de la Couronne.

En dépit de ces sentences, plus comminatoires qu'effectives, dix-huit mois ne s'étaient pas écoulés que Bouteville, rentré en France, se battait une première fois en duel avec M. de Torigny qu'il tua au commencement du Carème de 1626 ; puis, au mois de janvier 1627, à Saint-Germain en Laye, avec M. de la Frette. Après ces deux exploits, Bouteville se réfugia en Flandre, auprès de l'archiduchesse, tante du roi, et y fut bien accueilli, car elle gardait à sa Cour une parente

MES. FRANCOIS DE MONTMORENCY CONTE
ſouuerain de luſſe Baron de Bouteuille Baglit et gouuerneur
de ſenlis.

(1600-1627)

(d'après une gravure du temps).

de Bouteville à qui elle témoignait une vive affection.
L'archiduchesse écrivit, peu après, au Roi pour le prier
de pardonner à Bouteville ; le Roi lui répondit que
tout ce qui était en son pouvoir était de le laisser rentrer dans le royaume, mais avec défense de paraître à
la Cour et à Paris. Quand Bouteville en fut informé,
il s'écria : « Je me batteray en bref dans Paris et
dans la place Royalle, puisque l'on m'a refusé une
abolition, et ce qui me picque davantage est que
l'archiduchesse de Flandres ne l'a peu obtenir du
Roy et en a esté refusée ».

Pour se battre, encore faut-il un adversaire. Bouteville n'eut pas de peine à en trouver un en la personne
du comte de Beuvron, qui voulait venger la mort de
son ami de Torigny. La police de nos frontières n'é-
tait pas faite alors avec autant de soin qu'elle l'a été
depuis : Bouteville et son second. Des Chapelles, n'eurent pas grand peine à pénétrer en France par le Lor-
rain et à entrer à Paris où ils arrivèrent le 10 mai. On
ne fut pas longtemps à prévenir Beuvron qui fit
aussitôt mander le marquis de Bussy d'Amboise, son
beau-fils, lequel, quoique malade, ne manqua pas à
accepter un rôle dans une si belle gageure. Il avait,
d'ailleurs, juré de prendre part au duel si Des Chapelles était le second de Bouteville, et tel était le cas.
Laissons encore la parole au *Mercure François* pour
le récit du combat: « Le mercredy douziesme May,
veille de l'Ascension (1627), environ les deux heures
après midy, tous lesdits combatans se trouvèrent proche les Filles-Dieu (un couvent de femmes situé vers

le haut de la rue Saint-Denis) où ils envoyèrent un gentilhomme, tant d'un costé que d'autre, pour se visiter dans les chausses et sous la chemise. La visite faicte, ils vont tous en carosse en la place Royalle, où ils descendent, et là chacun prend son homme, sçavoir Bouteville contre Beuvron; des Chapelles, Bussy d'Amboise; et la Berthe, Buquet, escuyer de Beuvron. Leur combat se fit avec l'espée et le poignard; Bouteville et Beuvron passent l'un sur l'autre et se colletèrent; chacun d'eux jette son espée par terre, tenans le poignard levé sans se frapper: finalement, on dict que Bouteville dict à Beuvron: allons séparer nos amis; nostre combat est gaillard, — et que réciproquement ils se demandèrent la vie.

« Bussy d'Amboise et Des Chapelles s'estant portez quelques estocades, Des Chapelles en porta une dans la veine cave de Bussy d'Amboise dont il tomba par terre; la Berthe fut fort blessé par Buquet, escuyer de Beuvron, et fut porté dans l'hostel de Mayenne (rue Saint-Antoine, non loin de la place Royale). Le cocher de Bussy d'Amboise voyant son maistre tombé, et l'ayant levé, le porta au logis du comte de Maugiron, où il rendit l'âme à Dieu entre les mains du Père Chaillou, minime de la place Royalle; il ne parla jamais après le coup reçu, et ne fit que jetter les yeux au Ciel et joindre les mains.

« Beuvron se retira dans un logis de laditte place Royalle, attendant son carosse qui estoit là auprès, et se sauva avec Buquet, son escuyer, en Angleterre.

« Bouteville alla au logis du baron de Chantail, proche ladite place Royalle, où il monta à cheval, et fut au logis des Guillemins Barbiers faire collation avec Des Chapelles, là où l'on leur apporta de l'argent, puis allèrent en l'hostel de Mayenne pour voir panser la Berthe, leur tiers ; y allant, ils rencontrèrent Beuvron, auquel ils dirent : Monsieur, avez-vous affaire de nous ? Beuvron dit : Non et adieu ! A l'instant, on leur vint dire : Messieurs, sauvez-vous ; le Roy est ici. Ils respondirent : Nous le sçavions bien avant que nous battre, — puis entrèrent audit hostel de Mayenne et en sortirent incontinent et furent sur leurs chevaux jusques à la première poste du chemin de Meaux, pour s'en aller en Lorraine ».

Si le Roi et le cardinal n'avaient pas été extrèmement courroucés de cette aventure, tout le monde en eût été surpris. Il y avait eu récidive du délit et surtout un audacieux défi jeté à la face du Roi, d'autant mieux que, quelques mois auparavant, un édit contre le duel venait d'être à nouveau promulgué. Louis XIII donna ordre au Grand-Prévôt de l'Ile de France de partir en toute hâte avec un nombre d'archers suffisant, pour se saisir de la personne de Bouteville dans sa terre de Précy-sur-Oise où l'on croyait qu'il s'était réfugié. Le Grand-Prévôt se rendit à Précy, mais il n'y trouva personne, et dut se retirer après y avoir laissé une garnison de douze archers.

Cependant, deux gentilshommes amis de Bussy d'Amboise envoyés en Champagne par la mère de ce dernier pour régler ses intérêts eurent avis à la poste de Meaux que deux courriers galopaient devant eux à toute vitesse ; en s'informant de poste en poste ils apprirent d'un postillon à Château-Thierry que les deux voyageurs si pressés étaient Bouteville et Des Chapelles ; ils les rejoignirent à Vitry et informèrent aussitôt le prévôt des Maréchaux qui les appréhenda et les fit garder en lieu sûr. Les habitants de Vitry en étaient si émus, que d'eux-mêmes ils mirent une garde de vingt hommes à chacune des portes et de trente hommes devant la prison. En même temps, on envoyait un messager à la Cour : la nouvelle était de tant d'importance que l'on réveilla le Roi pour la lui faire connaître.

Le sieur de Gordes fut aussitôt expédié à Vitry pour ramener les deux prisonniers ; il avait pleins pouvoirs pour agir comme il le voudrait : les faire enchaîner, les tenir séparés ou non : on n'eût pas pris plus de précautions si ç'avaient été des détrousseurs de grand chemin. Voici comment de Gordes régla le cortège : « il faisoit marcher soixante ou quatre-vingts chevaux, puis soixante mousquetaires. Après eux, marchoit le carrosse dans lequel estoient Bouteville et Des Cha-pelles, proche l'un de l'autre, appuyez contre le dos du carrosse, et vis-à-vis d'eux dans ce carrosse estoit un Exempt des Gardes et deux archers du Corps à chaque portière, sans aucunes armes : ledit de Gordes estoit à cheval avec force cavallerie à la portière et derrière suivoient quantité de soldats à pied et le reste de la cavallerie. Estant arrivez au soir, on mettoit soixante soldats en garde devant la maison où ils logeoient, et des sentinelles aux advenues d'icelles, et l'on ne faisoit qu'une traicte par jour ».

Duel de Boutteville, sur la Place Royale, non encore entourée de grilles

(d'après des estampes du temps)

A Dormans, de Gordes renvoya l'infanterie qui l'avait accompagné depuis Vitry, car il y trouva deux cents hommes du régiment des Gardes et encore d'autres troupes. C'est dans cet appareil que nos duellistes entrèrent à la Bastille le 31 mai, à deux heures du matin.

Dans la sombre forteresse, les deux prisonniers furent aussi bien traités qu'ils l'avaient mal été durant leur voyage. Ils eurent permission de recevoir l'évêque de Nantes, comme confesseur et conseil, et aussi tous leurs parents et amis. De toutes parts, le roi était sollicité : le prince de Condé, le duc de Montmorency, Mme de Bouteville, lui écrivaient des lettres suppliantes où l'on demandait grâce au nom des services rendus par la famille à l'État, où l'on faisait observer que, jusque là, aucune sanction n'avait encore été donnée à l'édit de 1626, que Bouteville n'avait ni tué, ni blessé son dernier adversaire ; qu'il n'avait pas été *appelant*, mais *appelé* : enfin, l'on offrait que, pour toute punition, il perdît son gouvernement de Senlis ; quant à Des Chapelles « qui n'eut jamais de querelle et qui ne doit point mourir pour celle d'autruy, qu'il serve de sujet au Roy de faire cognoistre en une mesme année la grandeur de sa justice et de sa miséricorde [1] ».

Rien n'y fit : il fallait un exemple ; il fallait surtout satisfaction à l'implacable Richelieu, dont nous avons cité le perfide et mielleux « avis au Roi » au sujet de

---

[1] Bibl. Nationale, manuscrits Dupuy, vol. 540.

cette déplorable affaire. Bouteville en fut informé, et il
écrivit à sa femme cette touchante et noble lettre :
« Monsieur de Nantes vous dira, ma femme, de quelle
sorte je vay mourir maintenant, je m'asseure que cela
vous servira de consolation dans la perte que vous
faites ; vous aviserez avec luy ce qui sera le meilleur
pour le salut de mon âme et prendrez le soin de payer
ce que je doibs dans le monde. Les prières que vous
pouvez faire pour le salut de mon âme me peuvent
beaucoup servir, mais le principal c'est de satisfaire
à tous mes créanciers. Je ne veux pas vous dire davantage de paroles pour vous faire cognoistre que je vous
ayme, de peur que cela n'accroisse vostre affliction,
mais je vous prie qu'elle prenne fin, afin que ne me
pouvant plus servir, au moins elle ne vous puisse
nuire ».

Le 21 juin, le Parlement prononça son arrêt, aux
termes duquel Bouteville et Des Chapelles auraient la
tête tranchée en place de Grève, sur un échafaud
dressé à cet effet. L'exécution eut lieu le lendemain.
On conduisit d'abord les deux condamnés à la cha-
pelle, puis on leur lia les mains et on les fit monter
sur une charrette, où l'évêque de Nantes et trois autres
hommes d'église prirent place à côté d'eux. Le cortège, pour se rendre à la Grève, était à peu près le
même que celui qui avait été formé de Vitry à Paris.
Aux extrémités de la place, des chaînes avaient été
tendues pour que le populaire, toujours avide de ces
spectacles, ne parvînt pas jusqu'au pied de l'échafaud.
Ce fut Bouteville qui reçut la mort le premier ; ni lui,

ni Des Chapelles ne voulurent avoir les yeux bandés ;
au dire de tous les assistants, ils se comportèrent tous
deux avec une admirable fermeté.

Après le supplice, ils furent, d'après la volonté du
Roi, portés à l'hôtel d'Angoulème, et là, les têtes étant
rapprochées du corps (c'est un témoin oculaire qui
parle), les proches eurent le droit de venir leur jeter
de l'eau bénite. « Le mesme jour au soir, ils furent
ouverts ; on trouva le sang de Bouteville fort offensé,
avec apparence qu'il ne devoit longtemps vivre, mais
celuy de Des Chapelles fut trouvé très sain et pour
vivre longuement. Cela faict, on les embauma. L'on a
dit qu'ils ont estés portez à Montmorency et enterrés
tous deux en une mesme cave, dans le sepulchre de
ceux de ceste maison de Montmorency » [1].

En faisant ainsi périr Bouteville et Des Chapelles, le
Cardinal avait moins encore voulu faire exécuter les
édits sur le duel que frapper l'esprit de la noblesse
française en lui montrant que, lui gouvernant, elle
ne se mettrait pas au-dessus des lois. C'était un exemple. Fut-il d'une bien grande utilité ? La suite de ce
récit permettra d'en juger.

Tallemant des Réaux, l'amusant et instructif chroniqueur du règne de Louis XIII, fournirait à l'historio-
graphe du duel la matière d'un volume s'il fallait
dépouiller minutieusement les neuf volumes de ses *Historiettes*. Nous nous bornerons à quelques emprunts
seulement. L'histoire a retenu, grâce à lui, le nom de
Charles de Fontenay, gentilhomme de la Chambre du

---

(1) *Mercure François*, tome XIII, p. 453-4.

Roi, qui mourut vers 1640 et qu'on avait surnommé *Coup d'Epée* à cause de sa bravoure. Un jour, il se rencontre avec un ferrailleur de son espèce, au coin du pont Notre-Dame ; ni l'un ni l'autre ne veut céder le haut du pavé ' Je m'appelle Fontenay-Coup-d'Epée, s'écrie notre homme.— Et moi, répond l'autre, je me nomme La Chapelle-Coup-de-Canon. Aussitôt, de mettre l'épée à la main. On eut toutes les peines du monde à les séparer. A peu de temps de là, il lui arriva une aventure plus plaisante. Un dimanche, il avait été aux Célestins, entendre un sermon ; là il se prend de querelle avec un bourgeois qui, sans s'effrayer de ses rodomontades, lui baille un beau soufflet. Fontenay sort aussitôt pour ne pas faire d'esclandre, et va attendre le bourgeois sur le Mail. « Je vous laisse à penser s'il estoit en belle humeur : il se promenoit, le manteau sur le nez et le chapeau enfoncé : c'estoit un dimanche, et il y avoit entre autres menues gens, un garçon menuisier qui dit à un autre en luy montrant Fontenay : Ardez, en voylà un qui est en colère. Fontenay, dont la bile n'estoit desjà que trop esmue, met l'espée à la main pour donner sur les oreilles de ce garçon ; mais le menuisier avoit une estocade sous son bras ; c'avoit esté un valet-gladiateur ; il se deffend, et comme son espée estoit beaucoup plus longue, il blesse nostre capitan à la cuisse et le laisse à la terre. Ses amis en ayant eu avis le vinrent querir, et il fut contraint de se railler luy-mesme d'avoir esté battu en si peu de temps et de deux façons differentes, par un bourgeois et par un garçon menuisier ».

Voici maintenant l'histoire du chevalier d'Andrieux qui, à trente ans, avait tué soixante-douze hommes en duel. Il tua le soixante-douzième dans les conditions suivantes : c'était un brave chevalier avec qui il avait eu une affaire et qui lui dit, quand ils furent sur le terrain : Chevalier, tu seras le dixième que j'aurai tué. D'Andrieux lui répond : Et toi, le soixante-douzième. En effet, il le tua. On voit que l'édit de 1626 n'était pas toujours exécuté.

Tallemant parle encore du comte de Carney, grand duelliste qui fut tué sur le terrain, par derrière, encore que ce fût dans les règles. Il se battait au couteau avec le chevalier de Birague. Bien que fort adroit, Carney n'avait pas l'avantage ; il court chercher une estocade ; pendant ce temps, Birague court derrière lui, en lui criant : Tourne le visage ou je te tue. L'autre courait toujours après son estocade ; il reçoit un coup de couteau dans les reins et en meurt. Comme ces mœurs sont différentes des nôtres et comme, à deux cents ans de distance, l'optique du jugement peut se modifier !

Terminons par une note plus gaie ces extraits des *Historiettes* ; il s'agit d'un maître des comptes. « Il alloit un jour à Meudon à cheval ; en passant par la plaine de Grenelle, trois hommes aussi à cheval l'abordent ; ils lui disent qu'à sa mine ils ne doutent pas qu'il ne soit gentilhomme. Il n'osa dire que non. Ils luy disent qu'un de leurs gens ayant manqué, ils le prioient de servir de second à l'un d'eux. Il ne refusa pas, ny n'accepta pas, mais ils l'emmenèrent. C'estoit

pour se battre à pié. Quand ils furent tous descendus
du cheval, il fit semblant d'aller..... un peu à l'écart,
puis il remonte viste sur sa beste, picque en leur
criant : A d'autres, à d'autres, Messieurs ! Je ne suis
pas si duppé ! Il estoit bien monté et eut gagné la
ville avant que les autres fussent à cheval. Ils l'appel-
lèrent mille fois poltron, mais il ne s'arresta point
pour cela ».

Ce n'est pas comme duelliste que le cardinal de Retz
s'est le plus fait connaître ; un côté piquant de sa
physionomie est, cependant, la promptitude avec
laquelle il mit plusieurs fois l'épée à la main. Il est
vrai qu'il n'était pas encore cardinal, mais il était
déjà abbé, et l'on conviendra volontiers que ou les
mœurs ont bien changé, ou bien il faut témoigner
quelque étonnement de voir ce curieux rapprochement d'une soutane sous laquelle se cache une
rapière ou un pistolet. Son premier duel eut lieu au
temps de sa prime jeunesse (il n'en a pas dit la
date dans ses *Mémoires*, mais ce fut vers 1632). Il
s'agissait des beaux yeux d'une dame que Bassompierre
lui disputait. « Nous nous battîmes, dit-il, à l'épée et
au pistolet, derrière les Minimes du bois de Vincennes
(entre Fontenay et Nogent). Je blessai Bassompierre
d'un coup d'épée dans la cuisse et d'un coup de pistolet dans le bras (le jeune abbé, on le voit, n'y
allait pas de main morte). Il ne laissa pas de me
désarmer parce qu'il passa sur moi et qu'il étoit plus
âgé et plus fort. Nous allâmes séparer nos amis (leurs
seconds) qui étoient tous deux fort blessez. Ce combat

fit assez de bruit, mais il ne produisit pas l'effet que j'attendois. Le Procureur General commença des poursuites, mais il les discontinua à la prière de nos proches, et ainsi je demeurai avec ma soutane et un duel ».

Peu après, l'amour fit encore des siennes ; Retz s'était épris de Mme de Châtelet et comme elle avait déjà une intrigue avec le comte d'Harcourt, elle ne se faisait point faute de le traiter d'écolier et de le renvoyer, lui et sa soutane, à ses livres. Il s'en fâcha et provoqua le comte d'Harcourt. « Nous nous battîmes le lendemain au matin au-delà du faubourg Saint-Marcel. Il passa sur moi, après m'avoir donné un coup d'épée, qui ne faisoit qu'effleurer l'estomac ; il me porta par terre et il eût eu infailliblement tout l'avantage si son épée ne lui fût tombée de la main en nous colletant. Je voulus raccourcir la mienne pour lui en donner dans les reins, mais comme il étoit beaucoup plus fort et plus âgé que moi, il me tenoit le bras si serré sous lui que je ne pus exécuter mon dessein. Nous demeurions ainsi, sans pouvoir nous faire de mal, quand il me dit : Levez-vous, il n'est pas honnête de se gourmer. Vous êtes un joli garçon, je vous estime et je ne fais aucune difficulté, dans l'état où nous sommes, de dire que je ne vous ai donné aucun sujet de me quereller ».

Tout est bien qui finit bien, mais nous aimerions savoir si le comte d'Harcourt abandonna, en même temps que la victoire, l'objet de la victoire. Quant à Retz, qui était résolu à faire parler de lui, il se borne à constater avec regret que l'on ne fit encore pas de procédures et qu'il demeura avec sa soutane et deux duels.

Il en eut un troisième, quelques années plus tard, et pour une cause aussi futile, si ce n'est plus. Arrivé un jour au relai de Juvisy pour se rendre à Fontaine-bleau, il fait mettre sa selle sur le meilleur cheval de l'écurie. Coutenau, capitaine de la compagnie des chevau-légers du Roi, s'y trouvait en même temps, et ordonne au garçon d'écurie de retirer cette selle et d'y faire mettre la sienne. Le procédé manquait de courtoisie. « Je m'avançai, dit Retz, en lui disant que j'avois retenu le cheval, et comme il me voyoit avec un petit collet uni et un habit noir tout simple, il me prit pour ce que j'estois en effet, c'est-à-dire pour un écolier, et il ne me répondit que par un soufflet qu'il me donna à tour de bras et qui me mit tout en sang. Je mis l'épée à la main et lui tout aussitost, et dès le premier coup que nous nous portâmes, il tomba, le pied lui ayant glissé, et comme il donna de la main, en voulant se soustenir contre un morceau de bois un peu pointu, son épée s'en alla aussi d'un autre côté. Je me reculai deux pas et je lui dis de reprendre son épée ; il le fit, mais ce fut par la pointe, car il m'en présenta la garde, en me demandant un million de pardons ; il les redoubla bien quand mon Gouverneur fut arrivé qui lui dit qui j'etois. Il retourna sur ses pas ; il alla conter au Roi, avec lequel il avoit une très grande liberté, toute cette petite histoire ».

On vient de le remarquer : parmi les duels du bouil-

lant abbé, l'un d'eux avait eu lieu au pistolet ; c'est
certainement l'un des premiers que l'on puisse signaler avec cette arme, vingt ans environ avant le fameux
duel des ducs de Beaufort et de Nemours qui passe
pour être le premier duel au pistolet, et dont nous
parlerons tout à l'heure.

Citons, en attendant, cet élégant cartel, daté de 1636,
et qui lui aussi contient une provocation au pistolet :

« Cartel du sieur d'Oquincourt, gouverneur et lieutenant general pour le Roy de Peronne, Mondidier et
Roye, contre le sieur Picolomini, lieutenant general
pour Sa Majesté imperiale. Sur ce que votre Excellence
a dit que la plus grande envie qu'il avoit de venir en
France, c'estoit pour voir Madame la duchesse de
Montbason, j'ai creu ce sujet là estre assez digne pour
vous faire une très humble supplication, comme je
vous fais, que, pour l'amour d'elle, vous vouliez tirer
un coup de pistolet d'homme d'honneur contre moy.
La grande réputation où vous estes et la passion que
j'ay pour ceste dame me faict derechef vous en prier
avec toute sorte d'instance, et mesme le genouil en
terre, et, pour cest effect, j'accepte tous les combats
et tous les rendez-vous que vous souhaiterez. Fait à
Peronne le 22 novembre 1656. Signé de ma main et
scellé de mes armes ».

Il semble que le nom de Bussy ait été prédestiné
pour les duellistes et les escrimeurs ; après le Bussy
d'Amboise du XVIe siècle et celui du dernier duel de
Bouteville, voici que nous arrivons à Bussy-Rabutin, le
galant cousin de Mme de Sévigné, le trop galant auteur

de l'*Histoire amoureuse des Gaules*. Il est d'ailleurs
mieux connu par ces titres et sa bravoure à la guerre
que comme ferrailleur ; il se battit cependant, à plusieurs reprises et non sans éclat. Lui-même a raconté
dans ses *Mémoires* son duel avec Busc, en 1638,
et le récit en est trop amusant pour que nous man-
quions à le refaire, d'après lui, en l'abrégeant. Busc
était un jeune gentilhomme gascon, capitaine au
régiment de Navarre. Un jour, au sortir de la comédie,
il aborde Bussy et, à brûle-pourpoint, lui demande si
le comte de Tianges, oncle de ce dernier, l'avait traité,
lui Busc, d'ivrogne et son frère de fou. « Je lui répon-
dis que je voyois si peu le comte de Tianges que je ne
savois pas ce qu'il disoit. Il me répliqua qu'il etoit
mon oncle, et que ne pouvant avoir cet eclaircissement
avec lui, à cause qu'il ne bougeoit de la province, il
s'adressoit à moi. Ah ! puisque vous voulez, lui dis-je,
que je réponde pour lui, je vous dirai que quiconque
le fait parler de la sorte a menti. — C'est mon frère,
me dit-il, qui est un enfant. — Il lui faut donner le
fouet, lui repartis-je, mais il a menti comme un grand
homme ».

Aussitôt, ils mettent l'épée à la main. Remarquez
ce qui se passe alors : « Busc, nous dit Bussy, n'avoit
qu'un de ses amis avec lui et moi j'en avois quatre,
auxquels il s'en joignit encore d'autres m'entendant
nommer, lesquels mirent tous l'épée à la main et vinrent se ranger auprès de moi ». Peut-on imaginer une
humeur plus batailleuse que celle de cette jeune
noblesse d'alors, et n'est-il pas vrai de dire qu'en cela

comme en bien d'autres choses, notre époque est en
progrès par le bon sens et la raison ? Bussy écarte ses
trop généreux amis, en les priant de le laisser faire
seul avec Busc ; mais celui-ci se dérobe et rentre chez
lui. Ce n'était pas ce qu'il fallait à Bussy ; aussi lui
envoie-t-il, pour le relancer, un gentilhomme de ses
amis, et quant à lui, il quitte provisoirement son logis,
de peur que le bruit de sa querelle ne détermine les
maréchaux à lui envoyer un garde.

Trois jours après, il reçoit un gentilhomme, envoyé
par Busc, pour lui faire connaître que son mandant
est prêt à fournir une réparation. Heure fut prise pour
le lendemain à Bourg-la-Reine, mais de nombreuses et
bizarres traverses devaient faire empêcher la rencontre
ce jour-là. En effet, les deux adversaires se rencontrèrent, ayant chacun quatre amis prêts aussi à se battre ;
mais au moment où l'on choisissait le terrain, survint,
bride abattue, un personnage appelé L'Aignes qui, lui
aussi, venait servir Busc. Il n'y avait plus égalité, mais
que faire ? Un des amis de Bussy partit à l'aventure, en
quête d'un cinquième : il finit par rencontrer un
mousquetaire qu'il ne connaissait pas, mais qui
accepta très volontiers. Seulement, ils s'égarèrent pour
revenir ; la nuit était tombée et la partie fut remise
au lendemain. Voici comment Bussy la raconte :
« Parce que le soleil donnoit dans la vue de Busc, il
se tourna et se mit à dos un fossé... de sorte que je
fus contraint de tourner aussi et de me mettre à dos
un rideau (petite éminence de terre) qui bordoit le
chemin de l'autre côté. Au second coup que je lui

portai, je lui perçai le poumon ; et comme je m'étois fort avancé sur lui, je voulus rompre la mesure, sans songer au rideau que j'avois derrière moi, si bien que je tombai à la renverse. Busc, qui se sentoit fort blessé, se jeta sur moi et me criant de demander la vie, il me voulut en même temps donner de l'épée dans le corps, mais j'esquivai le coup et l'épée m'effleurant seulement les côtes, entra dans la terre. La crainte que j'eus qu'il ne redoublât me fit empoigner son épée par la lame, mais en me l'arrachant il me coupa les doigts et particulièrement le pouce, et me la mettant à la gorge, il m'obligea de lui rendre la mienne. Véritablement, comme nous nous relevions tous deux, il tomba de l'autre côté où, jetant un gros bouillon de sang par la bouche et moi le croyant mort, je pris son épée et la mienne et je me retirai à l'hôtel de Condé ».

Busc n'était pas mort cependant, puisqu'il vécut six mois encore, mais Bussy déclare qu'il ne le revit plus jamais.

Un duel célèbre et tragique du temps de la jeunesse de Louis XIV fut celui des ducs de Beaufort et de Nemours. On a prétendu, un peu partout, que ç'avait été le premier duel au pistolet, mais nous venons de prouver, par des exemples antérieurs qu'il n'en est rien. Et maintenant laissons parler la *Gazette de France,* la source la plus autorisée à laquelle on doive puiser pour l'histoire de cette période : « Le trentième (août 1652), sur les sept heures du soir, le duc de Beaufort estant arrivé à la porte du parc de l'hostel de Vendosme, accompagné du comte de Bury, Rostain, son cou-

sin, et des sieurs Brillet d'Hericourt et de Ris, ses
gentilshommes, pour s'y promener, lorsqu'il frappoit à
la porte pour y faire entrer les dames de Canaples et
de Cavois qui s'y rencontrèrent avec d'autres pour
prendre l'air ; le duc de Nemours y survint, suivi des
sieurs de Villars, la Cheze, d'Uzèche et Campan, aussi
ses gentilshommes, et ayans pris querelle ensemble,
le duc de Beaufort fut obligé de se saisir d'un pistolet
et d'une espée qui se trouvèrent entre les mains de
ceux qui accompagnaient le duc de Nemours ; lequel,
avec pareilles armes s'estant approché, tandis que ces
gentilhommes se battoyent avec leurs espécs seulement, quoy qu'inegales et telles qu'elles se trouvèrent
à leurs costez, et avec tout le zèle et le courage que
l'on pouvoit attendre d'eux, ces Princes tirèrent presqu'en même temps leurs pistolets, celui du duc de
Nemours n'ayant, heureusement, qu'effleuré le bout
des cheveux du duc de Beaufort, à un doigt de l'oreille
gauche, mais celui dudit duc de Beaufort fut plus
malheureux, ayant porté du mesme costé, deux doigts
au-dessous du testin du duc de Nemours, qui ne laissa
pas neantmoins d'allonger quelques coups d'épée que
le duc de Beaufort se contenta de parer, mais le duc
de Nemours estant presque aussitost tombé sur ses
genoux, le duc de Beaufort, après avoir désarmé quelques-uns des domestiques du duc de Nemours qui
venoient au secours de leur maistre, les mena pour
l'assister, et tous ensemble touchez d'une mesme douleur, le mirent dans son carrosse et l'emmenèrent,
quelqu'instance qu'eust fait le duc de Beaufort pour le

faire demeurer à l'hostel de Vendosme, mais il mourut en chemin. Le duc de Beaufort se retira ensuite, avec une douleur incroyable de la perte de ce prince qui estoit son beau-frère et qu'il aimoit uniquement, et du malheur où il s'estoit trouvé engagé malgré lui ».

Il est vrai que dans ses *Mémoires*, Mlle de Montpensier, la célèbre grande Mademoiselle, raconte les choses un peu autrement, ce qui prouve une fois de plus qu'il n'est pas aisé, même aux contemporains, d'écrire l'histoire. Le duc de Beaufort aurait dit, une fois sur le terrain : « Ah ! mon frère, quelle honte ! Oublions le passé, soyons bons amis ! » Mais le duc de Nemours répliqua : « Ah ! coquin, il faut que tu me tues ou que je te tue ». Il tira son pistolet qui manqua et vint à M. de Beaufort, l'épée à la main de sorte qu'il fut obligé de se défendre ; « il tira et le tua tout roide de trois balles qui étoient dans le pistolet ».

Avec ce duel sanglant se clôture pour nous la série des rencontres fameuses durant le XVIIe siècle ; Louis XIV avait dit : « l'État, c'est moi », — ou l'avait donné à entendre, — et tous se l'étaient tenu pour dit. Au reste, si la seconde moitié du siècle fut si calme à cet égard, on reconnaîtra que c'est justice, car la première l'avait, certes, été trop peu.

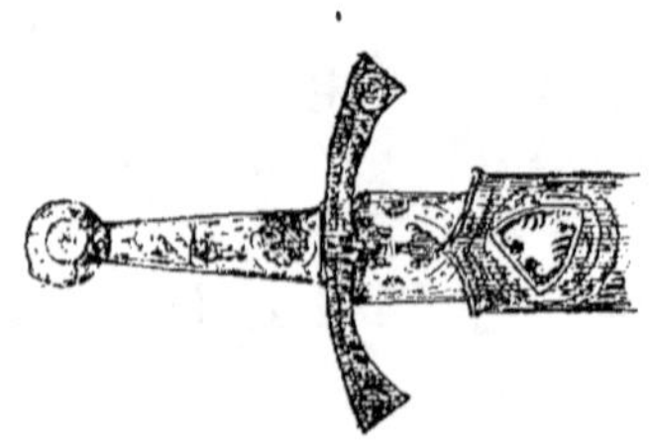

IV

XVIIIme SIÈCLE

Lus la dernière partie du règne de Louis XIV avait été austère, morose et confite en dévotion, plus la réaction devait être vive après la mort du vieux roi. Nommer la Régence, c'est tout dire ; c'est caractériser et flétrir d'un seul mot une époque de corruption, de licence, de soif de l'or effrénées. Nécessairement, le duel devait revenir en honneur parmi ces courtisans, ces *roués*, amis du Régent, assez semblables pour la liberté de leurs mœurs aux mignons du temps de Henri III, braves et pervertis comme eux. Le duc de Richelieu fut, sans conteste, le roi de tous ces brillants débauchés, — pour ne pas dire débaucheurs. Au

cours de sa carrière galante, il eut bien des duels ;
mais, à les raconter, nous préférons en rapporter un,
dont il fut le héros et non l'auteur : c'est celui de deux
de ses amoureuses, Madame de Nesle et Madame de
Polignac. Un duel de femmes c'est déjà chose assez
singulière et rare : il n'est pas moins piquant de devoir
le récit de la rencontre au fat qui en était l'objet,
au duc de Richelieu lui-même ; donnons-lui donc la
parole [1] :

« . . . . . C'est dans ces circonstances qu'un duel
jusqu'alors inouï entre deux femmes, bien connues
pour leur amour des plaisirs, occupa toute la capitale,
et surtout la cour du Régent. On publia que Madame
de Polignac et Madame de Nesle s'étoient battues en
duel et au pistolet au bois de Boulogne, lieu de leur
rendez-vous, pour savoir à laquelle je resterois, si
toutes les deux n'étoient pas tuées. J'avois eu beau donner des congés à Madame de Polignac, elle étoit éperdûment amoureuse de ma coquetterie ; mes infidélités
ne la blessoient pas ; elle n'étoit inquiète que de mes
railleries sur son retour périodique, à moi qui la fuyois
depuis 1715 ; car je l'avois aimée quand je n'avois
que dix-neuf ans. Jalouse de toutes les dames qui
lui avoient succédé en grand nombre, non à la file,
mais à la fois et ensemble, elle s'en prit un jour à
Madame de Nesle et l'appela au Bois de Boulogne, lui
déclarant qu'il falloit y venir avec un pistolet. . . .

La marquise de Nesle, ma tante... étoit bien décidée

____

[1] *Mémoires du duc de Richelieu*, maréchal de France, 1790, 9 vol. in-8, tome II
pages 251 et suivantes.

à tuer sa rivale et comptoit pour peu de chose de
rester sur le carreau. Elle s'imaginoit que nos amours,
dorénavant, se fixeroient sur celle qui méprisoit si
généreusement la mort pour moi, et ne se fit point
appeller deux fois. A leur premier abord au Bois de
Boulogne, lieu de leur rendez-vous, et après une révérence préalable, ces dames vêtues en amazones, se
décochèrent un coup de pistolet, et il y eut du monde
qui accourut parce qu'on vit tomber Madame de Nesle,
dont le sein fut sur le champ tout ensanglanté....
Mais à l'examen, on s'aperçut que le sang couloit d'une
égratignure du haut de l'épaule, la balle n'ayant
effleuré que légèrement Madame de Nesle. Revenue
elle-même de sa terreur, elle rendit grâce au ciel,
disant qu'elle triomphoit de sa rivale. Ces paroles
firent comprendre aux assistants, déconcertés d'un
combat de cette espèce, qu'il s'agissoit de quelque
amant, et les engagèrent à demander à Mme de Nesle si
cet amant en valoit la peine. Oui, oui, dit la blessée, il
est digne qu'on répande pour lui un sang encore plus
beau. On arrêta son sang avec des orties écrasées
entre deux pierres ; on banda la blessure avec des
compresses faites de son mouchoir et on la porta du
champ de bataille dans son carrosse ; et comme on lui
demandoit quel étoit l'heureux mortel pour qui elle
répandoit son sang : C'est, dit-elle, le plus aimable
seigneur de la cour, je suis prête à verser pour lui
mon sang jusqu'à la dernière goutte. Toutes les dames
lui tendent des pièges, mais j'espère que la preuve que
je viens de lui donner de mon amour me l'acquerra

sans partage. Je vous ai trop d'obligation, ajouta-t-elle, pour vous cacher son nom ; c'est le duc de Richelieu, oui, le duc de Richelieu, le fils aîné de Mars et de Vénus [1] ».

Les hommes n'y mettaient pas, bien entendu, tant de façons, et ne prenaient même pas la peine, pour se rencontrer l'épée à la main, d'aller jusqu'au Bois de Boulogne, moins fréquenté, mais bien plus lointain qu'aujourd'hui. On se battait en plein midi, en pleine rue de Richelieu ; ce fut le cas du chevalier de Breteuil, capitaine aux gardes, et de Gravelles, lieutenant au même corps : le premier reçut deux coups d'épée et en mourut presqu'aussitôt. Gravelles ne fut nullement poursuivi, ni même inquiété ; cela se passait le 30 mai 1721 : on eût été plus sévère cent ans plus tôt.

A la date du 28 mai 1727, Barbier nous raconte un autre duel, qui, paraît-il, fit beaucoup de bruit. Le duc de Crussol, âgé de dix-sept ans et cependant déjà marié à la fille du duc de La Rochefoucauld, s'amusait, pendant une représentation de l'Opéra, à offrir des dragées de chicotin aux jeunes seigneurs de ses amis. L'un d'eux, le comte de Rantzau, trouva la plaisanterie médiocre et cracha les dragées au nez du duc, lui disant qu'il était un morveux et que s'il n'était pas

---

[1] Dans son intéressant volume, *Duels et Duellistes* (Paris, 1864, in-12), Roger de Beauvoir avait déjà raconté ce duel féminin, mais en y ajoutant une foule de détails romanesques et notamment un prétendu cartel de Madame de Polignac à sa rivale. Nous ne pouvons pas en tenir compte ici, car nous n'avons souci que de la vérité historique, aussi scrupuleuse que possible.

homme de condition, il lui donnerait des coups de
pied où vous savez. Une réparation s'imposait : « Le
mercredi matin (l'affaire avait eu lieu le vendredi précédent), à huit heures on alla à l'auberge du comte,
rue de Tournon, lui dire qu'un jeune homme l'attendait
dans le Luxembourg. Il entendit ce que cela signifioit,
il s'habilla et s'y rendit : ils firent deux tours tous deux,
ensemble comme si de rien n'étoit ; ils sortirent par
la rue d'Enfer et gagnèrent le derrière d'un mur (au
delà du couvent des Chartreux). Là, ils se battirent
tous les deux en braves gens. Il faut observer que le
comte de Rantzau étoit un grand garçon bien fait, et
que le duc de Crussol est un enfant très petit, contre-
fait et bossu. Le duc lui donna un premier coup d'épée
qui fit tomber l'autre ; s'étant relevé, le duc lui donna
un second coup d'épée, il tomba encore. Le duc lui
demanda si ce n'étoit pas assez, et qu'il étoit inutile
de se tuer. Le comte, de rage, se releva et dit qu'il
falloit périr. Le duc de Crussol le tua roide mort, et
s'en alla repasser par le Luxembourg : l'action a été
vue de trois femmes et deux charretiers, à qui, sur le
champ, les gens qui étoient là exprès donnèrent de l'argent. Le soir, le duc de Crussol étoit aux Tuileries, et
le jeudi aussi, mais sa taille l'avoit trahi et tout Paris
savoit que c'étoit lui. Le vendredi, le Parlement a
rendu un arrêt, les deux Chambres assemblées, sur
les conclusions du procureur général, par lequel il
étoit enjoint sur la notoriété publique au duc de
Crussol de se rendre ès prisons de la Conciergerie. On
a regardé cet arrêt comme une grâce pour l'avertir de

se retirer. Aussi est-il parti le samedi, dit-on, pour Avignon, et l'on poursuit la procédure. On publie ces jours-ci des monitoires. Quoiqu'il en soit, cette action étoit indispensable et elle est bien glorieuse au duc de Crussol pour sa famille et pour son rang de premier duc et pair de France ».

Il y a sans doute un peu d'ironie dans cette phrase, mais elle se dissimule prudemment ; un peu plus loin, dans son chapitre du mois de décembre de la même année, Barbier donne l'épilogue de cette aventure : le duc de Crussol revint se constituer prisonnier à la Conciergerie, mais on le renvoya purement et simplement des fins de l'accusation. Il n'en fut pourtant pas quitte à bon compte : soixante mille livres pour les frais de procédure et deux cents livres de rente viagère aux témoins accidentels de la rencontre, les trois femmes et les deux charretiers, que l'on conduisit, grâce à cet appât, à la terre de La Rochefoucauld, où on les garda jusqu'à ce que l'affaire fût complètement oubliée.

Nous n'en finirions pas s'il nous fallait raconter tous les duels de gentilshommes pendant ce siècle d'élégances... et de désordres ; au surplus, il n'est question ici que des rencontres les plus retentissantes ; on nous pardonnera donc beaucoup d'omissions qui sont purement volontaires, d'ailleurs.

En 1778, le comte d'Artois, le futur Charles X, jeune alors et très compromettant, non seulement pour la reine, sa belle-sœur, mais encore pour d'autres femmes de qualité, se sentit pris de passion pour

Mme de Canillac, dame d'honneur de la duchesse de Bourbon. Celle-ci, fâchée de cette intrigue, la chassa de sa maison. A quelque temps de là, le comte d'Artois rencontre Mme de Canillac dans un bal masqué et lui dit : « Je vais vous venger de la duchesse ». Aussitôt, il se met à invectiver le masque qui conduisait la duchesse de Bourbon en lui disant des paroles fort désobligeantes pour sa compagne. Irritée, la duchesse, qui ne reconnaissait pas ce discourtois interlocuteur, veut lui arracher son masque, mais celui-ci la prévient, lui arrache le sien et le lui brise sur le visage.

L'aventure fit grand bruit. Le comte d'Artois fut obligé d'offrir une réparation d'honneur à la duchesse de Bourbon, mais il en demanda une par les armes au duc. Voici comment Bachaumont raconte les choses : « Le dimanche 17 mars, ce prince a fait savoir au duc de Bourbon, ou par une lettre, ou par un tiers, qu'il se promèneroit le lundi matin au Bois de Boulogne. Le dernier s'y est rendu dès huit heures, mais le premier n'est arrivé qu'à dix. Ils se sont écartés, et seuls, ils ont commencé un combat en chemise, dont beaucoup de gens ont été témoins. Il a duré six minutes, et cependant avec tant d'égalité et d'adresse, sans doute, qu'il n'y a pas eu une goutte de sang répandu. Alors, le chevalier de Crussol est intervenu et leur a ordonné, de la part du Roi, de se séparer. Ils se sont embrassés ; dans l'après-midi, M. le comte d'Artois est venu voir Madame la duchesse de Bourbon.

« Pendant le combat, on avoit fermé les portes du Bois de Boulogne, mais il étoit déjà rempli de monde.

Le duc de Chartres étoit déjà occupé à tracer un emplacement dans la plaine des Sablons pour une course, lorsqu'on le lui a appris, et M. le duc d'Orléans (depuis, Louis-Philippe-Egalité) faisait une répétition de comédie avec Madame de Montesson.

« Cette nouvelle s'est bientôt répandue dans Paris. Madame la duchesse de Bourbon, qui n'avoit reçu personne jusque-là, et faisoit prendre, du Suisse, contre l'étiquette, tous les noms de ceux qui venoient, est sortie de sa retraite et s'est montrée à la Comédie Française, où tout le spectacle l'a applaudie avec des battements de mains si longs, si généraux et si marqués, qu'elle en a versé des larmes d'attendrissement. Un tel enthousiasme doit surtout s'attribuer au propos de cette Altesse au Roi, répandu dans le public. On rapporte qu'elle a dit à S. M. qu'elle demandoit moins une réparation comme Princesse que comme femme et citoyenne, dont la plus infime devoit être respectée partout, et principalement sous le masque ».

Dans son bel ouvrage sur les *Origines de la France Contemporaine*, M. Taine a eu à parler de ce duel et à en tirer un enseignement : « Imaginez, dit-il, s'il est possible, le degré d'élégance et de perfection auquel le savoir-vivre les avait portés. J'en prends un au hasard : un duel entre deux princes du sang, le comte d'Artois et le duc de Bourbon ; celui-ci étant l'offensé, l'autre, son supérieur, était tenu de lui offrir une rencontre ». Ici se place le récit de M. de Besenval, l'un des témoins du duel : « Dès que M. le comte d'Artois l'a vu, il a sauté à terre, et allant droit à lui, il lui a

dit d'un air souriant : Monsieur, le public prétend que
nous nous cherchons. M. le duc de Bourbon a répondu
en ôtant son chapeau : Monsieur, je suis ici pour recevoir vos ordres. Pour exécuter les vôtres, a reparti
Monsieur le comte d'Artois, il faut que vous me per-
mettiez d'aller jusqu'à ma voiture. Il revient avec une
épée ; le combat commence ; au bout d'un instant, on
les sépare ; les témoins jugent que l'honneur est satisfait. Ce n'est pas à moi d'avoir un avis, a repris Monsieur le comte d'Artois ; c'est à Monsieur le duc de
Bourbon de dire ce qu'il veut ; je suis ici pour recevoir ses ordres. Monsieur, a répliqué M. le duc de
Bourbon en adressant la parole à M. le comte d'Artois
et en baissant la pointe de son épée, je suis pénétré
de reconnaissance de vos bontés, et je n'oublierai
jamais l'honneur que vous m'avez fait ».

Et M. Taine conclut : « Se peut-il un plus juste
et fin sentiment des rangs, des positions, des circonstances, et peut-on entourer un duel de plus de
grâces ? »

Nous allons voir si l'on y mettait toujours autant de
mesure, sinon dans la forme, du moins dans le fond.

Un peu plus tard, en 1785, avait lieu, en effet, aux
environs de Valenciennes, un duel si féroce qu'il rappelle bien mieux la plus sombre époque de la barbarie
que celle où la civilisation paraissait, au dire de M.
Taine, avoir atteint l'apogée de son développement.
Deux officiers des régiments d'Aquitaine et de Bourbon, MM. de Saint-Mesme et de Barras, avaient eu avec
un autre officier, du régiment de Ségur, M. de Ménil-

Durand, une contestation de jeu comme il s'en produit
si souvent. L'affaire s'envenima assez gravement pour
que des paroles on en vînt à une rixe, et que, nul ne
voulant céder, malgré l'intervention écrite et les démarches de plusieurs collègues des trois adversaires,
une rencontre fût indispensable. Ce qui est surprenant, c'est qu'il se soit trouvé des témoins pour en
accepter les conditions, telles que la *Revue Rétrospec-
tive* de 1836 nous les fait connaître, ainsi que tous les
autres détails de cette déplorable affaire. Il fut convenu que M. de Menil-Durand se battrait successivement avec ses deux ennemis si le premier ne le tuait
pas. « Les lois du combat furent que M. de Sainte-
Mesme commenceroit; que ces Messieurs, armés chacun de quatre pistolets à la ceinture, chargés à balle
franche, seroient placés à cent pas l'un de l'autre ;
que les témoins se retireroient et ne verroient pas le
combat : qu'alors, au signal donné, les combattans
iroient à la charge et se battroient à volonté et jusqu'à
la mort. La loi étoit que le premier qui seroit blessé et
renversé, l'autre l'achèveroit s'il lui restoit encore à
tirer, et qu'alors le vainqueur pourroit appeler;
qu'avec M. de Barras qui ne pouvoit tirer que de la
main gauche à cause de sa blessure, M. de Menil-
Durand ne se serviroit que de sa main droite seule et
sans s'appuyer du bras gauche. Même convention pour
les témoins et pour la suite du combat ».

Ainsi fut-il fait. Au bout de quelques instants, les
témoins entendirent plusieurs coups de feu et un cri.
Ils accourent et voient M. de Sainte-Mesme étendu

mort sur le terrain. Son adversaire s'exprime ainsi sans émotion apparente : « Il m'a attendu et m'a tiré à 15 ou 18 pas. Il me visait à la ceinture et la balle m'a brûlé l'oreille. J'ai couru sur lui et l'ai tiré à 8 pas. J'ai ajusté à la poitrine; le coup a relevé et la balle lui est entrée au milieu du front ».

Restait l'autre adversaire, M. de Barras. Le combat recommença dans les mêmes conditions. Six coups de feu retentissent, suivis d'un : A moi! proféré par une voix défaillante. On se précipite : M. de Menil-Durand gisait, blessé à la cuisse gauche et dans l'impossibilité de faire un mouvement. Aux termes du procès-verbal de rencontre, M. de Barras, qui avait un quatrième coup de pistolet à tirer, devait s'approcher de lui et l'achever. Cette fois, les témoins s'interposèrent et obtinrent, non sans peine, que le blessé signerait une déclaration où il reconnaissait devoir la vie à la générosité de son adversaire.

Ne quittons pas l'ancien régime sans raconter, toujours d'après Bachaumont, l'aventure qui arriva à un jeune maître des requêtes, appelé Caze. Il était éperdûment amoureux de la célèbre Dugazon, et les mauvaises langues prétendaient même que cette passion avait eu pour lui des suites fâcheuses, longues à guérir. Ce ne fut pas tout. Etant un jour au spectacle et y écoutant sa maîtresse, il trouva mauvais qu'un officier aux gardes, appelé Dulau, critiquât, en termes assez vifs, le jeu de l'actrice. Provocation, rixe, duel, ce fut l'affaire d'un instant. Le pauvre magistrat reçut un tel coup d'épée qu'il fallut le saigner onze fois.

Bachaumont termine le récit de cette anecdote par
ces réflexions philosophiques : « Il va mieux, se sou-
tenant à peine, et à l'aide de deux écuyers ; il sem-
bloit, par sa sortie prématurée, se faire un triomphe de
sa blessure dans le public qui l'entouroit comme un
héros d'amour fort rare aujourd'hui ».

V

LA RÉVOLUTION

ous voici à l'époque de la Révolution. Du contact des idées nouvelles avec les traditions de l'ancien régime, quelle que fût à l'origine la tolérance de ces dernières, on peut juger quels chocs jaillirent et, par suite, combien de provocations et des rencontres.

Quelques-unes sont restées célèbres, et d'abord celle de Cazalès et de Barnave, tous deux membres de l'Assemblée nationale. Le premier avait traité de brigands les députés qui siégeaient à gauche. Barnave demanda raison de l'outrage, au nom de tous ses collègues, et le duel eut lieu le lendemain (11 août 1790) au Bois de Boulogne. Une légende peu prouvée prétend que Cazalès, ayant fait deux fois long feu, aurait courtoisement dit à son adversaire : « Mon Dieu ! que je vous fais d'excuses ! — Mais je suis là pour attendre, dit Barnave. — Je serais désolé de vous tuer, mais vous nous gênez beaucoup, riposte Cazalès. Je voudrais seulement vous éloigner de la tribune pour quelque temps. — Je suis plus généreux, je désire à peine vous toucher, car vous êtes le seul orateur de votre côté, tandis que, du mien, on ne s'apercevrait pas seulement de mon absence ». Finalement Cazalès n'atteignit pas Barnave et la balle de ce dernier vint s'amortir sur son chapeau.

Ce qui est piquant, ce sont les réflexions que suggérait à Anacharsis Cloots, l'un des plus fougueux révolutionnaires, ce duel de gentilshommes. « Etes-vous législateurs d'un empire ou gladiateurs dans une arène ? Vous dictez des loix dans le Sénat et vous les transgressez à l'amphithéâtre. Vous êtes des hommes dans la tribune et des tigres dans le monde. Barnave, le plus illustre de nos représentans, sacrifie sa logique à un préjugé barbare. Quelle honte ! quel exemple ! La balle qui enfonce le crâne (*sic*) à Cazalès retarde la marche de l'opinion publique, et des milliers de victimes, seront étendues dans la poussière que mordit Cazalès [1] » !

Voilà bien l'emphase de l'époque, pour une balle qui enfonce non un crâne, mais un chapeau et pour la poussière où roule non le duelliste, mais ce chapeau !

Peu après, un autre duel eut un retentissement plus considérable encore : celui de Charles de Lameth et du duc de Castries, également députés tous deux. Le

---

(1) Archives Nationales, W. 298, n° 285 (pièce exposée au Musée des Archives).

duc avait juré qu'il voudrait se couper la gorge avec
tous les chefs du parti de la Révolution. Lameth, très
aimé du peuple, releva le gant. On se battit à l'épée au
Bois de Boulogne et Lameth reçut au bras une grave
blessure.

La populace furieuse voulut saccager l'hôtel de Castries. C'était, a dit Camille Desmoulins, sa façon de se
constituer en *Tribunal de cassation*. Il fallut que le
duc quittât momentanément Paris.

Nous avons eu la bonne fortune de retrouver,
parmi les papiers de Barnave conservés aux Archives
Nationales, un fragment de lettre ou d'article sur
l'événement, et il n'est pas sans intérêt d'écouter le
célèbre tribun, lui qui s'était battu en duel quelques
jours auparavant, parler du mécontentement qu'excite
dans l'opinion la fréquence des duels entre législateurs.

« La capitale vient d'être agitée par un de ces
mouvements qui rappellent les premiers jours de la
Révolution. M. Charles de Lameth ayant ajourné à la
fin de la législature la provocation affectée que lui
avoit adressée M. de Chauvigny, capitaine de rempla-
cement au régiment de mestre de camp, a été provoqué de nouveau par M. de Castries, député à l'Assemblée Nationale. Un combat à l'épée s'en est ensuivi
entre les deux députés, et le patriote a été blessé au
bras. A peine le bruit de ce combat a-t-il été répandu
dans Paris qu'une allarme universelle s'est emparée
de tous les esprits. A l'affection que le public a dès
longtemps conçu pour le député blessé s'est réuni le

mécontentement qu'avoit excité la fréquence des duels entre les législateurs et dans lesquels l'aggression avoit toujours été du côté des adversaires de la Révolution. Depuis quelques jours surtout, des provocations répétées contre les députés les plus renommés par leur patriotisme et par leur influence dans l'Assemblée sembloient indiquer un projet combiné d'attaquer la Révolution dans la personne de ceux qui la soutiennent, et des signes de tout genre se réunissoient pour donner de la consistance à ces inquiétudes. Ces dispositions ont éclaté lorsque les citoyens ont vu | l'un | des hommes qui a le plus fait pour s'acquérir leur estime. . . . [1] ».

L'écrivain a, sans doute, été interrompu et n'a pas repris ensuite ses réflexions, du moins sur cette page, mais il est facile de comprendre et d'achever sa pensée.

[1] Archives Nationales, W. 42, n° 216.

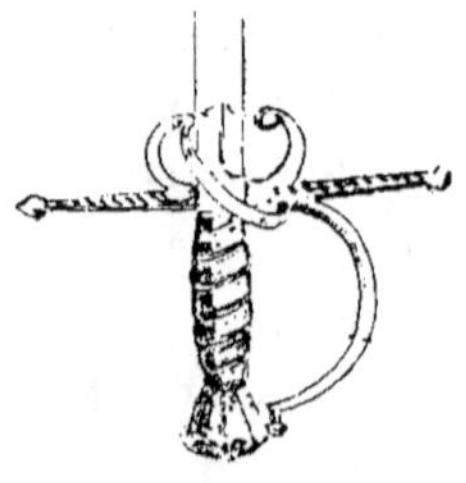

VI

XIXme SIÈCLE

Duels de maîtres d'armes

C'EST sous ce titre, précisément, que Vigeant,
un illustre parmi les maîtres de l'escrime,
a raconté en un charmant volume et d'une
charmante façon, un duel célèbre qui eut
lieu entre deux de ses prédécesseurs, illustres aussi, Lafaugère et Bertrand. C'était en
1825 : Lafaugère, qui professait à Lyon et y jouis-
sait d'une réputation européenne, avait alors quarante-
cinq ans, ou à peu près. Un jour, un de ses élèves qui
revenait de Paris, lui raconte un peu étourdiment
certain propos en l'air que Bertrand, son célèbre
émule, le plus fort des tireurs de Paris, avait laissé
échapper sur son compte ; Lafaugère avait un faible
pour la peinture, — comme Ingres pour le violon, — et
Bertrand avait dit, par plaisanterie, devant plusieurs
personnes qu'il avait bien raison de se consoler, le

pinceau à la main, de moins bien manier le fleuret que jadis.

Une rencontre fut décidée, car Lafaugère, plus offensé de la critique que s'il se fût agi de son honneur même, — et en réalité l'honneur était un peu en cause, — s'arrangea de façon que Bertrand ne pût se dérober. Le duel eut lieu dans le bois de Vincennes, et à la troisième reprise, le vieux champion touchait l'épaule de Bertrand « par une quinte volante suivie d'une fulgurante riposte de quatre ». Ce sont les termes mêmes de Vigeant et nous nous garderions bien d'y rien changer.

L'aimable écrivain-escrimeur nous raconte, dans le même volume, un autre duel que Bertrand eut, dix ans après, avec un maître d'armes du nom de Lozès, Gascon jusqu'aux moëlles, et qui voulait, à tout prix, *se poser* par un assaut à fleurets démouchetés, avec son célèbre confrère. Il réussit à l'amener sur le terrain. Fort habile d'ailleurs, sa tactique était de blesser son adversaire à la jambe, de le forcer ainsi à garder la chambre quelques jours au moins, le temps que l'on pût dire : « Qui donc a pu blesser Bertrand ? Eh mais, vous ne savez donc pas ? C'est ce diable de Lozès ! »

Au second engagement, Bertrand s'aperçut du jeu de Lozès. Subitement il s'arrête et va prendre, à quelques pas, une énorme pierre qu'il tient de la main gauche. Puis, se remettant en garde : « Écoute, Lozès, si tu persistes à tirer à la jambe comme tu le fais depuis cinq minutes, aussi vrai qu'il n'y a qu'un Dieu,

je lâche mon épée et je t'assomme avec cette pierre.
Tire-là, ajoute-t-il en montrant sa poitrine ; il y a de
la place pour ton épée si elle est assez habile pour la
trouver ».

Cette fois, le combat devint dramatique, et si Lozès
ne trembla pas, ses témoins durent trembler pour lui.
Deux minutes après, il recevait au-dessous de l'épaule
un coup d'épée assez grave pour que le combat cessât
et que le blessé perdît à jamais l'envie de provoquer
un homme qui avait tant de science et de sang-froid.

De pareilles rencontres sont chose infiniment rare.
La solidarité qui règne entre les maîtres de l'escrime,
la quasi-certitude d'une issue fatale pour l'un des deux
au moins des combattants, le mauvais effet produit
dans le public par de semblables duels, les efforts des
témoins à les éviter, tout concourt à en faire un événement tout-à-fait exceptionnel. Aussi l'émoi fut grand
parmi tous ceux qui s'occupent d'assauts et d'épées,
lorsqu'au mois de mars 1891, la nouvelle se répan-
dit qu'une rencontre était devenue inévitable entre
deux professeurs justement célèbres, Mérignac et
Vigeant. L'affaire vaut la peine d'être racontée.

Vers la fin du mois de février précédent, Mérignac
fit annoncer qu'il soutiendrait son dernier assaut en
public, le 7 mars suivant. Son adversaire devait être
M. Prévost, un professeur également émérite. Ce dernier exprima le désir que, comme dans un duel, des
témoins fussent constitués afin de constater les coups
de bouton reçus de part et d'autre. Bien que tel ne fût
pas l'usage, Mérignac y souscrivit et M. Prévost fit

connaître les noms de ses deux *assistants* : **MM.**
Vigeant et Vavasseur. Mérignac refusa le choix de
Vigeant, disant que, dans les termes où ils étaient
ensemble, il craindrait trop de partialité *en sa faveur.*
Les trois lettres qui suivent furent alors échangées :

« Mon cher Mérignac,

« J'apprends que vous me récusez comme témoin pour
votre assaut du 7 mars. Ceci est une affaire entre vous et
Prévost ; mais, que vous suspectiez mon impartialité, ceci
devient une injure publique. Ou je serai témoin le 7, ou
vous me rendrez raison.

VIGEANT.

« Mon cher Vigeant,

« Jusqu'au 7 mars, je ne m'appartiens pas ; mais, le 8,
nous pourrons reprendre cette petite conversation.

MÉRIGNAC.

« Mon cher Mérignac,

« Enchanté de vous être agréable. Entendu pour le 8
mars.

VIGEANT. »

La situation était, comme l'on dit, extrèmement
tendue. Des témoins furent constitués : MM. de Villeneuve et d'Ezpeleta, pour Mérignac ; Cornudet et de

Saint-Arroman, pour Vigeant. Malgré leur bon vouloir et en présence des lettres que l'on vient de lire, ils furent forcés de déclarer qu'il fallait qu'on se battît. Et les conditions furent ainsi fixées : le duel aura lieu à l'épée, le 8 mars. Les reprises dureront cinq minutes; le combat cessera dès que l'un des deux adversaires sera dans l'impossibilité de continuer.....

Que se passa-t-il dans les vingt-quatre heures qui suivirent? Quels amis dévoués intervinrent auprès des deux maîtres pour leur faire entendre raison et les déterminer à abandonner leur déplorable projet? Toujours est-il que les journaux du 3 mars publiaient le document suivant :

« En raison de la publicité donnée par la presse aux détails de l'affaire Vigeant-Mérignac, les quatre témoins ont estimé qu'il était impossible d'en ajourner la solution après l'assaut du 7 mars, comme il avait été convenu.

« Ils se sont réunis de nouveau, le lundi 2 mars, à trois heures, et ils ont pris, à l'unanimité, la décision suivante :

« Il n'y a pas eu injure.

« L'honneur des parties est hors de cause.

« En conséquence, il n'y a pas lieu à rencontre.

« Fait double à Paris, le 2 mars 1891.

Pour M. Vigeant :

E. CORNUDET.
R. DE SAINT-ARROMAN.

Pour M. Mérignac :

Baron A. D'EZPELETA.
H. DE VILLENEUVE.

Duels d'hommes d'État

Ceux-là sont ordinairement de pure convenance. Pour être premier ministre on n'en est pas moins homme, et parfois, — rarement d'ailleurs, car grandeur oblige, — la vivacité de la discussion politique s'élève à un tel diapason qu'il faut aller sur le terrain, plus encore pour la galerie que pour l'honneur.

En octobre 1849, Adolphe Thiers qui n'était pas encore le premier président de notre troisième République, dut, pour une cause de ce genre, échanger une balle avec M. de Bixio. Ni l'un ni l'autre ne fut blessé, mais les mauvais plaisants prétendirent que c'était parce que M. Bixio n'avait pas visé à hauteur d'homme.

Bien des années auparavant, Thiers n'était alors qu'étudiant à Aix, lorsqu'il s'éprit d'une belle Provençale à laquelle il jura classiquement une éternelle fidélité : puis il partit pour Paris, et bientôt oublia ses serments. Le père de la jeune fille n'eut pas d'autre moyen de les lui rappeler que de lui offrir un duel au pistolet : Thiers accepta, et tandis qu'il tirait en l'air, reçut une balle dans son chapeau. Une fois de plus, le défaut de taille le servit, car sans doute, la balle était destinée à la poitrine qui renfermait un cœur alors si volage.

Un duel plus politique fut celui de Gambetta et de M. de Fourtou, le 22 novembre 1877, au sortir de la

Duel FLOQUET-BOULANGER

crise du 16 Mai. A certaines allégations apportées à la
tribune par ce dernier, Gambetta avait nettement
répondu : « C'est un mensonge ». L'affaire ne put
s'arranger, mais les témoins placèrent leurs clients à
trente pas, si bien comptés, le commandement fut si
rapide, que les deux balles se perdirent dans l'air,
à distance fort respectable de ceux qu'elles avaient
mission d'atteindre.

Les causes qui amenèrent une rencontre entre
M. Floquet, président de la Chambre des députés et
le général Boulanger, n'étaient pas seulement dues à
quelques propos trop vifs, tenus en pleine séance,
— où il était question de sacristie et d'antichambre,
d'un côté, de pion mal élevé, de l'autre : c'étaient
deux politiques aussi opposés et irréconciliables que
possible qui se trouvaient face à face et se heurtaient ;
aussi ne tenta-t-on même pas « d'arranger l'affaire ».
Les témoins furent : pour M. Floquet, MM. Clémenceau
et Georges Périn ; pour le général, MM. Laisant et
Le Hérissé. La rencontre eut lieu, le 13 juillet 1888, à
Neuilly. dans la propriété du comte Dillon qui était
à cette époque le plus ferme soutien du boulangisme.

On peut dire que tout Paris fut haletant durant cette
matinée là. Le duel était fixé pour dix heures ; dès
midi, les journaux annoncèrent le résultat : le général
Boulanger grièvement atteint à la gorge ! C'était vrai :
Après quelques passes, l'épée de M. Floquet, n'avait
en quelque sorte, rien eu à faire pour pénétrer profondément dans la gorge du général, qui s'était engagé
à fond avec autant de fougue que... de maladresse.

Ni le boulangisme, ni le général, on le sait, ne moururent ce jour-là : pour l'un et l'autre, cette fin-là n'aurait-elle pas mieux valu ?

Rappelons, pour ne rien omettre, que deux années auparavant, le général Boulanger, alors ministre de la guerre, avait échangé une balle sans résultat avec M. de Lareinty, à la suite de la discussion orageuse que provoqua le décret d'expulsion du duc d'Aumale.

Les Duels Boulangistes

La statistique nous dira-t-elle quelque jour de combien de rencontres, plus ou moins dramatiques, plus ou moins sanglantes, furent assaisonnées les dernières luttes du boulangisme? Chose singulière! au temps où la lutte des partis était le plus ardente, on ne se battit guère qu'à coups de plumes, mais plus tard, quand l'anti-boulangisme eut remporté la série de victoires qui devait réduire ses ennemis à l'impuissance, la série des duels commença, mais ce fut entre boulangistes... et boulangistes. MM. Déroulède, Rochefort, Laguerre, Mermeix, Thiébaud, c'est-à-dire les champions principaux du général, généraux du parti plus encore que leur chef, commencèrent d'échanger des cartels entre eux ou avec leurs amis politiques de la veille, au grand émerveillement de leurs ennemis politiques de l'avant-veille.

Cela se passa vers la fin de l'année 1890. La publication

des *Coulisses du Boulangisme* mit le feu aux poudres,
surtout quand l'auteur, resté anonyme d'abord, se fit
connaître : c'était M. Mermeix, député du VIIe arron-
dissement de Paris. Il se battit avec un journaliste qui
avait fait d'abord campagne avec lui, M. de la Bruyère ;
un incident fâcheux se produisit pendant le duel :
l'un des témoins, croyant voir ce dernier blessé,
s'interposa pour arrêter le combat ; l'épée de l'adversaire était déjà lancée et vint, cette fois, faire une
réelle blessure à l'antagoniste désarmé. On en discou-
rut beaucoup, et les vilains mots de lâcheté, de mauvaise foi furent prononcés. Nous nous garderions bien
de les accréditer à la légère. Il faudrait n'avoir jamais
fait assaut pour ignorer de quelle impétuosité nerveuse
et irresponsable un escrimeur est capable, et jusqu'à
quel point, dans certains duels, la passion se met de
la partie plus encore qu'à la salle d'armes.

Deux mois après, M. Mermeix se battait encore
avec un boulangiste, M. Dumonteil, qui lui fit à la
poitrine une blessure légère en apparence, mais assez
grave en réalité pour que sa santé générale eût été
longtemps compromise, et que oncques depuis il ne se
soit battu.

Puis ce fut, en même temps (13 novembre 1890) le
duel de MM. Déroulède et Laguerre. Des propos offen-
sants avaient été échangés entre eux dans l'enceinte
parlementaire du Palais-Bourbon ; un duel fut décidé
dont il importe de citer textuellement les conditions,
on va voir pourquoi : « 1° La rencontre aura lieu au
pistolet de combat et au commandement. — 2° Dans

le cas où les premières balles n'auraient pas donné de résultat, deux nouvelles balles seront échangées. — 3° Les combattants seront placés à une distance de trente pas ».

Il avait été décidé que l'on se battrait en Belgique, mais la gendarmerie veillait, et ce fut toute une affaire que de trouver un endroit tranquille et propice. On le découvrit enfin dans les environs de Charleroi. Le combat fut marqué par un incident fort rare dans les annales du duel : M. Laguerre ayant tiré sa première balle sans résultat, M. Déroulède tira en l'air, ce qui n'empêcha pas M. Laguerre de viser pour la seconde balle, ni M. Déroulède de tirer de nouveau en l'air.

L'attitude des deux combattants et de leurs témoins a été, à ce sujet, fort commentée. On a généralement trouvé celle de M. Déroulède trop chevaleresque, et il est de fait qu'il est bien inutile d'emmener à 60 lieues de leurs affaires un adversaire et quatre témoins, si l'on est résolu à ne vouloir tuer ou blesser qu'un moineau belge. D'autre part, on a dit qu'après la première balle échangée, M. Laguerre aurait dû imiter la réserve courtoise de son antagoniste et, lui aussi, tirer en l'air ou abandonner la partie. Les avis sont partagés et nous laisserons au lecteur le soin de décider ce qu'il eût fait en pareille occurrence. C'est affaire de tempérament, et la bravoure n'a rien ou presque rien à y voir.

MM. Déroulède et Laguerre n'en furent pas moins écroués sur la paille des cachots humides de Charleroi,

Duel d'Armand Carrel et d'Emile de Girardin, au bois de Vincennes
(22 juillet 1836)

(d'après des gravures de l'époque, conservées à la Bibliothèque Nationale.)

où on les garda quelques jours, soumis à un régime assez dur. Quelques mois plus tard, le tribunal les condamna à une peine simplement pécuniaire.

Il y eut aussi le duel-odyssée de MM. Rochefort et Thiébaud, se poursuivant sur les frontières de la Hollande et de la Belgique pour donner le change aux gendarmes et se rencontrant enfin en un lieu sûr, où M. Thiébaud reçut un coup d'épée sans gravité. Il y eut encore bien d'autres duels boulangistes, d'un intérêt moindre, mais que chanteront peut-être un jour les Homère du parti. Il n'y en aura plus désormais, croyons-nous, car pour un duel il faut être deux.....

Duels de plume et d'épée. — Duel d'Armand Carrel

Parmi les duels qui, sous le règne de Louis-Philippe, frappèrent le plus l'opinion, il faut citer en première ligne celui d'Armand Carrel et d'Emile de Girardin. Duel de journalistes ! disaient les sots ; il se terminera, comme tous les autres, par un bon déjeûner. Cette fois là, comme bien d'autres avant et depuis, il se termina par un convoi funèbre.

La cause de la rencontre était plus que futile ; le *National*, dirigé par Carrel, avait pris parti dans une polémique entre le journal d'Emile de Girardin, « *La Presse*, journal à 40 francs, et *Le Bon Sens*, journal à 80 francs », ainsi que dit le *Journal de Paris* d'alors.

La réplique de Girardin fut tellement vive que Carrel dut envoyer des témoins.

Le duel eut lieu dans le bois de Vincennes, — alors inculte et hérissé, un vrai bois, — aux environs de Saint-Mandé, le 22 juillet 1836. Les conditions furent : pour l'arme, le pistolet ; pour les distances, quarante pas, avec la faculté d'en faire chacun dix. Carrel parcourut en hâte les dix pas auxquels il avait droit, — et visa ; Girardin n'en avait fait que trois, tout en ajustant. Les deux détonations furent pour ainsi dire simultanées et en même temps, une double exclamation retentissait : chaque balle avait porté, et les deux combattants gisaient sur le sol, Carrel blessé à l'aine, et Girardin à la cuisse. La blessure de Carrel était des plus graves. Il eut cependant la force de dire à son adversaire : « Souffrez-vous, Monsieur de Girardin ? — Je désire que vous ne souffriez pas plus que moi », répondit ce dernier. — « Adieu, Monsieur, je ne vous en veux pas », dit Carrel. On l'emporta à Saint-Mandé.

L'infortuné eut une agonie terrible, qui dura plus de quarante-huit heures. Ses amis pleuraient autour de son lit et souhaitaient que la mort vînt. Elle vint enfin le délivrer. On l'enterra dans le cimetière de Saint-Mandé, où une statue de David d'Angers décore la tombe de cet homme de talent et d'honneur, mort victime du point d'honneur.

ÉMILE DE GIRARDIN (1836)

(d'après un croquis du temps conservé au Cabinet des Estampes de la Bibliothèque Nationale).

Le parapluie de Sainte-Beuve

Il arrive parfois que les hommes de la plus pacifique
humeur peuvent être exposés à l'ennui d'un duel. Ils
ne vont pas au-devant, mais ils ne se laissent pas
effrayer par les conséquences et souvent ce sont eux
qui, sur le terrain, font la meilleure figure. Ce fut, un
jour, le cas de Sainte-Beuve.

L'auteur des *Causeries du Lundi* était jeune alors,
il est vrai ; c'était peu après 1830, et l'ardeur du sang
n'avait pas encore été tempérée en lui par les austè-
res études qu'il fit depuis sur les Jansénistes et Port-
Royal. Une discussion s'élève dans les bureaux du
Globe, où il écrivait ; elle s'envenime et son rédacteur
en chef, M. Dubois, laisse échapper une grossière
injure. On se battra le lendemain, au pistolet. Sainte-
Beuve fut exact au rendez-vous. Il pleuvait : à la
grande surprise des cinq assistants, Sainte-Beuve
accepte un pistolet dans la main droite, mais sans
abandonner son parapluie qu'il brandit tout ouvert de
la main gauche. « Je veux bien être tué, dit-il, mais
non mouillé ». Quatre balles furent échangées, d'ailleurs sans résultat.

Plus tard, le critique-sénateur aimait à conter cette
anecdote. Et, disait-il, « c'était à qui avait envie de
tuer l'autre ; on se battait sérieusement en ce temps-
là ; on ne s'envoyait pas des balles dans une boîte
d'acajou ».

Un Duel de Monselet

Si l'on ne s'attendait pas à rencontrer Sainte-Beuve classé parmi les duellistes, on sera plus surpris encore d'y trouver Monselet, cet exquis lettré, ce fin gourmet, trop tôt disparu. Il se battit cependant une fois, avec Barrière, l'auteur dramatique bien connu, et comme lui-même a raconté le combat dans ses *Petits Mémoires littéraires*, nous aurions bien tort de priver le lecteur de cette page charmante :

« J'ai échangé, en effet, un coup d'épée avec Théodore Barrière, à la suite d'une altercation survenue à une première représentation, à l'ancienne Gaîté du boulevard du Temple. Tout a été dit sur le caractère de Barrière : je n'y reviendrai pas. Il croyait avoir à se plaindre de la sévérité d'un compte-rendu que j'avais fait d'une de ses pièces les moins réussies, la *Maison du Pont Notre-Dame*, et il prétendait m'interdire mon droit de critique à l'avenir.

« Dès les premiers mots, la querelle avait pris un tour tel que le choix des armes devait revenir sans conteste à Théodore Barrière. Il constitua sur le champ ses témoins, qui étaient MM. Léon Sari et Cochinat. Moi, je courus, dès le lendemain matin, chez mes amis, Albert de Lasalle et L'Herminier. Ainsi que je l'avais prévu, l'arme réclamée fut l'épée de combat, et le lieu de la rencontre fut fixé au bois de Meudon. J'employai le reste de ma journée à une visite prolongée au bon

(d'après une lithographie conservée au Cabinet des Estampes de la Bibliothèque Nationale).

Grisier et à son prévôt Barrier, lesquels ne me dissimulèrent pas que ma force à l'escrime était au-dessous de la moyenne.

« A dix heures et demie le lendemain matin, par le plus beau temps du monde, Théodore Barrière et moi nous mettions habit bas dans une jolie clairière de Meudon, à deux pas de la maison de campagne de M. Charles Edmond. Des gendarmes survinrent, qui nous enjoignirent d'avoir à cesser toutes hostilités ; ils promettaient de ne pas dresser procès-verbal si, de notre côté, nous nous engagions à ne pas donner suite à nos projets de combat. Nous promîmes tout ce qu'ils voulurent, en les envoyant au diable.

« Certains d'être filés, nous revînmes à Paris où nous prîmes deux voitures qui nous transportèrent à Nogent-sur-Marne. Un canot nous aborda à l'île de Beauté, où M. Léon Sari connaissait un terrain tout à fait propice. Toutes ces allées et venues avaient pris pas mal de temps ; mais nous avions l'horreur d'une rentrée ridicule.

« Le soleil manifestait déjà l'intention de se coucher ; on tira les places au sort : je ne fus pas avantagé. Hâtons-nous de dire que je reçus une blessure à la main. Il ne fut pas le moindrement question d'un rapprochement entre Barrière et moi : chacun de nous avait le dépit d'avoir perdu à si mauvaise et si inutile besogne cette magnifique journée d'été. Après les saluts, on regagna, avec ses témoins, le chemin de fer. Toutefois, tous les deux, nous emportions un peu plus d'estime l'un pour l'autre.

« La réconciliation, retardée par tous les hasards de la vie parisienne, n'eut lieu que quatre ans après, à Bade : elle fut sincère et durable.

« J'allais oublier de dire que cette aventure eut son dénouement naturel devant la police correctionnelle. Mᵉ Desmarest parla pour Barrière ; l'élégant Carraby s'était chargé de ma défense. J'en eus pour deux cents francs d'amende sur le délit de coups et blessures ; Théodore Barrière en fut quitte à cent francs seulement pour cause de duel. Les témoins ne furent pas inquiétés.

« Voilà les détails, rigoureusement exacts, de cette équipée de jeunesse. On trouvera le reste dans tous les journaux du temps ; il y est question, entre autres choses, d'une paire de bretelles et d'un déjeûner fantastique. Je ne vous engage pas à tout accepter aveuglément ; dans le plus mince duel, quoiqu'on raille, il y a toujours la part de l'inconnu et de la fatalité ».

Monselet a bien raison. Et cependant comme il serait à souhaiter que tous les duels fussent aussi aimables et aimablement racontés que le sien !

Raconter tous les duels littéraires que l'invention de l'imprimerie a engendrés serait chose impossible, ou, à coup sûr, tout-à-fait fastidieuse. Sachons donc nous borner et n'en rappeler que quelques-uns.

Sous Louis-Philippe, la rencontre entre deux écrivains, journalistes boulevardiers du temps, Dujarrier et Beauvallon, fit grand bruit. Le premier, dont l'inexpérience en matière d'armes était notoire, fut tué net d'une balle reçue en plein visage. L'affaire vint aux

Affaire Dujarrier - Beauvallon

D'après Pauquet.

Assises, et de ce fait Beauvallon fut acquitté ; mais le ministère public retint contre lui et l'un de ses témoins le crime de déloyauté (ils avaient affirmé, sur l'honneur, que les pistolets n'avaient pas été essayés, et cela fut reconnu faux) : tous deux furent condamnés à huit années de réclusion ; la Révolution de 1848 vint à point pour leur épargner l'ennui de les subir. On peut lire dans les *Causes célèbres* la relation détaillée du procès et les dépositions, amusantes plutôt que dramatiques, d'Alexandre Dumas père et fils, celle de Roger de Beauvoir, de Granier de Cassagnac, etc., etc.

En fait de duels d'hommes de lettres, rappelons rapidement ceux d'Amédée Achard et de Fiorentino (mai 1850) où Achard fut gravement blessé ; — de Ponsard et de Taxile Delord (mars 1852), d'Henri de Pène contre un officier, puis, sur le terrain même, — par une suprême incorrection, — contre l'un des témoins de cet officier, pour avoir imprimé dans un journal que tous les sous-lieutenants de l'armée n'avaient pas l'élégance de Brummel ; Pène reçut une blessure quasiment mortelle, et c'est miracle s'il en réchappa.

Citons encore le dramatique duel d'Alexandre Pouchkine, l'un des grands poètes de la Russie et du marquis d'Anthes, un de ses parents, où il s'agissait de venger l'honneur d'une femme ; Pouchkine y fut frappé à mort.

Parmi les duels innombrables des journalistes, nous retiendrons enfin celui (septembre 1882) de MM. de Massas et Dichard où, le premier, reçut la mort.

L'émotion fut très vive dans la presse ; mais depuis, y a-t-il eu pour cela un article agressif de moins, une occasion évitée d'exposer deux hommes au sort du malheureux Massas ?

Nous voudrions terminer ce chapitre sur une impression moins triste et dans un livre où il ne peut être question que de sang versé ou à verser, laisser au lecteur le souvenir gai du duel qui *faillit* avoir lieu entre deux de nos contemporains, illustres chacun dans son genre : Rodolphe Salis, l'inclyte cabaretier du *Chat Noir* et le Sâr Peladan, personnage mystique et magique. Un différend s'était élevé entre eux, et Salis voulait le vider dans le sang. Il envoya deux de ses amis au Sâr, mais ceux-ci revinrent bredouille, comme on dit, avec un refus catégorique, basé sur les raisons suivantes, que tous les journaux du 30 avril 1891 ont publiées :

« Mon cher Salis,

« A la suite d'une lettre signée Sar Peladan, parue dans la *France*, et par laquelle vous vous trouviez insulté, vous nous avez chargés de demander audit Sar une rétractation ou une réparation par les armes.

« En conséquence, nous nous sommes présentés ce matin chez le Sar Peladan et lui avons exposé l'objet de notre visite. Le Sar nous a répondu qu'il ne vous devait pas d'excuses, parce que vous aviez la priorité d'insulté. Quant à la réparation par les armes, le Sar ne consent pas davantage, pour les raisons qui suivent :

« 1° Quoique bon catholique, se trouvant en délicatesse

ALEXANDRE PUSCKINE

avec la cour de Rome, il encourrait infailliblement, en cas de duel, l'excommunication papale.

« 2° A cause de certains pouvoirs occultes, il est sûr de vous tuer, ce qui constituerait un assassinat.

« 3° Cet assassinat entraînerait pour lui l'Impureté Hermétique, et comme il n'existe pas en ce moment de Collège Magique pour le purifier, le Sar ne se soucie pas d'une pareille tare.

« Ayant pris bonne note de ces raisons, nous avons consideré, mon cher Salis, notre mission comme terminée et nous vous prions d'agréer l'assurance de nos meilleurs sentiments ».

ALPHONSE ALLAIS.
MAURICE DONNAS.

Paris, le 30 avril 1891.

Il faudrait avoir bien mauvais caractère pour ne pas être convaincu et désarmé par d'aussi excellents arguments. Pourquoi les choses ne se passent-elles pas toujours aussi plaisamment ?

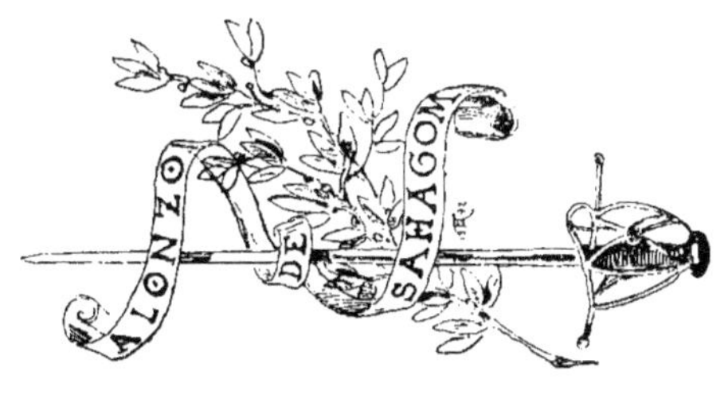

TROISIÈME PARTIE

CODE DU DUEL

I

DE LA LÉGITIMITÉ DU DUEL

Le duel, qui est, pour les uns, un moyen indispensable de dénouer toutes les affaires d'honneur, et pour les autres la plus barbare des coutumes, ne mérite ni les éloges de ceux-là, ni le jugement sévère de ceux-ci. Le duel employé sans raisons, sans garanties, devient facilement une lutte à deux où triomphe le plus fort ; mais lorsqu'il est motivé par des faits graves, reconnus tels par des hommes sérieux, réfléchis, compétents, qu'il a lieu dans des conditions déterminées, arrêtées d'avance, c'est le moyen souvent le plus sûr et le plus convenable de résoudre des différends qu'il ne serait pas, dans certains cas, sans inconvénients de soumettre aux tribunaux ordinaires.

Ici se pose une question qui a fait l'objet de bien de controverses. Le duel, en lui-même, est-il légitime? On peut traiter la question à deux points de vue. Au point de vue moral, au point de vue juridique.

Les philosophes, en général, réprouvent l'idée du duel ; la religion le condamne même à l'égal du suicide et de l'assassinat, et l'appelle un crime. La théologie peut, par des arguments de pure casuistique, démontrer que tout duel est une tentative d'assassinat : il n'est pourtant venu à l'idée de personne, de voir dans une rencontre sérieuse, au cas même où cette rencontre aurait eu une suite fatale pour l'un des deux combattants, il n'est venu, dis-je, à l'idée de personne, de voir dans ces deux adversaires, un assassin et une victime.

Que la religion frappe de ses foudres les duels tristement célèbres du Pré aux Clercs, où l'on se battait souvent uniquement pour le plaisir de se battre, elle sera d'accord avec les exigences de la nature humaine et de notre organisation sociale. Qu'elle stigmatise l'homme qui se sert de son habileté aux armes, pour épouser les querelles de quiconque le paye, tous les honnêtes gens penseront comme elle. Mais que pour des cas particuliers, devenus fort rares à notre époque, elle condamne irrévocablement l'idée même du duel, elle ne sera jamais en cela d'accord avec le bon sens et la logique.

Le duel, au sens littéral et légal du mot, est un combat entre deux personnes, combat dont les conditions sont déterminées d'avance. Cette définition, généralement admise par les juristes et par les moralistes, implique en elle-même une sorte d'égalisation des chances données aux deux adversaires, en tenant compte, bien entendu, des droits de l'offensé. Ainsi compris, et toutes ces conditions étant scrupuleusement observées, contrôlées par des personnes absolument honorables, le duel peut, dans certains cas, être considéré comme légitime.

Il est néanmoins admis que le duel n'est qu'un préjugé ayant pris naissance dans une notion plus ou moins fausse du point d'honneur, considéré lui-même comme préjugé.

Cette dernière opinion paraît être juste, puisque chez les anciens, qui se faisaient une toute autre idée que nous de l'honneur, les combats singuliers n'existaient pas, en dehors, bien entendu, des combats de gladiateurs où l'honneur des adversaires n'était nullement en cause. Il serait plus juste de dire que chez eux, le point d'honneur n'existait pas. Chez eux, l'honneur était quelque chose que n'entamaient ni l'offense, ni l'injure, ni l'injure suivie de voies de fait, considérée actuellement comme le motif le plus sérieux de duel. L'outrage retombait sur celui qui l'avait commis, et l'outragé ne souffrait, en aucune façon, de l'offense à lui faite. Cette théorie était, d'ailleurs, admise par les philosophes les plus illustres, et Socrate répondait à ses disciples qui s'étonnaient de ce qu'il eut reçu un coup de pied, sans rien dire : « Si un âne l'avait fait, je souffrirais davantage et je ne pourrais pourtant pas lui en demander raison ». Et une autre fois, ayant reçu un soufflet : « c'est dommage, s'écriait-il, qu'on ne sache jamais, à l'avance, quand il serait utile de mettre un casque ». Gardant ainsi les coups de pied et les soufflets reçus, mais s'assurant les rieurs de son côté. Plus curieuse encore fut la conduite du cynique Cratès. Il avait, dans une bagarre, reçu d'un certain Nicodromos, une maîtresse giffle qui laissa sur sa figure l'empreinte des doigts. Que fit-il ? Il se mit sur le front un parchemin sur lequel on lisait ces mots : « C'est Nicodromos qui a fait cela », couvrant ainsi ce dernier de ridicule aux yeux de ses concitoyens.

De même, le fait de ne pas répondre à une provocation, n'était nullement considéré comme un manque de courage ; c'est ainsi que nous voyons, chez les Romains, Marius répondre par ces mots à un défi que lui avait adressé un chef Teuton : « S'il est las de vivre, qu'il se pende ; s'il désire se battre, voilà un gladiateur invalide, contre lequel il pourra lutter autant qu'il lui plaira ».

Les théologiens qui ont frappé le duel d'un ostracisme absolu ne raisonnent pas autrement. Répondez, disent-ils, par le mépris aux provocations que l'on vous adressera, et vous verrez bientôt disparaître jusqu'à la race des provocateurs. Cet argument, très simple en apparence, est, dans bien des cas, inapplicable dans la pratique. La réponse par le mépris sera

comprise, si elle s'adresse à un homme sans considération et sans honorabilité. Mais lorsque le provocateur est un homme à l'abri de tout soupçon, une fin de
non recevoir de la part de l'offensé sera toujours considérée comme une lâcheté.

En effet, notre tempérament s'accommoderait mal
de ce qu'il peut considérer comme une compromis-
sion à l'honneur. Chez nous, les rieurs ne seraient
pas du côté de Socrate, et Cratès risquerait fort de
voir le mépris public se retourner contre lui.

Reste le moyen que proposent encore les théologiens ; ne tenir aucun compte de l'opinion publique,
du qu'en dira-t-on. C'est ce que recommandait le
Pape lui-même ; à propos des duels trop fréquents
qui se produisaient en Allemagne et en Autriche, il
écrivait aux évêques de ces pays, une lettre dont nous
citerons quelques extraits :

«... On saurait tout aussi peu justifier l'acceptation
d'un duel par le motif qu'on appréhende le reproche
de lâcheté. Si au lieu de l'éternel principe du droit et
de la justice, l'opinion variable et souvent fausse de
la foule devait régler le devoir de la société, il n'y
aurait plus de différence naturelle et réelle entre les
bonnes et mauvaises actions. Il y a bien plus de
courage à mépriser le jugement fallacieux et caduc de
la foule et à accepter un affront qu'à se laisser entraîner à l'oubli de ses devoirs... ».

Et plus loin, le pape conclut ainsi : « Les temps
modernes se vantent d'avoir surpassé par leur civilisation raffinée les siècles antérieurs, et on regarde

avec dédain les institutions d'autrefois. Comment se fait-il donc qu'avec cet enthousiasme humanitaire des temps modernes, on ne déteste pas le duel, triste reste d'un temps grossier de barbarie étrangère ? »

Rien n'est plus exact, mais que peuvent les paroles, même d'une bouche infaillible, contre un fait, nous allions dire une institution, qu'il faut à peu près désespérer de voir s'effacer de nos mœurs !

Comme nous l'avons dit plus haut, étant données nos mœurs et l'idée que nous nous faisons de l'honneur, il est des cas où le duel est indispensable. Ce que l'on appelle un préjugé peut être, dans certaines occasions, un préjugé légitime et contre lequel la logique même ne pourra jamais prévaloir. Cette légitimité du duel résulte de l'état de nos mœurs et de notre esprit, qui pourront se modifier dans un avenir plus ou moins prochain. C'est un souhait dont on ne saurait désirer trop tôt la réalisation. Mais hélas ! nous croyons que bien des années passeront encore avant que notre nouvelle éducation ne soit faite, avant que l'on ne se croie plus offensé d'une injure grave reçue.

A notre époque, un bien grand progrès a déjà été réalisé ; le duel, j'entends le duel sérieux, n'a lieu maintenant qu'après des pourparlers ayant démontré jusqu'à l'évidence qu'il n'y a aucun moyen d'éviter une rencontre. C'est d'ailleurs un devoir sacré pour les témoins de rechercher tous les moyens possibles de réconciliation, et ce n'est que lorsque tous ces moyens ont été épuisés, que la rencontre doit être décidée.

Au point de vue strictement juridique, le duel est condamnable. Dans la pratique, lorsque le duel a eu lieu dans des conditions de loyauté incontestables, lors même qu'il aurait eu une issue fatale, adversaires et témoins sortent, la plupart du temps, indemnes du tribunal, qui consacre ainsi en quelque sorte la légitimité du duel que le Code condamne.

Cette théorie, on l'a vu plus haut, était admise par la commission chargée de la révision du Code pénal Vaudois, dans sa réunion du 18 février 1882 ; elle insérait dans ce Code une disposition qui, tout en condamnant l'idée du duel, l'admettait dans certains cas.

Que le duel soit un mal, là n'est point la question, et, si facile que soit la réponse, disons plutôt que c'est un mal nécessaire. Il nous a donc paru utile de réunir ici toutes les règles à observer pour qu'un duel ait lieu dans des conditions tout-à-fait irréprochables, de condenser l'opinion des meilleurs écrivains qui se sont occupés de la matière, pour faire un Code du duel aussi complet que possible.

C'est le but de cette dernière partie de notre ouvrage.

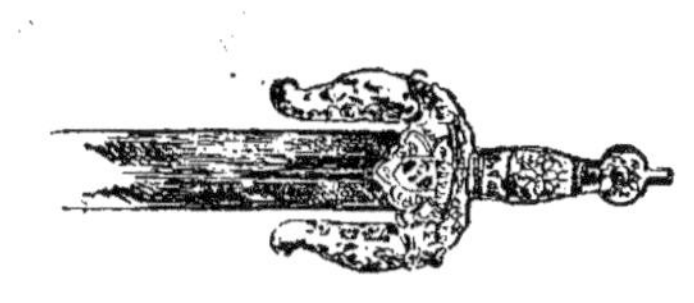

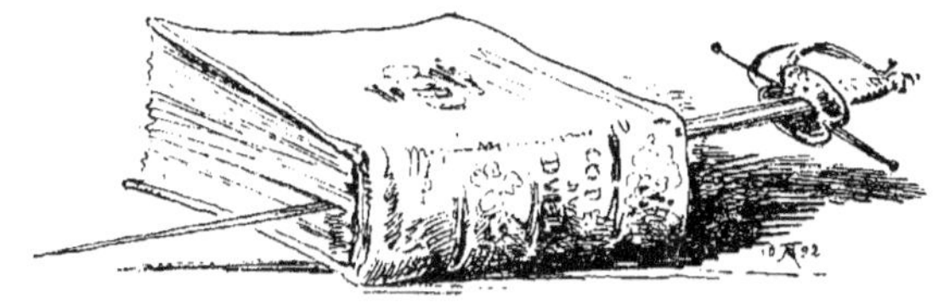

DE L'OFFENSE. — CARACTÈRES DE L'OFFENSE.

DROITS DE L'OFFENSÉ

Puisque le duel est, dans certains cas, indispensable, il conviendra, d'abord, de bien déterminer quels sont les faits qui peuvent le motiver. Ces faits sont de nature différente, suivant qu'ils s'adressent à telle ou telle personne. En règle générale, le duel est motivé par une offense.

Dans son Code du duel, Châteauvillard définit ainsi l'offense qui peut amener une rencontre : « Toute parole, tout écrit, dessin, geste, coup, blessant l'amour-propre, la délicatesse ou l'honneur d'un tiers ».

On admet trois catégories dans l'offense ; l'offense simple, l'offense avec insulte ou l'offense grave, l'offense avec coups et blessures.

L'offense simple est constituée par une injure n'ayant pas pour effet d'entacher l'honneur de celui qui la reçoit : un mot peu parlementaire dans une discussion trop vive, un qualificatif violent dans un moment de colère, une plaisanterie déplacée. Dans ces circonstances, le duel peut, à notre avis, être souvent évité. Un peu de bonne volonté de la part de l'offenseur, de générosité de la part de l'offensé, de tact et de convenance de la part des témoins, et l'affaire est facilement arrangée.

L'offense grave est celle qui attaque l'homme dans sa dignité, son honneur. Ici, quoiqu'un moyen de conciliation soit bien difficile à trouver, le duel doit toutefois n'être employé qu'après que toutes les tentatives pour l'empêcher auront été essayées. Lorsque cela est possible, l'affaire doit être réglée par la voie judiciaire, le duel devant être toujours envisagé comme l'extrême ressource.

Le dernier degré dans l'offense, c'est-à-dire l'insulte suivie de voies de fait, n'admet aucun moyen de conciliation et dans cette circonstance, le duel nous paraît en quelque sorte fatalement indispensable, si, bien entendu, les deux adversaires appartenant à la même classe de la société, peuvent se mesurer ensemble.

L'offense est personnelle et ne peut être relevée que par celui qui l'a reçue. Toutefois, un fils peut se substituer à son père, si celui-ci est trop faible ou trop âgé, un neveu à son oncle, dans les mêmes conditions, enfin un frère peut prendre la place de son frère, si celui-ci est mineur.

L'offense adressée à une famille ne peut être vengée que par un seul membre de cette famille. Adressée à une collectivité de personnes, c'est au sort à désigner celui qui doit la relever.

Lorsqu'une offense est commise par plusieurs personnes envers un seul individu, celui-ci a le droit de choisir son adversaire parmi ses offenseurs. Dans le cas d'offenses successives, la primauté de réparation appartient naturellement à la personne qui a reçu l'offense la plus grave.

Si l'offense est suivie d'une injure, c'est le premier injurié qui est l'offensé. Si, à une simple injure, il est répondu par une injure grave, celui qui reçoit cette dernière prend le droit de l'offensé. Si l'injure est suivie de voies de fait, c'est celui qui a été frappé qui est l'offensé. Lorsqu'une voie de fait est suivie également de voies de fait, le premier frappé est l'offensé.

La blessure résultant de voies de fait n'est pas considérée comme une aggravation de l'offense. Ainsi, quand un coup est suivi d'un coup ayant occasionné une blessure, c'est toujours celui qui a été frappé le premier qui demeure l'offensé.

Pour une même offense, une seule réparation est exigible.

Les droits de l'offensé varient avec la gravité de l'offense : ainsi l'offense simple donne le choix des armes, l'offense avec insulte, le choix du duel et des armes ; l'offense avec voies de fait, le choix du duel, des armes et des distances. Il demeure toutefois bien entendu que, seuls, les duels ordinaires peuvent être proposés, et que tout adversaire a le droit de refuser un duel exceptionnel.

Les règles que nous venons d'énoncer ne doivent pas être rigoureusement prises au pied de la lettre. Il est des cas particuliers où ces règles admettent des exceptions. Tel le cas d'un fils qui voit gravement insulter sa mère et qui répond à cette insulte par une voie de fait. L'opinion de M. Tavernier nous semble la vraie : d'après lui, la qualité d'offensé n'en resterait pas moins à celui qui a frappé, par suite des circonstances dans lesquelles se sont produites et l'offense et la riposte accompagnée de voies de fait.

Il y a enfin des cas où les adversaires ne peuvent faire connaître les motifs de la rencontre. Il ne saurait ici y avoir évidemment ni offenseur, ni offensé, l'offense n'étant pas connue.

Dans ce cas, les témoins ne peuvent autoriser le duel qu'après avoir exigé de leurs clients une déclaration faisant connaître que les motifs du duel ne peuvent être divulgués pour des raisons impérieusement intimes. Cette déclaration doit même n'être accueillie qu'avec beaucoup de circonspection, et dans aucun cas, les témoins ne sauraient se prêter à une déclararation qui cacherait des différends d'un ordre tout à fait secondaire ou des questions d'argent.

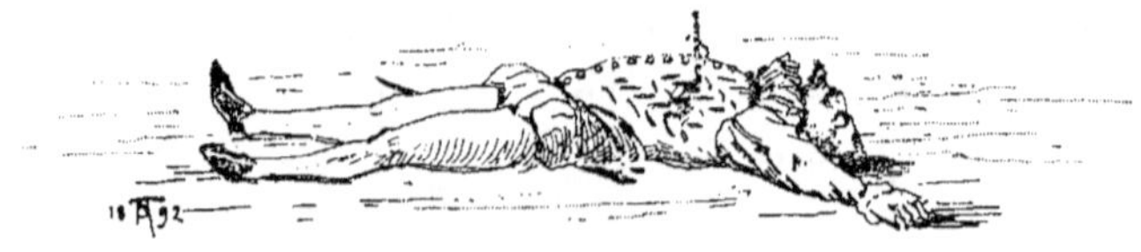

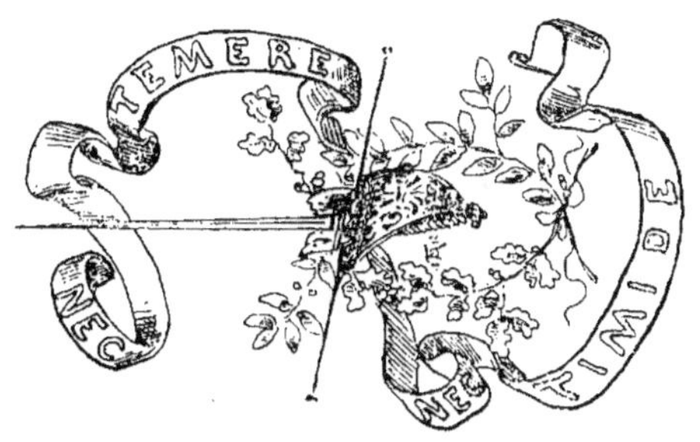

III

Nous touchons à une des questions les plus délicates du duel, peut-être la plus délicate, c'est-à-dire la constitution des témoins. On ne saurait trop insister sur l'importance dévolue à ces deux mandataires, dont le choix est des plus difficiles.

En dehors d'une honorabilité parfaite et incontestée, le vrai témoin doit encore posséder au suprême degré le tact, si nécessaire dans ces questions. Il doit être sérieux, réfléchi, et posséder toute la confiance de son mandant. Il doit, en outre, connaître autant que possible la science des armes, avoir déjà assisté ou pris part à un duel. Chez lui, la fermeté devra toujours s'allier à l'esprit de conciliation. Voilà bien des qualités qu'il est assez rare de trouver réunies dans un seul homme ; ce qui explique que le « bon témoin » n'est pas aussi commun qu'on le croit généralement.

Quiconque reçoit une offense, doit immédiatement constituer deux témoins qui demanderont réparation en son lieu et place. Cette demande ne doit jamais, sans raisons suffisantes, se produire après un délai de 24 heures; la réponse doit se faire dans le même délai.

Ne peuvent être témoins : les personnes ayant participé à l'offense, ou les parents au premier degré.

Les témoins de l'offensé doivent se rendre chez l'offenseur pour lui demander les noms de ses témoins, ou directement chez ces derniers, si les témoins ont été constitués immédiatement après l'offense.

Les premiers pourparlers engagés doivent tendre à un arrangement : les témoins ne doivent, en effet, jamais oublier que leur rôle est, avant tout, un rôle de conciliation : ils ne sauraient donc, sans engager gravement leur responsabilité, tant au point de vue moral qu'au point de vue juridique, négliger aucune occasion de résoudre l'affaire dont ils ont la charge, dans un sens pacifique. On ne saurait, d'après nous, trop insister sur cette partie du rôle des témoins, la plus difficile et souvent la plus délicate. Afin de bien la remplir, le témoin doit, avec un soin scrupuleux, éviter d'introduire dans la discussion, un mot vif, une parole quelconque de nature à indisposer les témoins de la partie adverse, ou écarter par sa faute, sans esprit de retour, toute idée de conciliation, au point de compromettre entièrement la mission qui lui a été

confiée. Les témoins ne devront jamais oublier qu'ils
ne représentent pas leurs propres intérêts, mais ceux
d'un tiers, le plus souvent un ami, qui a mis en eux
toute sa confiance. Tout en sauvegardant la dignité
de ce dernier, ils ne devront jamais perdre de vue son
intérêt, qui est ici une question de vie ou de mort.

Enfin, ce n'est que lorsque tout espoir de conciliation et d'arrangement sera définitivement perdu, que
les témoins devront envisager la question de la
rencontre, et en décider d'une façon précise les
conditions.

Les témoins ne doivent négliger aucun fait de
nature à les éclairer : ils ont le droit et le devoir de
demander tous renseignements sur *l'âge*, *l'identité*, la
situation physique et la MORALITÉ des adversaires. Ils
établissent ensuite quelles seront les armes employées,
décident des distances, fixent le lieu, le jour et l'heure
du rendez-vous. Aucune condition, aucun point
essentiel ne sera oublié ou négligé, la discussion
ne pouvant, sous aucun prétexte, être reprise après
la clôture du procès-verbal ni, à plus forte raison, sur
le terrain.

Tous ces points une fois traités, les témoins rédigent un procès-verbal faisant connaître que toutes les
tentatives d'arrangement ont été infructueuses et
réglant d'une manière précise les conditions de la rencontre. Copie de ce procès-verbal, qui doit toujours
porter les signatures des quatre témoins, est remise à
chacune des parties.

L'importance du procès-verbal est d'autant plus
grande que, seul ce document fait foi devant la jus-

tice. Il est donc de l'intérêt des adversaires comme de celui des témoins et surtout de ceux-ci, que le procès-verbal soit rédigé d'une façon tout-à-fait claire, ne prêtant pas à la moindre équivoque et surtout énonçant bien toutes les conditions du combat.

Il arrive quelquefois que les témoins ne peuvent se mettre d'accord. On doit, dans ce cas, avoir recours à un arbitre, à un jury d'honneur dont la décision sera admise sans discussion et sans appel.

Une fois les conditions du combat définitivement arrêtées par les témoins, ceux-ci doivent les porter à la connaissance de leurs clients en leur faisant promettre de s'y conformer sans aucune espèce de restriction.

Les témoins ne doivent jamais permettre qu'un maître d'armes se serve de son arme professionnelle, à moins toutefois qu'il n'ait été offensé et frappé, ou bien que son adversaire ne soit également un maître d'armes. Ils peuvent refuser l'épée, si leur client est estropié et dans l'impossibilité de se servir de cette arme ; le pistolet, si leur client est borgne. Ils devront toujours s'opposer à un duel à mort et ne pas hésiter à signaler un pareil combat à l'autorité judiciaire, dans le cas où, sur leur refus, leurs clients auraient trouvé des témoins plus complaisants, témoins qu'on ne saurait, dans ce cas, que qualifier du nom d'inconscients ou de complices.

Ils peuvent, dans les cas très graves, admettre le duel à outrance, c'est-à-dire celui qui ne cesse que lorsqu'un des adversaires est déclaré hors de combat.

Une fois sur le terrain, les témoins doivent visiter

soigneusement les armes, se rendre compte de leur parfaite identité et s'assurer qu'elles sont en bon état. Pour cela, ils regardent si les lames n'ont pas été faussées, si elles tiennent bien au pommeau de l'épée ou du sabre, en les faisant plier et fouetter. Ils doivent s'assurer que les adversaires ne portent sur eux aucun objet pouvant neutraliser un coup. Cet examen ne doit pas se faire trop sommairement ; les témoins ne sauraient passer outre à une formalité à laquelle les adversaires ne peuvent se refuser sous peine de déchéance.

Avant de remettre les armes aux adversaires, le doyen d'âge, ou le témoin désigné par le sort pour diriger le combat, doit leur rappeler brièvement toutes les conditions du duel.

Pendant le combat, les témoins, et surtout le directeur du combat, doivent faire appel à toute leur énergie, à tout leur sang-froid, pour en suivre toutes les péripéties, et s'ils s'aperçoivent, soit qu'il y ait la moindre contravention aux conventions, soit une blessure, une chûte ou un désarmement, ils doivent immédiatement arrêter le combat. Ce rôle est généralement dévolu au témoin désigné comme directeur du combat.

Après le combat, les témoins rédigent un nouveau procès-verbal, faisant connaître que le duel a eu lieu dans des conditions loyales, que toutes les conventions établies ont été rigoureusement observées par les deux adversaires.

Ce procès-verbal devra indiquer en outre, *en termes*

précis et médicaux, la nature de la blessure reçue, l'endroit, la profondeur et la gravité. Cette formalité, d'où dépend le plus ou moins de responsabilité d'un des adversaires et des quatre témoins, devra être l'objet, de la part de ces derniers, de la plus grande attention, et traitée en quelque sorte sous la dictée du médecin assistant.

Que les témoins ne négligent dans aucun cas ce conseil : car la moindre inobservation des règles ci-dessus pourrait être pour eux la source de bien des ennuis et de désagréments. Qu'ils ne cachent jamais, sous prétexte de diminuer la responsabilité d'un adversaire, la gravité de la blessure reçue par l'autre. Loin de l'excuser, ils aggraveraient le cas de celui-là, et risqueraient de ne pas se voir facilement disculpés du délit de complicité. En résumé, qu'ils ne cachent jamais la vérité, c'est toujours le seul moyen d'éviter des complications désagréables.

Si l'affaire s'est passée contre les règles, ils doivent également en dresser un procès-verbal et, pour dégager leur responsabilité, poursuivre l'auteur de l'infraction devant la justice. Les témoins de ce dernier ne sauraient se refuser, sous peine de complicité, à seconder l'action des autres témoins.

Avant comme après le combat, la discrétion la plus scrupuleuse est imposée aux témoins : discrétion sur les motifs de la rencontre, si ceux-ci ne doivent pas être connus, discrétion sur le lieu de la rencontre, si on ne veut pas s'exposer à voir celle-ci interrompue par l'arrivée de la justice ;

discrétion sur les circonstances dans lesquelles s'est effectué le combat. Les témoins ne doivent jamais, en effet, rechercher une vaine gloriole et se faire en quelque sorte une réclame du rôle qui leur a été imposé par des circonstances qu'on doit toujours considérer comme regrettables.

Tels sont les devoirs des témoins, devoirs sacrés s'il en est, puisque de leur stricte observation dépendent l'honneur et souvent la vie de deux hommes.

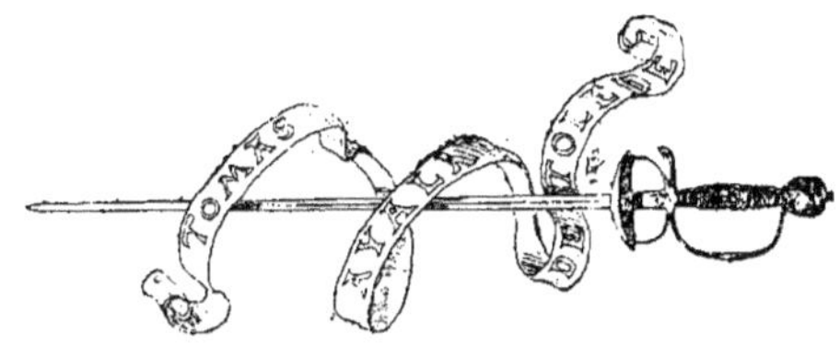

IV

DEVOIRS DES ADVERSAIRES AVANT LE COMBAT

NE fois leurs témoins constitués, les adversaires leur donnent des instructions concernant les préliminaires et la marche du duel. Ils doivent alors s'en remettre absolument à leurs mandants qui, seuls, ont le droit de discuter, les adversaires ne pouvant, sous aucun prétexte, ni intervenir dans les débats qui ont lieu, ni y prendre part. C'est là une règle à observer rigoureusement, puisque la moindre infraction peut amener la rupture d'un duel et frapper de déchéance celui qui l'aurait commise. Elle doit être même observée jusque sur le terrain, et si un adversaire a quelque observation à présenter, il ne le peut que par l'intermédiaire de ses témoins.

Arrivés sur le terrain, les adversaires doivent se saluer courtoisement, ainsi que les témoins. Lorsque ceux-ci se réunissent pour prendre les dernières

dispositions de combat, les adversaires se tiennent à
l'écart. Il serait d'une suprême inconvenance que ces
deux derniers eussent ensemble même une discussion.
Sur l'invitation qui leur en est faite par un des
témoins, les adversaires quittent leurs habits s'il
s'agit d'un duel à l'épée ou au sabre. Ils écoutent en
silence la lecture qui leur est faite du procès-verbal,
dont ils s'engagent, par une simple affirmation, à respecter toutes les clauses.

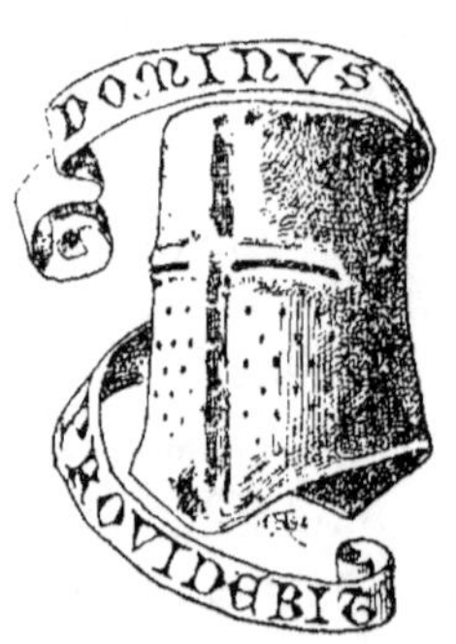

V

LE DUEL. — DUEL A L'ÉPÉE.

DUEL AU PISTOLET. — DUEL AU SABRE. — DUELS EXCEPTIONNELS

RÉGULIÈREMENT le duel doit avoir lieu, dit Châteauvillard, quarante-huit heures après l'offense. Ce délai ne saurait être pris pour une règle absolue. A notre avis, les témoins, tout en accélérant la marche de l'affaire, peuvent, s'ils le jugent à propos, en vue d'un arrangement à intervenir, retarder une rencontre au-delà de ce délai.

Le duel ne saurait avoir lieu à une heure trop avancée ; il est en effet de l'intérêt des adversaires que le combat ne se fasse pas dans l'obscurité. Le matin doit être choisi de préférence. L'heure matinale a en effet l'avantage de ne pas laisser trop longtemps les adversaires dans une attente nerveuse ; on a, de plus,

16.

la chance de trouver le terrain moins fréquenté qu'à n'importe quelle autre heure de la journée.

Nous différons ici d'opinion avec **M.** Tavernier, qui dans son *Art du Duel* recommande l'heure de l'après-midi pour le combat, parce que, dit-il, le matin, le corps et l'esprit encore engourdis par le sommeil (image de la mort) sont en proie aux papillons noirs, tandis que, l'après-midi, le soleil a réchauffé en même temps la terre et les eaux, et mis en déroute les idées sombres.

Outre que le soleil ne luit pas toujours et que l'on court le risque d'avoir le cœur énervé par l'attente, les raisons, très poétiques assurément, du spirituel écrivain peuvent, à notre avis, céder le pas à celles infiniment moins fleuries, mais plus pratiques que nous avons données en faveur du choix d'une heure matinale.

Trois sortes de duel sont en usage chez nous : le duel à l'épée, le duel au pistolet et le duel au sabre. Ce dernier est même rangé en quelque sorte dans la catégorie des duels exceptionnels, puisque tout adversaire, s'il n'appartient pas à un corps de cavalerie, a le droit de le refuser.

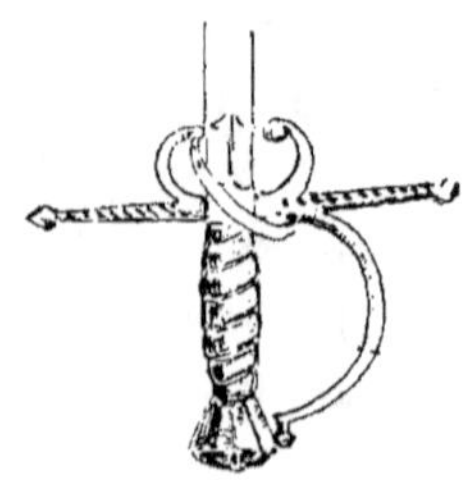

VI

DUEL A L'ÉPÉE

ES deux premiers, le duel à l'épée est celui qui offre le plus de garanties aux adversaires, parce que comme le dit, avec beaucoup de raison et infiniment d'à-propos, l'auteur de l'*Art du Duel*, « l'épée est « l'arme de combat la plus usuelle, la plus « française, la plus sérieuse ». C'est aussi celle qui offre le plus de chances à un adversaire, même inexpérimenté. Que l'on ne crie pas au paradoxe! Dans un duel à l'épée, un tireur inhabile peut, avec du sang-froid et de la prudence, s'en tirer presque toujours à bon compte, c'est-à-dire, sans grave blessure. L'homme qui tient une épée entre ses mains a, d'ailleurs, un moyen de défense qu'il lui appartient de faire valoir, tandis que, dans un duel au pistolet, les adversaires n'ont qu'un moyen d'attaque.

Dans un duel à l'épée, comme au pistolet, la première chose dont les témoins aient à se préoccuper sera le choix du terrain.

Choisissez, autant que possible, dit M. Tavernier, une allée spacieuse, à l'abri du soleil. Cette allée doit être suffisamment longue pour que les deux combattants puissent rompre, chacun au moins durant dix à quinze mètres, et suffisamment large pour que les témoins aient la faculté de se placer de chaque côté des champions, sans gêne réciproque —, soit donc un minimum de quatre mètres.

Autant que faire se pourra, on devra éviter les aspérités, les irrégularités du sol, le sable et le terrain argileux, défavorables tous les deux. Sous aucun prétexte, on ne pourra choisir un terrain détrempé ou même humide. On doit essayer de faire à chacun des deux adversaires une part égale de soleil et d'ombre, tout autant, bien entendu, que le terrain choisi permettra cette uniformité. La place que prendra chaque adversaire est tirée au sort. Le moyen généralement employé pour cette petite opération est celui du jeu qu'on appelle pile ou face.

Une question également importante dans une rencontre est celle de la toilette. Voici à ce sujet les conseils que nous croyons devoir donner :

Laissez de côté la chemise de soie et munissez-vous d'une chemise dont le plastron et les poignets soient bien empesés. Mettez un pantalon large qui vous permette tous les mouvements, y compris surtout celui de la fente ; qu'il soit bien serré à la taille, et relevé du bas pour ne pas marcher dessus et éviter ainsi une chûte possible.

Les bottines devront être à lacets, avec talons bas et larges. Dans le cas où les gants à crispin n'auront pas été prescrits, prenez des gants de peau de daim, en ayant soin, au préalable, de mettre à l'intérieur un peu de colophane. Si vous vous servez d'un simple mouchoir pour retenir l'épée, ce qui est un mauvais procédé, évitez que les bouts pendent, car cela est contraire aux règles du duel.

En résumé, nous dirons : que votre costume soit aisé, sans négliger absolument la question de bon goût, mais que ce ne soit pas là votre unique préoccupation. N'oubliez jamais que vous vous battez, non pour la galerie, mais pour vous-même.

Dès que les adversaires sont prêts, un témoin de chaque côté leur met l'épée à la main. La distance qui doit les séparer doit être telle, que, étant fendus, les deux pointes seulement des épées se touchent. Le directeur du combat prend les pointes des deux épées dans sa main, et quand il est sûr que les adversaires sont, — qu'on nous permette cette expression un peu triviale, — tout à leur affaire, il prononce ces mots : Allez, Messieurs. Les adversaires, s'ils ne veulent pas s'exposer à un coup fourré, rompent alors d'un bon pas et le duel commence.

Nous avons parlé à diverses reprises du directeur du combat. Il nous faut insister à nouveau sur le rôle de ce juge de camp, de qui dépend, dans bien des cas, l'issue du duel. Sans parler du sang-froid et du coup-d'œil qui lui permettront de se rendre compte de toutes les phases de la lutte et des moindres blessures reçues, le directeur du combat devra, en plus, posséder une énergie suffisante pour lui permettre d'arrêter le combat, en cas de contravention aux règles de l'honneur ou du duel, cette contravention fût-elle commise par le champion dont il représente les intérêts. Il devra, enfin, avoir l'expérience, l'habitude des armes pour s'apercevoir des coups portés et reçus. Le choix du directeur du combat par la voie du sort ou dans la personne du doyen d'âge doit, en conséquence, être écarté, si parmi les quatre témoins, il en est un sensiblement supérieur aux autres dans la pratique des armes. Il est de l'intérêt de tous que la direction du combat lui soit confiée. La place du directeur du combat est là où il pourra le mieux se rendre compte du duel ; de même, la place des autres témoins est là où leur surveillance peut s'exercer ; généralement, ils se placent de manière à ce que chaque combattant ait à sa proximité et en face de lui, un témoin de son adversaire : mais ce n'est là qu'une règle relative, à laquelle on peut facilement déroger.

Les témoins doivent, pendant le combat, tenir une canne dans la main droite, le bout à terre. Quelques *Manuels* préfèrent même une épée. A notre avis, l'usage de l'épée pour les témoins peut avoir des conséquences graves, autant pour ceux-ci que pour les adversaires. Cet inconvénient est évité grâce à la canne qui, tout en n'offrant aucun danger, peut être d'une utilité incontestable.

Les adversaires évoluent sur le terrain avec une entière liberté ; ils changent de place, avancent, reculent pour se placer dans une position favorable ; les témoins doivent, sans gêner en aucune façon leurs mouvements, les suivre attentivement.

Si grande que soit la liberté qui leur est accordée. il est bien entendu qu'un des deux combattants ne doit ni contourner son adversaire, ni le forcer à changer de place de telle façon que le terrain du duel soit modifié ; que la largeur devienne par exemple la longueur, auquel cas les conditions du combat seraient complètement changées ; les témoins devraient en cette occurrence, arrêter immédiatement le combat et replacer les adversaires dans la position première.

Aucun des deux combattants n'a le droit de détourner le fer de son adversaire avec la main gauche. C'est une question remise bien souvent sur le terrain de la discussion, et sur laquelle nous reviendrons.

Une autre question que l'on s'est posée bien souvent est celle-ci : un adversaire a-t-il le droit de faire passer son arme de la main droite dans la main gauche, ou réciproquement ? La réponse, d'après les hommes compétents, doit être affirmative. C'est d'ailleurs un jeu permis à bien peu de tireurs, et qui est tout aussi dangereux pour celui qui l'emploie que pour son adversaire. Car si celui-ci peut-être dérouté par ce changement imprévu, celui-là se trouve pour un moment, si court qu'il soit, complètement à découvert, et par là même à la merci d'un adversaire qui se tiendrait sur le qui-vive et dans l'attente d'un pareil coup.

L'usage quelquefois admis en Espagne, et qui consiste à lancer son épée à la tête de l'adversaire, est complètement prohibé chez nous, et celui qui l'emploierait, contreviendrait de la façon la plus grave aux règles du duel.

La question des repos pendant le combat doit être l'objet d'une mention spéciale contenue dans le procès-verbal. Il est utile de savoir avant toute rencontre si les repos auront lieu à intervalles fixés, ou sur la demande des parties. Chaque repos ne devra commencer qu'après que le Directeur du combat aura prononcé le mot « halte ». L'adversaire qui aura besoin de repos doit brièvement le réclamer.

Il existe des partisans du combat sans repos, qui prétendent que celui-ci ne doit être accordé sous aucun prétexte, à moins de demande simultanément formulée par les deux adversaires, le duel devant être un combat où le souffle est un élément à la disposition des combattants, et dont il appartient à ceux-ci de se servir avec plus ou moins de raison.

Cette clause qui, d'après nous, ne respecterait pas les conditions d'égalité offertes aux adversaires, doit être écartée ; car la respiration est un élément tout-à-fait physique, et que chacun ne peut ni modifier ni perfectionner à son gré.

Dès que le mot « halte » est prononcé, les adversaires abaissent leurs épées, le directeur du combat

se place au milieu d'eux. Témoins et adversaires ne
doivent pas s'éloigner du lieu du combat. Les adversaires peuvent causer avec leurs témoins, mais ils
doivent le faire avec discrétion et à voix basse ; dans
aucun cas, ils ne sauraient, sans faire preuve d'un
manque de tact absolu, avoir l'air de demander des
conseils concernant le combat. Les témoins peuvent,
si leur conscience le leur permet, donner à leur ami
des conseils inspirés par l'examen des jeux des adversaires. Mais, nous le répétons, c'est là une affaire de
tact pour laquelle il nous paraît importun de donner
un avis quelconque.

Une question également très importante et sur
laquelle les hommes compétents ne sont pas toujours
d'accord est celle de l'acculement.

Le terrain conquis doit-il être acquis ? A notre
avis, cette clause doit être mentionnée dans le procès-
verbal. Dans quel sens ? dira-t-on. La logique voudrait que le terrain conquis restât à celui qui, grâce à
son énergie, à son courage et à son habileté, est
parvenu à faire rompre son adversaire de façon à
l'acculer. Celui-ci n'a qu'à bien se défendre, c'est son
affaire ; il faut d'ailleurs éviter l'acculement : mais il
nous semble souverainement injuste de faire cesser
le combat et remettre les adversaires en place,
lorsque l'un d'eux est parvenu à acculer l'autre. En
inscrivant d'avance cette clause dans le procès-verbal,
les adversaires sauront à quoi s'en tenir.

Jusqu'à quel point est-il permis de rompre ? Il ne
saurait y avoir pour cela de règle absolue. C'est aux

témoins à s'en rendre compte lorsqu'un des deux
combattants abuse d'une pareille tactique. Ce sont
eux qui doivent, dans ce cas, fixer une limite maxima,
que les deux champions ne peuvent franchir, sous
peine de se voir refuser plus longtemps le concours de
leurs mandants.

Nous avons dit précédemment que lorsque le directeur du combat s'aperçoit qu'un des adversaires est
blessé, il doit immédiatement faire cesser le combat.

Ceci nous amène à parler du médecin et de son
rôle dans le duel.

La présence d'un médecin est toujours indispensable dans une rencontre sérieuse ; nous ne parlerons
pas, bien entendu, de ces duels pour rire, où les adversaires savent d'avance l'issue du combat, et qui ne sont
que des duels de parade, nous dirions presque des
parodies du duel.

Il est même prudent que chaque partie amène son
médecin, les combattants pouvant être blessés
tous deux et avoir besoin du concours des deux pra-
ticiens.

Le rôle du médecin commence dès avant le combat ; il doit faire tremper les épées dans une solution
phéniquée, les suites des blessures reçues perdant
ainsi beaucoup de leur gravité.

Pendant le combat, le médecin doit être consulté
sur la nature de la blessure reçue et juger si le
blessé se trouve dans les conditions d'égalité suffisante pour que le combat puisse être continué.
Sous aucun prétexte, les témoins ne sauraient passer

outre à l'avis formellement exprimé des docteurs, déclarant que l'un des adversaires est dans l'impossibilité de continuer à se servir de son arme.

Le médecin assistant au combat devra éviter d'apporter sur le terrain de nombreux instruments, qui, en dehors de l'impression désagréable qu'ils peuvent causer aux adversaires, ne lui seraient d'aucune utilité. Quelques bandes de toile, et des antiseptiques, voilà quel doit être son unique bagage. Les opérations résultant des blessures reçues, lorsqu'elles sont nécessaires, ne sauraient, on le comprend facilement, être pratiquées sur le terrain, où l'on doit se borner à parer au plus pressé, qui est d'arrêter l'hémorragie.

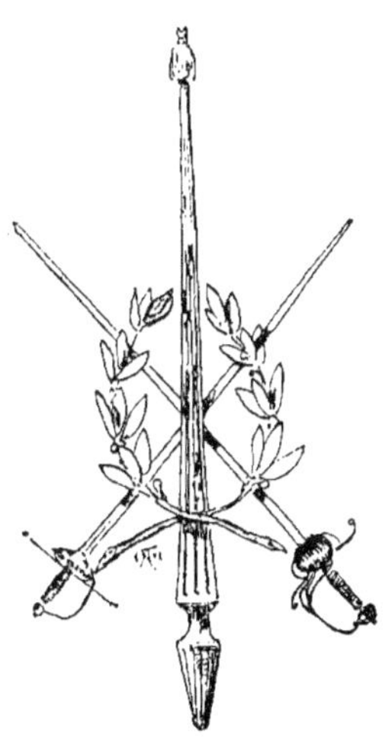

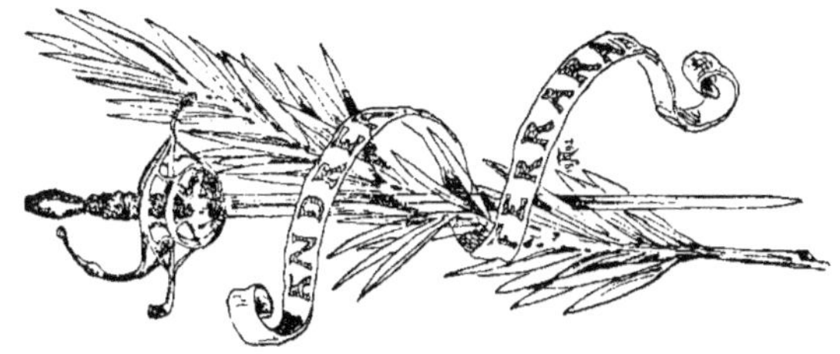

VII

DUEL AU PISTOLET

E pistolet est fort souvent employé comme arme de combat. A tort, à notre avis, car avec lui le hasard a trop beau jeu, et puis, presque toujours il est sans résultat et laisse ainsi, en quelque sorte, après le combat, les adversaires à peu près dans la même situation vis-à-vis l'un de l'autre qu'avant. Dans un duel à l'épée, du moins, un des deux adversaires est toujours blessé, et le sang versé efface, en partie au moins, l'offense, tandis que dans un duel au pistolet, la mention banale inscrite dans le procès-verbal : « Les témoins ont déclaré l'honneur satisfait » semblera toujours quelque peu ridicule et insuffisante.

De même que dans le duel à l'épée, les témoins doivent être familiarisés avec l'arme employée. On ne saurait, en effet, confier le soin du chargement des armes, opération très délicate dans la circonstance, à une personne n'ayant jamais eu un pistolet entre ses mains.

Une autre considération importante est celle du terrain. Un terrain encaissé, une allée limitée amèneraient facilement des conséquences fatales. Le combat doit toujours avoir lieu sur un plateau ou dans une plaine. La distance qui doit séparer les adversaires varie entre trente et quinze mètres. Au-delà, le duel serait enfantin, puisque le résultat serait sûrement négatif ; en deçà, le combat serait un duel exceptionnel, auquel on ne saurait s'exposer sans risques à l'égard de la justice.

Le vêtement devra être des plus simples : pantalon et redingote noirs. Le col de la redingote relevé de façon à recouvrir celui de la chemise qui pourrait, le cas échéant, offrir un point de mire fatal à celui qui aurait négligé cette recommandation. De même, la position des adversaires doit être très effacée et offrir la plus petite surface possible de mire.

Les armes seront inconnues aux adversaires ; cette règle est absolue, car celui qui se servirait d'une arme dont il connaîtrait les moindres défauts et les qualités, aurait sur son adversaire un avantage marqué. Aussi, le choix des armes n'est-il laissé qu'à l'adversaire qui aura été victime d'une offense accompagnée de voies de fait.

Les pistolets, chargés par deux des témoins en présence des deux autres, sont remis non armés aux adversaires.

Le choix des pistolets et la manière de les charger

sont, dans un duel, d'une telle importance qu'il nous paraît nécessaire de donner quelques renseignements complémentaires.

Les pistolets doivent être rayés. Avant toute chose, les témoins chargeront les armes *à poudre* seulement ; puis, mettant une capsule feront partir le coup ; pour employer le langage technique des armes, ils brûleront les pistolets. Après quoi ils s'assureront, avec une épingle, du complet dégagement de la cheminée.

Le pistolet doit être tenu en l'air et désarmé. Glisser avec la mesurette la quantité de poudre nécessaire, mettre une balle sphérique, l'enfoncer avec un maillet jusqu'à ce qu'elle appuie absolument sur la poudre. Poser la capsule et remettre les armes aux adversaires.

Nous ne saurions trop insister sur l'imprudence de certains témoins qui, pour enlever soi-disant au duel toute gravité, chargent les armes d'une façon irrégulière, en mettant une quantité de poudre exagérée. Sans compter que c'est retirer au duel le caractère d'égalité qu'il doit toujours avoir, c'est précisément dépasser le but proposé, car en enlevant à l'arme sa précision, c'est s'en remettre aveuglément au hasard, qui, bien souvent, fait mal les choses.

Les duels au pistolet sont de deux sortes : le duel au visé, le duel au commandement.

Le premier se fait de plusieurs façons: de pied ferme, ou en marchant, en tirant pendant un intervalle de temps déterminé, simultanément, ou l'un après l'autre.

Comme pour le duel à l'épée, le directeur du combat rappelle aux adversaires l'engagement qu'ils ont pris de se conformer aux conventions fixées, puis il prononce le mot : Armez ! Aussitôt, les adversaires se prépareront à tirer. Le commandement de : Tirez ! suivra de quelques secondes le premier. Les adversaires ont alors l'intervalle d'une minute pour tirer, à moins qu'il n'ait été convenu que l'offensé tirera le premier, auquel cas son adversaire doit essuyer le feu de celui-ci avant de riposter.

Lorsque cette dernière convention, admise pour les cas d'offense grave et d'offense avec voies de fait, a été adoptée, et que l'offensé a également obtenu comme il en a le droit, le choix des distances, celles-ci ne sauraient être moindres de vingt-cinq pas.

En règle générale, le tir successif et à volonté est adopté pour ce genre de duel. Dans ce cas, l'adversaire qui a essuyé le feu de l'autre a une minute pour riposter, et deux minutes s'il est blessé. Ce délai est rigoureux et les témoins doivent en surveiller scrupuleusement l'exécution. Dans le duel au visé à tir simultané, les adversaires ont une minute pour faire feu.

Dans le duel au pistolet en marchant, les combattants sont placés à une distance de quarante mètres l'un de l'autre. Au commandement de « Marchez » ils ont le droit de faire dix pas chacun, la distance qui les sépare pouvant être ainsi réduite à une vingtaine de mètres ; la limite extrême est d'ailleurs marquée de façon apparente, pour qu'elle ne puisse pas être franchie.

A partir du moment où le commandement « Marchez » a été prononcé, les adversaires ont le droit de faire feu. Celui qui a tiré le premier doit s'arrêter, et attendre dans l'immobilité la plus absolue que son adversaire ait déchargé son arme. Les délais de riposte sont les mêmes que dans le duel au visé de pied ferme.

Le duel au commandement a lieu de la façon suivante :

Dès que les armes ont été remises aux adversaires, le directeur du combat fait la demande suivante : « Messieurs, êtes-vous prêts ? » Sur leur réponse affirmative il prononce le mot « feu » faisant suivre ce commandement des mots : « un, deux, trois ». Le droit de tirer commence au mot : feu et finit au mot : trois, après lequel le combat s'arrête. La recommandation de tirer en l'air, donnée par quelques traités à l'adversaire qui, pour une raison quelconque, n'a pu tirer pendant cet intervalle nous paraît quelque peu puérile. Le mieux, à notre avis, est de s'abstenir. Une recommandation beaucoup plus pratique est celle qui consiste à conseiller aux adversaires de surveiller leurs nerfs, pour qu'ils ne tirent ni avant le commandement de feu, ni après le mot trois, auquel cas ils s'exposeraient à être accusés de tentative d'assassinat. « Il faut, dit M. Tavernier, ouvrir les yeux, les oreilles et commander à la bête, car la moindre gaffe est grosse de conséquences et les fameux mouvements réflexes ne pourraient être invoqués comme excuse ».

Dans tout duel au pistolet, un coup raté équivaut à un coup tiré.

Nous ne parlerons que pour mémoire du duel au signal, tel que l'indique Châteauvillard, et qui consiste à lever l'arme après le signal que donne le directeur du combat en frappant dans sa main, et à tirer simultanément et instantanément au troisième signal donné de la même façon. C'est là un duel que la difficulté de réalisation fait complètement abandonner dans l'usage.

Nous ne ferons, de même, qu'indiquer ici le duel soi-disant à volonté, et qui consiste à placer les adversaires dos à dos. Au commandement de *marchez*, ils font une quinzaine de pas chacun, et au commandement de *tirez*, font volte-face et tirent. C'est un duel que des témoins sérieux et soucieux de leur sécurité personnelle ne doivent jamais adopter ; car le demi-tour peut ne pas être tout-à-fait exact, et la balle peut fort bien, dans ces conditions, se tromper d'adresse.

Dans le duel au pistolet, une question se pose. Un adversaire a-t-il le droit de tirer en l'air ? A notre avis, la réponse doit être négative ; s'il tire en l'air parce qu'il a laissé passer le délai où il lui était permis de faire feu, nous avons dit que c'était inutile, et même enfantin. S'il tire en l'air pour ne pas répondre au feu de son adversaire, c'est faire preuve à son égard d'une fausse générosité qui sera toujours considérée par celui-ci comme une nouvelle insulte ; et la rencontre décidée en vue de satisfaire l'honneur, deviendrait ainsi un nouveau motif d'offense.

A notre avis, si l'on veut faire preuve de générosité, envers un adversaire dont on connaîtrait l'infériorité, vis-à-vis duquel on se sentirait coupable, le mieux est de tirer de façon à le manquer ; ce qui n'est pas très difficile ; les apparences seront sauvegardées, et la conscience sera tranquille. En résumé, pour nous, tirer en l'air est un procédé condamnable, et qui ne nous semble employé que par jactance. Le jugement pourra paraître exagéré ; nous le croyons juste.

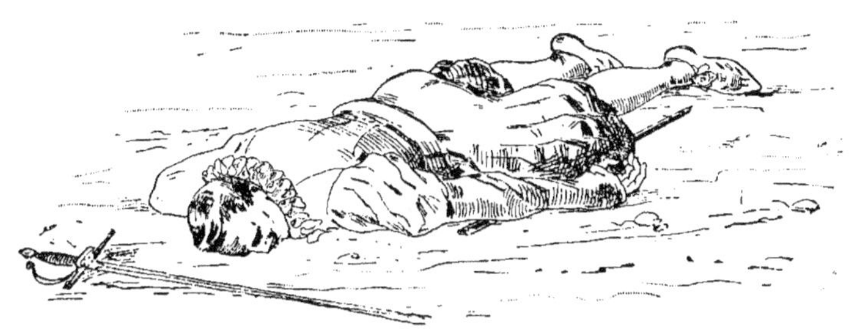

VIII

DUEL AU SABRE

IL nous reste à parler du duel au sabre, qui comme nous l'avons déjà dit, constitue un duel exceptionnel.

Les préliminaires de la rencontre, le choix du terrain sont à peu près les mêmes que pour le duel à l'épée. Les adversaires sont placés face à face, à une distance telle, qu'étant fendus, les pointes des sabres se touchent. Au commandement de « *Allez Messieurs* », le combat commence. Dans cette espèce de duel, une question qu'on a dû résoudre avant la rencontre est celle de savoir si les adversaires ont le droit de se servir de la pointe. En Italie, surtout, cette prohibition existe dans un grand nombre de rencontres de cette nature. En l'état, les adversaires doivent prendre garde de donner des coups d'estoc, car ils s'exposeraient à se voir traités d'assassins. Dans le duel au sabre, les adversaires jouissent d'une plus grande liberté de mouvements, car ils peuvent avancer, rompre, évoluer autour l'un de l'autre en toute liberté.

Les témoins doivent apporter une attention plus soutenue, un coup d'œil plus prompt que dans les combats à l'épée, car la rapidité des coups est telle qu'un adversaire peut recevoir successivement et presque instantanément plusieurs blessures, avant que l'ordre d'arrêter le combat n'ait été donné.

Ce duel ne saurait, à notre avis, convenir dans aucun cas et nous lui préférerons toujours le duel à l'épée, plus correct et, — on peut le dire, — plus sérieux.

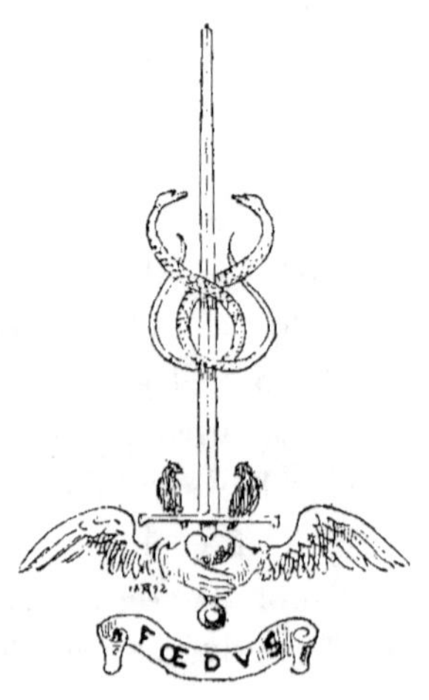

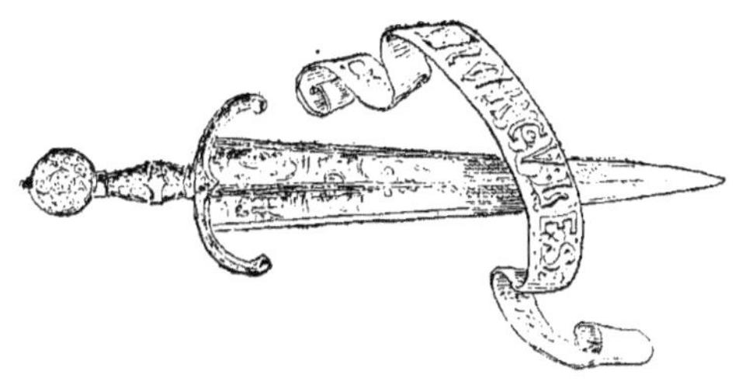

IX

IL nous reste à parler des duels exceptionnels : avec eux, on aborde le domaine de
la pure fantaisie ; et les quelques exemples que nous citerons, ne sont donnés
qu'à titre de simple curiosité.

Nous estimons, en outre, qu'il n'y a pas de
règles à établir pour ces sortes de rencontres,
qui sont, le mot l'indique, des combats d'exception et
sortent de la légalité concédée aux duels ordinaires.

C'est l'Amérique qui nous fournit le plus grand
nombre de duels exceptionnels. Parmi ceux-là, un des
plus originaux est le duel à la carabine, duel qui a
lieu dans des conditions tout-à-fait particulières. Les
adversaires se placent à la lisière d'un bois et dans un
endroit différent, tel qu'ils ne puissent s'apercevoir ;
à un signal convenu, le duel commence, le mot *chasse*

serait plus exact. Car c'est à celui qui surprendra son adversaire que reviendra la victoire.

Un duel également singulier et tout aussi barbare est le duel à la carabine à distance. Les adversaires se placent ici en face l'un de l'autre et peuvent faire feu à un signal convenu.

Le duel le plus souvent employé en Amérique est le duel au révolver. La précision de cette arme, son calibre, parfois exagéré, et surtout son système de répétition en font une arme redoutable et constituent l'exception dans le duel où on l'emploie.

Tenons-nous en là sur les duels plus ou moins fantaisistes dont nous gratifient bien souvent les chroniques d'au-delà de l'Atlantique et arrivons à ceux qui sont en usage en Europe.

Un duel quelquefois usité en Russie est le duel communément appelé duel au mouchoir. Deux pistolets, dont un seul est chargé, sont placés sous un mouchoir. L'offensé, ou celui que le sort a favorisé, choisit une des deux armes ; quant à l'autre adversaire il prend l'arme qui reste. Le mouchoir qui a servi à cacher les armes, sert alors à marquer la distance qui doit séparer les adversaires ; ceux-ci font feu et celui que le hasard a favorisé assassine l'autre. Car il serait difficile de qualifier, autrement que d'assassinat, un duel aussi odieux, aussi barbare. Mais, dira-t-on, du moment que les deux adversaires s'en remettent au hasard, peut-on appeler assassin celui qui aura gagné la partie dans ce jeu où le prix est la vie de son adversaire ? Qu'on appelle si l'on veut son action un assassinat loyal, ce n'en est pas moins purement un assassinat dans lequel il y aura un assassin et une victime, et des complices, s'il s'est trouvé des témoins assez fous pour se prêter à une entreprise aussi monstrueuse.

Le duel au poignard, quelquefois en usage en Espagne, — qu'on se rappelle *Carmen*, — le serait également en Sicile, si nous en croyons les librettistes de l'aimable opéra *Cavalleria Rusticana*. La provocation s'y ferait même dans des conditions tellement curieuses, qu'il faut les rappeler en quelques mots. Lorsqu'un homme croit avoir été offensé, il se rend auprès de l'offenseur et l'embrasse. Voilà une provocation bien touchante, n'est-il pas vrai ? Mais ce n'est là qu'un baiser à la façon de Judas, un baiser sur l'oreille où les dents suivent les lèvres et y laissent leur marque. Cette provocation ne manque, paraît-il, jamais son effet, et est toujours suivie du duel au poignard.

Mais n'oublions pas que ces choses là se disent en musique seulement, et n'en garantissons pas l'authenticité à nos lecteurs.

Chez nous, par duel exceptionnel on entend en général le duel au pistolet pour lequel la distance qui sépare les deux adversaires est moindre de quinze pas, ou pour lequel on emploie des armes d'un calibre exagéré ou à répétition.

Sous aucun prétexte, des témoins préoccupés de leur dignité personnelle et de la vie de deux hommes ne sauraient accepter un mandat dans un duel qui leur

paraîtrait s'écarter des règles établies, et comme
nous l'avons déjà dit, ils ne devront jamais hésiter à
signaler à qui de droit, toute rencontre exceptionnelle à laquelle ils n'auraient pas voulu se prêter et
qui aurait lieu sans leur assistance. On ne pourra
jamais qualifier de blâmable une pareille conduite
qui n'a pour but que de sauver la vie à un homme,
quelquefois à deux.

En résumé, nous définirons duel exceptionnel
tout duel qui a pour but d'amener fatalement, par la
gravité des conditions imposées aux adversaires et par
le choix des armes, la mort de l'un des deux adversaires. Nous avons qualifié ce combat d'assassinat ; c'est le
seul terme que nous paraisse mériter un duel de cette
nature, que la conscience réprouve, que la morale et
la logique condamnent avec juste raison.

Disons, à la louange de nos compatriotes, que ces
faits sont heureusement très rares chez nous et qu'il
faut presque remonter aux siècles passés pour en
rencontrer des exemples.

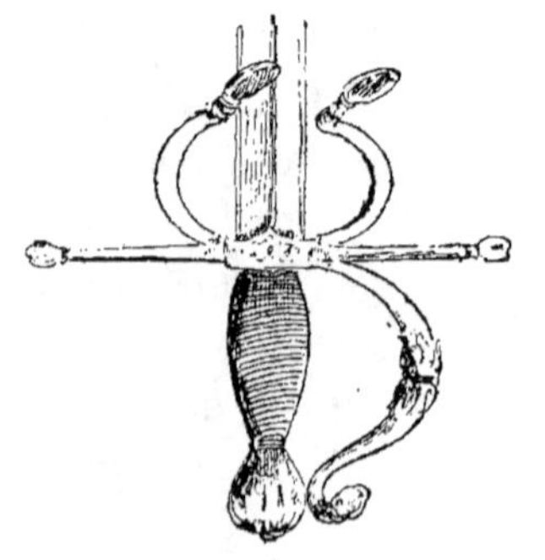

X

L E duel une fois terminé, l'usage veut que les adversaires se serrent la main. Nous ne saurions voir là une règle générale, et il semble qu'un simple salut dénote, dans bien des cas, en cette circonstance, plus de tact, et a plus de valeur. De même, la mention à inscrire dans le procès-verbal « les adversaires se sont réconciliés sur le terrain » nous paraît quelque peu inutile. Ce que le procès-verbal doit toujours mentionner, c'est, nous l'avons dit, tous renseignements précis sur les blessures reçues, ainsi que sur le jour et l'heure du combat.

Cet acte doit-il nécessairement être publié dans les journaux? Oui, si l'offense a été publique, s'il s'est démontré que la divulgation d'un tel document est indispensable à l'honneur d'un des deux, ou des deux adversaires. Dans les cas contraires, cette publication non seulement n'est pas nécessaire, mais elle nous paraît importune et presque ridicule.

Lorsque l'un des deux adversaires a été blessé, l'autre lui doit-il une visite? Si la blessure offre quelque gravité, ce dernier doit, en effet, rendre cette visite, et, en déposant sa carte, s'informer de la santé qu'il a compromise.

Si la blessure n'impose à celui qui l'a reçue qu'un repos de quelques jours et qu'elle n'offre aucune gravité, le dépôt d'une carte de visite suffit; il serait, dans ce cas, je ne dis pas seulement inutile, mais même inconvenant de demander des nouvelles du blessé.

Le duel efface-t-il toute offense, ou bien les adversaires, une fois le combat fini, doivent-ils se considérer comme absolument libres de se livrer entre eux à de nouvelles attaques, à de nouvelles offenses?

Nous estimons que du moment que deux personnes ont décidé de s'en remettre au sort des armes pour venger leur honneur, celui-ci doit être absolument satisfait après le duel. Aucun des deux adversaires ne pourrait donc, sans manquer gravement à tous ses devoirs, insulter l'autre sans un nouveau motif. S'il en était autrement, on se demanderait à quoi le premier duel a bien pu servir, et quelle a été son utilité. Des témoins, dans le vrai sens de ce mot, ne sauraient donc prêter leur concours à une seconde affaire, ayant les mêmes sources que la première, lorsque celle-ci a été vidée par un combat dont les conditions ont été respectées loyalement de part et d'autre.

Nous avons déjà dit quelle doit être l'attitude des
témoins en cas de duel déloyal. Le procès-verbal mentionnera les conditions dans lesquelles, l'acte indélicat
a été commis. Il est toutefois bien entendu que les
témoins doivent s'assurer que l'acte incriminé a été
commis d'une façon réfléchie, et qu'on devra toujours
tenir compte de ce qu'on peut appeler l'emballement d'un adversaire, pouvant le porter à commettre
une action dont il ne se rendrait pas suffisamment
compte.

Dans les préliminaires, dans l'action, et après l'accomplissement du duel, peuvent être soulevées des
questions que nous avons à dessein réservées, car
elles sont en dehors des règles communes. Leur peu
de fréquence n'en saurait exclure l'importance, et
parmi ces dernières, quelques-unes ont, à un moment
donné, excité bien des polémiques, bien des discussions.

Parlons d'abord de l'âge des adversaires. Il est admis
qu'on ne peut se battre avec un homme âgé de moins
de vingt-un ans, ou de plus de soixante. Dans le premier cas, cette règle est admise sans exception ni contestation. Outre qu'avant d'avoir atteint sa majorité, le
jeune homme est plus facilement enclin à la susceptibilité, à ne pas se rendre exactement compte de l'acte
constituant une offense, la question d'âge même paraît
admettre l'impossibilité d'un duel. Le duel à l'épée, par
exemple, sans parler de l'expérience, expérience que

bien peu de jeunes gens ont pu acquérir, demande en outre de la force, du poignet, de la résistance ; et l'on peut facilement juger de l'avantage qu'aurait sur un jeune homme, un adversaire expérimenté et dans la force de l'âge, qui, se contentant tout d'abord de fatiguer son adversaire, l'aurait bientôt à sa merci. Une autre considération non moins importante est que le mineur peut être remplacé par son frère majeur, ou qu'il a le droit d'attendre sa majorité pour appeler d'une offense.

Si l'on a affaire à un adversaire âgé de plus de soixante ans, plusieurs cas sont à examiner. Les adversaires ayant tous les deux atteint ou dépassé la soixantaine, une rencontre peut-elle être autorisée ? Oui, à notre avis, si l'offense reçue a été très grave ou si elle a été suivie de voies de fait. Dans le cas d'offense ordinaire ou même d'offense grave, les témoins exposeraient leur propre responsabilité s'ils admettaient le duel. C'est donc là une question de jugement, de circonspection de leur part. Les rencontres dans de pareilles conditions sont généralement très rares. A cet âge-là, en effet, on n'en est plus à s'émouvoir d'un mot un peu vif, et l'on ne se bat que lorsque l'honneur même est gravement mis en cause.

Le cas qui peut enfin se présenter est le suivant : un jeune homme ou un homme dans la force de l'âge a-t-il le droit de se battre avec un vieillard âgé de plus de soixante ans ? Si ce dernier est l'auteur de l'offense, le duel peut avoir lieu à la condition que l'offenseur donne son consentement écrit, consentement dont le procès-verbal devra toujours faire mention. Dans le cas où le vieillard est l'offensé, la meilleure attitude pour l'offenseur est de faire des excuses, si elles sont possibles. Dans le cas où l'offensé réclame, à tout prix, une réparation par les armes, son adversaire doit, à notre avis, faire tout son possible pour que le duel n'ait pas de funestes conséquences. Le meilleur conseil que nous ayons à donner à ce dernier, est de se laisser blesser (le plus légèrement possible, naturellement) ; car, chez un vieillard, les suites d'une blessure peuvent amener des conséquences redoutables et dont la responsabilité retomberait fatalement sur son adversaire, qu'on pourrait même accuser de tentative d'assassinat.

Arrivons aux questions qui peuvent naître au cours de l'action même du duel. En cas de chûte d'un des adversaires, quelle doit être la conduite des témoins, l'attitude de l'autre adversaire ? Les témoins doivent immédiatement ordonner la cessation du combat ; l'adversaire resté debout doit abaisser son épée et attendre que le combat puisse recommencer dans les mêmes conditions qu'au début du duel, c'est-à-dire par la mise en garde, et après le commandement, de nouveau répété, de « Allez, Messieurs ».

Parmi les hommes compétents, il en est qui soutiennent que la chûte pouvant être une feinte habile, on a le droit de profiter de cette circonstance et frapper le combattant à terre. Cette théorie nous paraît, non seulement difficile à admettre, mais même injuste et féroce. Et d'ailleurs, comment prouver que la chûte a été amenée par l'habileté d'un des combattants, lorsqu'elle n'est généralement produite que par un accident de terrain, ou une cause tout-à-fait fortuite? Admettons même qu'elle soit le fait d'une tactique du combat, quel est l'homme vraiment logique, le cœur vraiment généreux, qui tolérera que l'on puisse frapper un adversaire désarmé, et mis dans l'impossibilité de se défendre ? Ce qui était permis aux gladiateurs romains, nous semblerait, à nous, un crime ; on ne pourrait l'appeler autrement.

De même qu'on ne peut frapper un adversaire qui tombe, de même on ne saurait admettre que celui-ci frappe, dans la position où il se trouve, son adversaire resté debout. En somme, s'il y a eu chûte, le combat cesse et ne recommence qu'après que les deux adversaires sont de nouveau face à face.

Une question plus importante encore, et que les témoins peu prévoyants négligent de résoudre avant la rencontre est celle de l'acculement. Nous avons déjà dit, en parlant du duel à l'épée, que c'était une affaire à traiter avant la rencontre et que les adversaires doivent savoir à quoi s'en tenir avant de se trouver en présence.

Nous touchons à un point qui a fait, en son temps, beaucoup de bruit. Un adversaire peut-il, dans le combat, se servir de la main gauche pour détourner l'épée de l'autre adversaire ? L'affaire Dekeirel-Chapuis est encore présente à la mémoire des personnes s'intéressant aux affaires de duel. Qu'on nous permette de la

rappeler brièvement pour ceux qui en auraient perdu
le souvenir ou qui n'en auraient pas eu connaissance.

A la suite d'une discussion survenue entre un officier
M. Chapuis, lieutenant au 110ᵐᵉ d'infanterie, et
M. Dekeirel, une rencontre fut décidée.

Laissons ici la parole à M. Tavernier, qui nous
racontera, avec beaucoup plus de talent et de compétence que nous ne pourrions le faire, tous les incidents
de ce combat.

« On arrive sur le lieu du combat. Le sort donne à
« M. Chapuis la place la plus défavorable. M. Chapuis
« demande à conserver sa ceinture, ce qui lui est
« accordé. Le duel commence.

« Après un premier engagement, un incident. M.
« Chapuis s'est fendu. Son épée s'est engagée sous la
« cuisse droite de son adversaire.

« — Je crois, Monsieur, dit l'officier, que vous
« êtes touché.

« — Non, Monsieur, ou du moins, je n'ai rien
« senti.

« — Pardon, Monsieur, j'ai l'habitude de l'épée et
« mon épée vous a touché. Elle est même tordue.

« — Enfin, Monsieur, je vous dis que non.

« On s'approche, témoins et major, de M. Dekeirel.
« Il ôte sa culotte, révérence parler, et l'on constate
« que l'épée n'a pas même effleuré l'épiderme. Elle
« avait passé sous la cuisse, et un mouvement de
« M. Dekeirel l'avait tordue.

« Les deux adversaires se remettent en garde.
« M. Chapuis charge furieusement son adversaire, et

« avance nettement de trois pas en faisant des coupés.
« L'épée bat l'air et se dirige menaçante dans la direc-
« tion de M. Dekeirel qui se met à rompre.

M. Dekeirel donne alors de ce qui s'est passé la version que voici :

« Je n'ai vu qu'une chose, c'est que j'étais perdu.
« De la main droite, j'ai porté mon épée en avant sur
« mon adversaire. Ai-je touché la sienne de ma main
« gauche à ce moment-là ? Je n'en sais rien. En tout
« cas, je ne me le rappelle pas du tout.

« Les témoins de M. Dekeirel confirment la version
« de leur client. Ils n'ont rien vu, car les adversaires
« étaient beaucoup trop près l'un de l'autre. Ils étaient
« presque corps à corps.

« La version des témoins de l'officier est différente.

« Le lieutenant Baudoin, un des témoins de M.
« Chapuis, qui se trouvait placé en arrière, à gauche
« de son client, se trouvait fort bien placé pour voir
« les gestes de M. Dekeirel, qu'il regardait en pleine
« lumière.

« Au moment où l'épée de M. Chapuis s'avançait sur
« la poitrine de M. Dekeirel, dit le lieutenant Baudoin
« dans sa déposition, M. Dekeirel avait la main gau-
« che relevée comme à la salle d'armes, et très près
« de la tête. Poussé évidemment par l'instinct de la
« conservation et voyant cette pointe qui, par trois fois,
« menaçait de le larder, il eut un geste rapide et sec
« de la main gauche, et fit dévier l'épée de son
« adversaire.

« Pendant ce temps, il poussait lui-même, car les

« deux combattants se trouvaient trop près pour qu'il
« fut même nécessaire de se fendre. Le lieutenant
« affirme que M. Dekeirel, au lieu de se remettre en
« garde, après avoir donné ce croc en jambe aux règles
« admises en matière de duel, aurait profité de la
« position pour atteindre d'un coup de pointe le foie
« de son adversaire.

« Aussitôt blessé, le lieutenant Chapuis, toujours
« debout, et sans se douter même qu'il fut mortelle-
« ment atteint, prononce la phrase citée dans le
« procès-verbal :

« — Monsieur, vous avez tenu mon épée, et dans
« un duel, cela s'appelle un demi-assassinat.

« Cinq jours après, le pauvre officier mourait d'une
« péritonite, conséquence de la blessure reçue, et
« M. Dekeirel était aussitôt incarcéré ».

Dans le procès-verbal qui suivit cette rencontre, les
quatre témoins admettaient, en principe, que la conduite de M. Dekeirel n'avait pas été correcte.

« Les deux adversaires, disait ce document, étaient
« si rapprochés et l'engagement si vif, qu'il n'a pas été
« possible aux témoins de voir si l'épée de M. Chapuis
« avait été tenue, ou simplement écartée ».

L'affaire eut son épilogue devant la Cour d'Assises,
qui acquitta purement et simplement M. Dekeirel.

Que conclure de ce dénouement ? Que l'attitude de
M. Dekeirel avait été jugée comme ayant été absolument correcte, et que dans un duel, se servir de la
main gauche est chose permise ? Non ! Cet acquittement signifiait seulement que M. Dekeirel n'avait pas

été responsable d'un mouvement auquel l'instinct de la conservation l'avait seul poussé. Mais il n'en reste pas moins admis que cet acte est prohibé dans un combat loyal, et que celui qui le commet sciemment, dans le but non seulement de parer l'attaque de son adversaire, mais de le désarmer et de le frapper, est coupable de félonie. La prohibition de la main gauche doit donc toujours être de règle, et les témoins auraient le devoir en présence d'un adversaire, qui, pour quelque raison que ce soit, emploierait ce moyen dans un duel, de lui enjoindre de lier sa main gauche de façon à ce qu'il ne puisse s'en servir, et sur son refus, de considérer leur mission comme terminée. Après avoir ordonné la cessation du combat, ils devraient rédiger un procès-verbal en conséquence.

Les témoins doivent également être très circonspects à propos de la nervosité que mettrait en avant un adversaire qui, ayant retenu l'épée de l'autre, aurait blessé ce dernier. Cette excuse, que le jury chargé de juger l'affaire Chapuis-Dekeirel avait en quelque sorte admise, ne saurait servir de manteau à ceux qui l'emploieraient perfidement ; aussi, doit-on recommander aux témoins de prêter la plus grande attention à cet égard.

Cet argument fourni par l'impressionnabilité deviendrait, autrement, d'une application si facile ! Tel homme dans un duel au pistolet, presse la détente avant le commandement de feu ou après le mot trois ! c'est la faute à ses nerfs ! Tel autre frappe son adversaire au moment où celui-ci est désarmé, c'est la faute de nerfs ! C'est le cas de répéter ici le mot : c'est la faute à Voltaire! et d'expliquer par le prétexte de la nervosité tout ce que l'on pourrait commettre d'irrégulier dans un duel.

Donc, la règle à observer sera la suivante : n'admettre jamais comme excuse un mouvement irréfléchi, l'admettre seulement comme circonstance atténuante, dans le cas où il est prouvé d'une façon *péremptoire et certaine* que le mouvement a bien été irréfléchi, et lorsqu'il est démontré qu'il n'y a eu ni calcul, ni préméditation de la part de celui qui s'en est rendu coupable.

C'est d'ailleurs « l'opinion moyenne » des hommes compétents, et celle qui est généralement admise en matière de duel.

Disons encore un mot du délai qui doit s'écouler entre l'offense et la rencontre. Nous avons dit qu'en règle générale il est de quarante-huit heures. A cela il peut y avoir quelques exceptions.

Nous répétons que si l'offensé est mineur, il a le droit d'attendre sa majorité pour demander raison de l'injure à lui faite, sans que son adversaire puisse exciper de ce que le délai est passé.

Avant la rencontre, si l'un des adversaires se trouve, par suite d'un accident imprévu, dans l'impossibilité de se battre, il est évident qu'on ne pourrait pas davantage invoquer le délai de quarante-huit heures comme délai extrême. Il n'existe plus dans ce cas de délai, ou, à mieux dire, le délai ne commence qu'à partir du moment où les deux adversaires sont absolument libres l'un et l'autre.

La question de l'heure est beaucoup plus importante encore. Ainsi, un homme s'étant rendu sur le terrain convenu avec ses témoins, et ayant attendu vainement son adversaire pendant dix minutes est, à strictement parler, dans le droit de se retirer et de se considérer comme tout-à-fait libre vis-à-vis de ce dernier.

Dans la pratique, le délai de dix minutes n'est pas rigoureusement appliqué; il est admis qu'on doit attendre un quart d'heure au moins, voire même une demi-heure.

Dans le cas où, soit l'un des adversaires, soit ses témoins ne se rendraient pas au rendez-vous, le rôle de l'autre adversaire et de ses mandants est considéré comme terminé, et ceux-ci, à défaut de procès-verbal, adressent à leur client une lettre faisant connaître les circonstances qui ont empêché la rencontre et dont leur mandataire peut faire l'usage qu'il lui plait.

Si l'un des combattants se trouve empêché au dernier moment, le devoir de ses témoins est de se rendre, quand même, au rendez-vous, et là, après avoir expliqué aux témoins de la partie adverse la situation de leur client, de demander à ce qu'une nouvelle rencontre, dont l'heure et le jour restent à fixer, soit décidée. Il est sous-entendu qu'avant toutes choses, les témoins devront excuser l'absence de leur client et ne pas demander le renvoi de l'affaire comme une chose à laquelle celui-ci aurait un droit absolu, mais faire ressortir que leur client a été empêché, par cas de

force majeure, et demander que son adversaire veuille
bien accepter une nouvelle rencontre.

Examinons maintenant les cas pour lesquels on
peut refuser un cartel. Ils sont de plusieurs sortes.

Peut-on se battre avec un infirme ? Si celui-ci est
l'offensé, il peut toujours refuser le duel sans qu'on
ait à l'accuser de lâcheté. Nous serions même tenté
d'appeler lâche l'offenseur qui persisterait à vouloir
se battre contre un adversaire infirme.

Si l'offense est commise par un infirme, celui-ci a le
droit, excepté dans les cas d'offense grave ou d'offense
suivie de voies de fait, de refuser l'arme dont il ne
pourrait se servir dans les mêmes conditions d'égalité
que son adversaire. Si l'infirme est incapable de se
servir de n'importe quelle arme, son adversaire est
considéré comme absolument libre de ne pas demander
une réparation par les armes qui ne saurait lui être
accordée. Même dans le premier cas, on ne doit
admettre le duel que s'il est démontré qu'il est rigoureusement nécessaire, et après que les témoins auront
vainement fait tout ce qui dépend d'eux possible pour
arranger l'affaire.

On peut toujours (on le doit même, à notre avis)
refuser le combat avec un adversaire dont on ne
connaîtrait absolument pas d'une façon suffisante les
antécédents. De même, on peut refuser le duel à un
adversaire taré, à un duelliste faisant de son habileté
aux armes, un métier à la disposition du premier
venu, et cela sans que ce refus puisse donner lieu à
la moindre observation.

Un moyen bien simple est d'ailleurs à la disposition
des adversaires : demander aux témoins de se
rendre garants de l'honorabilité de chacun de leurs
clients. Et dans le cas où, par exemple, deux témoins
dont l'honorabilité ne saurait faire l'ombre d'aucun
doute, ont affirmé que leur client est absolument respectable et se trouve qualifié pour envoyer un cartel,
le duel ne peut être refusé, sous peine de voir l'adversaire qui l'a refusé, accusé avec raison de lâcheté.
D'autre part, les témoins ne sauraient à la légère délivrer un certificat d'honorabilité, sans être absolument
sûrs et certains que leur client le mérite à tous égards,
car ils engageraient gravement leur responsabilité
morale s'ils couvraient, sans en avoir exigé les preuves,
la soi-disant honorabilité d'un homme dont on démon-
trerait par la suite la vraie situation, ou pour mieux
dire, la fausse situation. Pour éviter un pareil ennui,
les témoins de la partie adverse devront toujours
demander des renseignements complets sur le compte
de l'adversaire de leur client.

De cette discussion contradictoire naîtra presque
toujours la lumière qu'on ne saurait jamais souhaiter
trop claire pour une affaire intéressant ce qu'il y a de
plus sacré dans l'homme, c'est-à-dire l'honneur, avec
ce qu'il y a de plus précieux, c'est-à-dire la vie.

Il nous reste à examiner le cas où un homme
s'étant d'abord adressé aux tribunaux pour obtenir
réparation d'une offense, retire sa plainte et envoie
un cartel à celui qui l'a offensé. Celui-ci doit-il refuser
le duel ? La réponse est évidente sur ce point. Oui

disent, avec Châteauvillard, tous ceux qui ont traité
la question ; cela est d'ailleurs logique et raisonnable.
L'offensé a deux moyens à sa disposition pour obtenir
réparation : le premier qui consiste à s'adresser à la
justice et qui, dans bien des cas, est le plus sage ; le
second qui consiste à demander à l'offenseur une
réparation par les armes ; l'emploi d'un de ces
moyens exclut forcément l'autre et dès lors qu'il
s'est adressé au tribunal, l'offensé n'a plus aucun
droit à demander le duel à son adversaire, eût-il fait
toutes démarches nécessaires pour que la plainte
adressée à la justice n'ait aucune suite.

Cette règle qui, au premier abord, semble absolue,
souffre pourtant une exception qui est la suivante :

Vous avez été diffamé publiquement, par la voie des
journaux, par exemple. On vous a accusé d'actes indéli-
cats. Le duel ne prouverait pas l'inanité des accusa-
tions portées contre vous. Vous vous adressez donc
aux tribunaux qui font la lumière sur les faits incri-
minés et qui vous lavent de l'accusation portée contre
vous. Si votre adversaire est de bonne foi, il reconnaît qu'il s'est trompé et vous fait des excuses en
conséquence. Mais admettons que celui-ci soit assez
aveuglé par le parti-pris, par la passion politique, par
une fausse interprétation du point d'honneur pour
refuser cette satisfaction : le seul parti qui vous reste
est de le conduire sur le terrain, à moins toutefois
qu'on ne puisse s'adresser à un Jury d'honneur, ce
qui est toujours préférable et tout aussi honorable.

Jusqu'à quel point peut-on se considérer comme

offensé par un article de journal ? Un journal peut vous attaquer dans votre vie politique ou dans votre vie privée. Dans le premier cas, à moins que l'offense ne vous soit particulièrement sensible, tenez-vous en à l'opinion de M. Jules Simon, qui dit spirituellement que lorsque deux hommes animés par la passion et le parti-pris politique s'appellent réciproquement : assassin et voleur, cela veut simplement dire qu'ils ne pensent pas tout-à-fait de la même façon.

Si un journaliste vous attaque dans votre vie privée, le cas est beaucoup plus délicat et beaucoup plus grave. Une offense dont vous ne demanderiez pas raison peut prendre corps et devenir par la suite une légende dont vous vous débarrasseriez difficilement. Donc, si vous êtes attaqué dans votre honneur même, vous êtes en droit de demander au signataire de l'article ou au directeur du journal, si l'article n'est pas signé, une rétractation et si des excuses vous sont refusées, que vous ne veuillez pas vous adresser aux tribunaux, que vous croyiez enfin pouvoir accepter un duel avec votre diffamateur, battez-vous, — et bonne chance.

Soyez néanmoins très circonspect et ne vous battez qu'à bon escient.

Comme partout ailleurs, en effet, il s'introduit dans la presse de faux journalistes venant on ne sait d'où, qui, du jour au lendemain, sans vous connaître le moins du monde, se mettent à débiter des histoires plus ou moins malpropres. Ces brebis galeuses du journalisme, contre lesquelles les vrais journalistes

se sont élevés avec véhémence existent, malheureusement, tout comme les faux gentilshommes, les faux
hommes de lettres, etc... Que faire dans ce cas? N'ac-
cordez jamais l'honneur d'un duel à quelqu'un que
vous ne connaîtriez pas suffisamment : vos témoins
devront s'éclairer sur les antécédents et la valeur
morale de l'homme qui vous a insulté, et s'ils ont le
moindre doute, remerciez-les de leur concours et
adressez-vous à un avocat. Votre affaire n'est plus une
affaire d'honneur, c'en est une où l'honneur n'a rien
à voir que devant les tribunaux, à qui il appartient de
vous laver et de vous venger des offenses qu'on vous
a faites.

Nous avons parlé des conditions indispensables pour
qu'un duel soit régulier ; disons maintenant un mot
de ce qui constitue l'incorrection, puis la déloyauté et
la félonie dans un duel. L'incorrection est constituée
par une attaque sans résultat faite avant le commandement (pour le duel à l'épée seulement) ; nous avons
dit que, dans le duel au pistolet, cela pouvait s'appeler un assassinat. Dans ce cas, les témoins doivent
faire à l'adversaire qui s'est rendu coupable de cette
incorrection, des remontrances très sévères, et en cas
de récidive arrêter le combat. De même, le duel
doit cesser si l'attaque faite avant le commandement
a eu pour résultat la blessure d'un des champions.

Il y a déloyauté lorsqu'un des adversaires attaque
l'autre au moment où celui-ci est, pour quelque raison
que ce soit (chûte, désarmement, faiblesse subite),
dans l'absolue impossibilité de se défendre.

Par félonie, on entend le fait de se servir d'une cotte de mailles, de plastrons, de tout ce qui constitue la fraude. Nous avons déjà dit que, dans ce dernier cas, le combat doit être immédiatement arrêté et l'adversaire déloyal ou félon, déféré à la justice pour y répondre du délit ou du crime de tentative d'assassinat.

Disons enfin un mot de la rédaction du double procès-verbal que des témoins peu expérimentés en ces sortes d'affaires ont quelque difficulté à rendre clair et concis. Nous en donnerons ici une formule que nous ne proposons pas pour règle absolue, dans beaucoup de circonstances, le procès-verbal devant faire mention de cas tout-à-fait particuliers, et être rédigé en conséquence. La formule suivante est un modèle susceptible de modification, nous venons de le dire, mais où des personnes peu au courant des questions de duel, pourront trouver quelques renseignements utiles.

Premier Procès-Verbal

L'an... et le... du mois de... MM..., témoins constitués par M. X... et MM..., témoins constitués par M. Y..., se sont réunis à l'effet de juger le différend soumis à leur appréciation. Après avoir recherché toutes les solutions permettant qu'un arrangement satisfaisant l'honneur de MM. X... et Y... intervienne, et avoir reconnu que cette solution était absolument impossible, les témoins ont décidé qu'il y avait lieu à rencontre. La qualité d'offensé a été attribuée à M. X... ou Y...

qui aura par conséquent le choix des armes, (ou du
duel et des armes, ou du duel, des armes et des distances, suivant la qualité de l'offensé).

Le combat aura lieu le... (indiquer le jour et *l'heure
exacte*). Les adversaires pourront se servir du gant de
ville (avec ou sans crispin) ou du gant de salle pour le
duel à l'épée ou au sabre. Les adversaires échangeront
tant de balles (pour le duel au pistolet).

Le combat devra cesser à la première blessure, ou
lorsqu'un des adversaires sera dans une position cons-
tatée d'absolue infériorité, ou dans l'impossibilité
absolue de continuer le duel.

Ainsi arrêté, le...

Signature des témoins.

Procès-Verbal

L'an... et le (jour) à (heure) la rencontre décidée
par le procès-verbal du (le précédent) a eu lieu à (indiquer l'endroit).

Après... minutes de combat,... d'engagement... de
reprises, M. X... ou Y... ayant reçu une blessure (indiquer comme nous l'avons déjà dit l'endroit, la profondeur et la gravité de la blessure) le combat a été
arrêté et les témoins ont déclaré l'honneur satisfait.

En foi de quoi, etc... (date).

Signature des témoins.

XI

JURY D'HONNEUR

Nous avons eu, dans les pages qui précèdent, l'occasion de parler, à plusieurs reprises, du jury d'honneur. Nous arrivons à cette question que nous considérons comme capitale et sur laquelle nous nous étendrons assez longuement.

L'idée n'en est pas nouvelle, et depuis le règlement des maréchaux de France sur les réparations des offenses entre gentilshommes, pour l'exécution des délits contre le duel, dont on a lu les nombreux extraits dans la première partie de cet ouvrage, jusqu'à celui de la Société d'Encouragement à l'Escrime de Paris, la question a été soulevée bien des fois. Elle n'a pu, malheureusement, recevoir encore la solution que nous désirons, que nous souhaitons ardemment voir se réaliser dans l'intérêt général et dans l'intérêt particulier.

Le jury d'honneur, le mot l'indique, est une réunion de personnes chargées de résoudre les affaires d'honneur. On l'a quelquefois appelé Tribunal d'honneur. Ce terme ne résume pas, à notre avis, l'idée même du rôle attribué à cette institution. Un tribunal admet des juges, des innocents et des coupables et prononce des sentences. Un jury admet l'idée de parité, il ne juge pas, il déclare que telle ou telle chose est ou n'est pas.

Revenons à la question elle-même, et disons qu'en France du moins, si l'on fait exception du jury qui siège à la Société d'Encouragement de l'Escrime de Paris, la réalisation du jury d'honneur est encore à l'état purement théorique, — quelques-uns diraient même à l'état de mythe. Il en est, en effet, qui croient que l'idée en est absolument irréalisable et que pût-on même arriver au but, ou ne trouverait dans cette solution que déceptions et déboires.

Notre avis est tout-à-fait différent, et nous avons la prétention de démontrer que l'idée est parfaitement réalisable et qu'elle peut rendre de nombreux et signalés services.

Avant de répondre aux objections que sa constitution pourrait soulever, disons d'abord de quelle façon nous comprenons le fonctionnement du jury d'honneur. Il s'agit de réunir dans chaque ville, dans chaque grand centre, un certain nombre d'hommes compétents, à l'abri de tout soupçon sous le rapport de l'honorabilité, auxquels seraient soumises les affaires d'honneur. Le jury, après avoir entendu les deux adversaires qui se seraient adressés à lui, s'être

fait présenter tous les éléments de nature à l'éclairer,
déciderait s'il y a eu, oui ou non, offense.

Commençons par répondre aux premières objections
que les lignes qui précèdent n'auront pas manqué de
soulever. Car nous reconnaissons volontiers que le
sujet est des plus complexes et qu'il demande à être
sérieusement discuté, pour pouvoir ensuite mieux
montrer son utilité, et disons le mot, qui paraîtra
bien téméraire, affirmer sa facilité d'application.

Comment s'y prendra-t-on, direz-vous, pour faire le
choix d'une élite d'hommes compétents et honorables?
N'y aura-t-il pas lieu de craindre des compétitions et
des rivalités qui amèneraient fatalement des scissions
et auraient pour résultat, en créant une infinité de
jurys d'honneur, rivaux, concurrents les uns des
autres, d'arriver au but absolument contraire, qui
serait celui de faire naître de nouvelles affaires d'honneur ? N'y aura-t-il pas lieu de craindre également
que des hommes tarés ne s'introduisent dans ces
jurys d'honneur, des intrigants ne s'y fassent jour,
pour s'en faire non seulement une cuirasse à l'abri de
laquelle ils cacheraient leur peu d'honorabilité, mais
encore pour s'en faire une arme contre ceux qui pourraient leur déplaire?

Les réponses nous semblent trop faciles. C'est une
illusion de croire qu'il y aura des compétitions pour
le choix du jury. Parmi les hommes à l'abri de tout
reproche, pour si nombreux qu'ils soient, il en est bien
peu, très peu, qui s'imposent au respect général. Et
lorsque à cette qualité de la considération publique
devra se joindre la qualité indispensable de la con-

naissance des armes, l'éclectisme deviendra encore plus aisé et il y aura même, dans certains cas, à craindre de ne trouver qu'avec difficulté le nombre d'hommes nécessaires pour former le jury. La crainte de voir les intrigants siéger dans cette Assemblée d'honneur, nous semble donc peu fondée et même puérile. Quoiqu'on dise, le vrai s'impose toujours, et le faux ne résiste pas à un examen tant soit peu réfléchi.

Comment ce choix s'opérera-t-il et par qui sera-t-il fait ?

Les habitués des salles d'armes, les hommes s'occupant d'escrime pourraient, en tout état de cause, prendre l'initiative. Ils seraient bientôt suivis par tous ceux que les questions d'honneur intéressent, c'est-à-dire le plus grand nombre, et après quelques tâtonnements inévitables, la question serait facilement résolue dans le sens que nous venons d'indiquer.

Le jury d'honneur une fois constitué, ceux qui se seront adressés à lui pour le règlement d'une affaire d'honneur, pourront-ils se soustraire à la décision qui aura été prise à leur égard? *Moralement*, non, puisque du moment qu'ils exposent la question à un tiers jugement, ils s'engagent, par là-même, à se soumettre à la décision prise. *Au point de vue purement strict*, rien ne les oblige à accepter une décision qui ne saurait être imposée.

Où sera alors l'utilité d'une décision dont on sera parfaitement libre de ne pas respecter les clauses? Nous venons de dire que les personnes engagées étaient

moralement tenues de se soumettre ; cet engagement
moral sera tenu par le plus grand nombre ; seuls,
quelques-uns pourront passer outre ; mais son
utilité consistera surtout en ce que, si une des personnes qui se sont adressées au jury d'honneur, se
soumet au jugement intervenu, l'autre personne y sera
forcée et contrainte malgré elle, puisque la première
sera couverte par le jury d'honneur, et que la seconde
aurait non seulement mauvaise grâce, mais même
complètement tort si elle voulait, malgré et contre
tous, persister dans son refus qui deviendrait alors
de l'entêtement.

Où le jury d'honneur sera compris par tout le
monde et ne pourra être discuté, c'est dans l'appréciation de l'offense... En effet, l'un des défauts de la
constitution des témoins est que ceux-ci, la plupart
du temps, n'ont ni le tact, ni même l'expérience nécessaires pour se rendre compte d'une façon indiscutable
de la réalité, de la valeur de l'offense et de la qualité
de l'offensé. Comment pourrait-on exiger de quatre
personnes que seules des considérations d'amitié ont
fait choisir, et ce tact et cette expérience indispensables ? Le jury d'honneur, au contraire, composé
d'hommes ayant une grande habitude des affaires
d'honneur, pouvant discerner plus facilement quel est
l'offenseur, quel est l'offensé, faisant ressortir en
pleine lumière la valeur de l'offense, pourra et saura
toujours éviter certains duels que des témoins ordinaires auraient rendus indispensables.

Un avantage aussi indiscutable et aussi important

du jury d'honneur est son indépendance. Tandis que les témoins sont toujours liés envers leur client par une amitié qui leur fait souvent épouser ses querelles, que dans certains cas la passion politique leur dicte la ligne de conduite qu'ils ont à suivre, le jury d'honneur, par sa constitution même, se trouvera placé en dehors de toute question étrangère à l'affaire qui lui est soumise. De l'indépendance des membres qui le composent, résultera l'impartialité de sa décision.

Nous avons réservé pour la fin, l'objection qui de prime abord semble irréfutable, mais dont un examen un peu approfondi démontre le non-fondement.

N'y aura-t-il pas lieu de craindre, dira-t-on, que les membres de ce jury ne se servent de l'importance de leurs fonctions comme d'une arme redoutable et que par cela, le jury ne devienne une puissance, dont les effets dépasseraient le but qu'on s'est proposé ?

Répondons d'abord en disant que les membres du jury n'étant pas inamovibles et ne devant être nommés que pour une période déterminée, il leur serait difficile d'usurper un rôle qu'il n'est venu à l'idée de personne de leur attribuer. Le choix qui, d'ailleurs, aura présidé à leur désignation, sera même un garant contre ces tendances. Et puis, n'oublions pas que personne n'est obligé de recourir à ce jury, et qu'il serait facile de ne pas s'adresser à lui, dans le cas où l'on ne croirait pas trouver toutes les garanties désirables d'indépendance et d'impartialité.

Nous croyons avoir démontré que cette institution est utile, morale et en quelque sorte nécessaire ;

que les bienfaits qui résulteraient de sa création seraient sans nombre. Sa réalisation aboutirait facilement, si quelques personnes, de bonne volonté se mettaient résolument à l'ouvrage. Nous croyons faire notre devoir en essayant d'apporter à cette œuvre notre part de collaboration, heureux si après nos efforts, la question pouvait faire un pas dans la voie de l'accomplissement. Nous essayerons donc, dans les quelques pages qui vont suivre, de fixer les bases d'un règlement qui puisse être utilisé pour le fonctionnement du Jury d'honneur. Ce modèle de règlement pourra motiver des critiques. Tant mieux ! Nous ferons volontiers le sacrifice de la forme, pourvu que l'idée soit admise, et que la mise en pratique suive de près l'exposé théorique.

Projet de Règlement
pour la Constitution d'un Jury d'Honneur

Art. 1er. — Sous le nom de Jury d'honneur est établi un Comité de cinq personnes chargées de résoudre les affaires d'honneur soumises à son examen.

Art. 2. — Le nombre des personnes appelées à se prononcer sur chaque affaire sera au moins de trois. En cas d'absence ou d'empêchement d'un des membres désignés pour le règlement d'une affaire, celui-ci est remplacé par un des deux autres membres faisant partie du Comité.

Art. 3. — Le Comité comprend un Président et un Secrétaire.

Art. 4. — Le Président est désigné par ses collègues qui peuvent procéder pour la nomination à ces fonctions, par vote, soit d'une autre façon.

Art. 5. — Les fonctions de secrétaire sont en fait dévolues au plus jeune des membres du Comité.

Art. 6. — Le Comité se réunit toutes les fois qu'il est saisi d'une affaire.

Art. 7. — Avant toutes choses, le Comité doit s'assurer que les personnes qui font appel à lui sont des personnes honorables, n'ayant jamais eu de condamnation infamante.

Art. 8. — Le Jury devra exiger des intéressés la promesse formelle de se conformer à la décision qui sera prise.

Art. 9. — Les deux personnes qui s'adressent au Jury d'honneur sont appelées devant lui et exposent séparément leurs griefs ou leurs excuses.

Art. 10. — Les membres du Jury peuvent adresser toute question qu'ils croiraient aptes à éclairer leur religion.

Art. 11. — L'intéressé peut se refuser à répondre à une question qui lui paraîtrait de nature à compromettre gravement une tierce personne, ou à laquelle il ne pourrait répondre pour quelque autre raison que ce soit.

Art. 12. — Le Jury peut exiger la production des documents qui, à son avis, seraient indispensables pour la décision qu'il doit rendre.

Art. 13. — Après avoir en sa possession, tous les éléments d'appréciation suffisants, le Jury devra rechercher s'il n'existe pas un moyen de conciliation qui sauvegarderait l'intérêt et l'honneur des deux parties en cause.

Art. 14. — La solution prévue à l'article précédent devant être écartée comme insuffisante, le Jury recherchera laquelle des deux parties est l'offensée.

Art. 15. — Le Jury devra ensuite déterminer quelle est la valeur de l'offense.

Art. 16. — Aucun des membres du Jury ne pourra servir de témoin aux personnes ayant comparu devant lui.

Art. 17. — La décision du Jury devra, pour être valable, être prise à la majorité, c'est-à-dire par deux membres s'il se compose de trois, et par trois s'il se compose de cinq.

Art. 18. — La délibération du Jury devra faire l'objet d'un procès-verbal, dont copie sera remise aux deux parties.

Art. 19. — En dehors des personnes intéressées et des membres du Jury, aucune autre personne ne pourra, sous aucun prétexte, assister aux délibérations nécessaires.

Art. 20. — La décision prise par le Jury peut être rendue publique sur le consentement de deux ou d'un des intéressés.

Art. 21. — Un des intéressés ne pourra s'opposer à cette publication si elle est réclamée par l'autre.

Art. 22. — Le Jury jugera néanmoins si, dans

certains cas tout-à-fait exceptionnels, sa décision doit être tenue momentanément secrète. Il doit, dans ce cas, faire connaître cette restriction aux intéressés et obtenir le consentement de tous les deux.

ART. 23. — Si un des deux intéressés se refuse à consentir à cette non-publication, et si le Jury croit ne pas pouvoir, pour des motifs quelconques, donner satisfaction à ce dernier, il peut considérer sa tache comme terminée et ne pas rendre de décision pour l'affaire qui lui est soumise.

ART. 24. — Les membres du Jury prennent l'engagement d'honneur de ne pas divulguer les secrets qui pourraient leur être confiés en raison des fonctions qu'ils occupent.

ART. 25. — Celui d'entre eux qui se serait rendu coupable d'une indiscrétion sera immédiatement rayé du Jury et remplacé.

ART. 26. — Les membres du Jury sont nommés pour un temps déterminé.

ART. 27. — Après ce temps, les mêmes membres peuvent de nouveau être maintenus dans leurs fonctions.

Telles sont les règles sur lesquelles pourrait, à notre avis, fonctionner un jury d'honneur.

Encore une dernière objection à réfuter. Les membres du jury n'auront-ils pas à craindre que dans un cas où une rencontre malheureuse aurait eu lieu après une décision rendue par eux, la justice ne les considère comme complices et ne les poursuive comme tels ? Ne perdons pas de vue que l'*idée* première du jury d'honneur est, avant tout, une mesure préventive contre le duel et demandons-nous s'il paraît raisonnable que l'*idée* de comprendre des personnes honorables dans une poursuite judiciaire, alors que ces personnes ont tout fait pour éviter le duel, demandons-nous si une pareille *idée* pourrait venir à l'esprit d'un magistrat intelligent ?

N'oublions pas non plus que le jury d'honneur n'aura pas davantage à conseiller le duel ; son véritable but est de rechercher si, dans l'affaire qui lui est soumise, il n'y a rien qui permette de mettre d'accord les deux parties en présence : ce n'est que lorsque cette solution est impossible et sur la demande formelle et expresse des intéressés, qu'il s'occupe du duel lui-même. Et cette partie de sa tâche est tout aussi louable, il ne fait que continuer en cela son œuvre de la première heure, œuvre toute de conciliation et, répétons-le, œuvre préventive.

L'objection que nous signalons tombe d'ailleurs si nous examinons les précédents. Ni M. Anatole de La Forge, ni M. Ranc, ni M. Clémenceau, ni M. de Cassagnac, — pour ne citer parmi les hommes choisis comme arbitres, que les plus connus, — n'ont jamais été inquiétés, lorsqu'appelés à se prononcer sur une affaire de duel, ils ont reconnu qu'une rencontre était indispensable et conseillé même, dans certains cas, le genre du duel. Or, il ne s'agit pas ici de faciliter le duel, il ne s'agit que de reconnaître la qualité d'offensé ou la gravité de l'injure.

Au lieu d'être inquiété par les tribunaux, le jury d'honneur verrait en peu de temps une telle considération s'attacher à son fonctionnement, qu'il serait apprécié, au bout de peu de temps, à l'égal d'une institution d'utilité publique que la législature ne voudrait pas peut-être reconnaître aussitôt, mais que l'opinion publique consacrerait immédiatement.

Nous avons essayé de prouver du mieux que nous avons pu, l'utilité et la moralité du jury d'honneur; nous avons réfuté avec des arguments que nous croyons vrais et qui sont sincères, toutes les objections que sa création et son exercice pourraient faire naître.

Pour mieux prouver la valeur de la thèse que nous soutenons, prenons un exemple pratique, tel qu'il peut se présenter dans la vie de chaque jour, et démontrons qu'il pourrait être appliqué, à ce cas particulier, le rôle et par là même l'utilité du jury d'honneur. Choisissons pour cet exemple, le cas qui se présente le plus souvent, et d'où naissent le plus souvent aussi les affaires donnant lieu au duel.

M. M... est un homme avantageusement connu. Son passé, son honorabilité n'ont jamais donné lieu à la moindre observation défavorable. Un beau matin, il est insulté grossièrement dans un journal. Le directeur de ce journal, homme également très honorable, s'est rendu solidaire de l'article en question.

Persuadé, d'ailleurs, que le fait visé est vrai, il refuse
de se battre, croyant avoir affaire à un individu indigne
et en quelque sorte disqualifié. Les deux parties, après
de longs pourparlers, en appellent au jury d'honneur.
Celui-ci demande au journaliste les preuves de l'attaque contenue dans le journal contre M. M... On
les produit; les faits reprochés à M. M... semblent
s'appliquer à lui. M. M... est alors appelé, on lui
fait connaître les arguments dirigés contre lui ; il n'a
pas d'ailleurs beaucoup de peine à en démontrer
l'inanité et qu'ils s'appliquent par une coïncidence
fàcheuse à un homonyme. Le jury demande alors au
journaliste de faire paraître un démenti formel au fait
raconté, et à faire des excuses à M. M.... Le
journaliste consent bien à démentir le fait, mais sa
dignité l'empêche de faire des excuses, d'autant plus
que M. M... l'a, dans les préliminaires qui ont pré-
cédé l'appel au jury, traité de menteur, diffamateur,
etc... Dans cette situation, le jury engage le journaliste
à oublier les termes peu parlementaires dont s'est
servi à son égard M. M... ; termes que la fausseté
de l'accusation portée contre lui a pu singulièrement
justifier, à faire sinon des excuses publiques au moins
des excuses privées, dont M. M... se contentera
sur les conseils de ce même jury. Ce dernier déclare
que, dans toute cette affaire, il n'y a eu qu'un simple
malentendu. Sa décision insérée dans le journal coupe
court à toutes les polémiques et la situation de M.
M... et du journaliste est, par rapport l'un et l'autre,
la même qu'avant l'incident, à cette différence près,

qu'il y aura deux amis de plus, dans la plupart des cas.

Ainsi, voilà une affaire qu'à dessein nous avons choisie et en quelque sorte embrouillée, où les motifs du duel abondent à chaque pas, où l'espérance d'un accommodement ne serait même pas envisagée par des témoins ordinaires, et qui se trouve résolue dans un sens tout-à-fait pacifique grâce au jury d'honneur.

Mais ce n'est que cela, dira-t-on ! Ce n'est ni compliqué, ni difficile. Assurément! la solution que nous venons d'indiquer n'est pas celle d'un problème ardu. Mais n'ayez pas de jury d'honneur, et vous verrez si cette solution sera la même. M. M... est insulté. Constitution et envoi de témoins à l'auteur de l'insulte. Les témoins demandent à ce dernier une rétractation ou une réparation par les armes. Le journaliste, qui est de bonne foi, et croit avoir affaire à un homme avec lequel il ne peut se commettre, ne reçoit pas ses témoins. Ceux-ci peuvent se considérer comme personnellement offensés et lui en demander raison. D'où, à l'horizon, nouvelles affaires d'honneur. La solution la meilleure qui puisse advenir est celle où le duel entre le journaliste et M. M... sera décidé.

Nous croyons inutile d'insister plus longtemps sur une idée dont nous espérons avoir démontré l'opportunité. Que les hommes de bonne volonté se lèvent et commencent. Ceux qui les suivront s'appelleront bientôt légion ! Que partout on fasse appel au concours de tous les honnêtes gens pour instituer ces jurys appelés, bien justement, jurys d'honneur, et bientôt le rêve

caressé par les théoriciens et les philosophes, c'est-
à-dire la disparition du duel, sera sinon un fait
accompli, du moins bien près de l'être. Les combats
qui pourront encore avoir lieu seront motivés par des
considérations telles que nous ne désespérons pas de
voir les moralistes et les théologiens, sinon les approuver, du moins ne plus les accabler de leurs malédic-
tions ou les frapper de leurs excommunications. La
calomnie disparaîtra elle-même, le jour où elle verra
qu'elle n'a plus rien à faire ici-bas, le jour où, le jury
d'honneur étant établi, elle se verra arracher le faux
masque dont elle se sert généralement et exposée aux
yeux du public dans sa triste nudité.

CONCLUSION

—

Souhaiter que le duel disparaisse, c'est, nous l'avons dit, dans l'état actuel de nos mœurs, souhaiter l'impossible. Faire en sorte que le duel n'ait lieu que pour des cas absolument exceptionnels, qu'il ait lieu avec toutes les garanties désirables, tel doit être le but de nos efforts. A un mal absolu, substituons un mal relatif, et nous arriverons, par la force même des choses, à sa disparition complète.

En traitant cette dernière partie de notre ouvrage, telle a été notre seule pensée. Lorsque le duel est inévitable, fournir aux témoins des conseils pratiques pour que le combat ait lieu avec le plus de correction possible. Que ces derniers n'oublient jamais, — c'est un conseil que nous ne saurions trop répéter, — que de leur sang-froid, de leur expérience, de leur jugement, dépend l'issue de l'affaire dont ils ont la charge.

C'est à eux que s'adressent les conseils contenus dans ce Code du duel. Nous n'avons pas eu la prétention de faire une œuvre parfaite, ni même complète. Notre but a été plus modeste. Nous avons voulu faire un Code pratique à la portée de tous les hommes compétents ou profanes. Aux premiers, nous soumettons nos idées, heureux si quelquefois nous avons pu mériter leur approbation. Aux autres, nous offrons les moyens de se guider, de se reconnaître dans ces sortes d'affaires où, même sans l'expérience, des conseils pratiques peuvent suffire. A défaut d'autres qualités, nous revendiquerons pour notre ouvrage la bonne foi et l'utilité pratique. C'est en homme de bonne foi, dans cette question si complexe du duel, que nous en avons écrit ce Code, ainsi que tout le livre. Notre ambition sera plus que satisfaite si les *desiderata* que nous avons exprimés peuvent entrer dans le domaine de la réalisation, et c'est aussi la seule récompense dont nous souhaiterions voir couronner nos efforts.

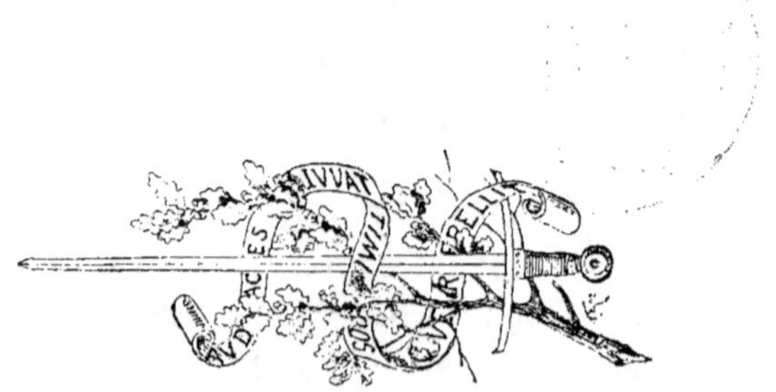

TABLE DES MATIÈRES

TABLE DES MATIÈRES

DEUXIÈME PARTIE

LES DUELS CÉLÈBRES

DRUKKERIJ HOLLAND
AMSTERDAM

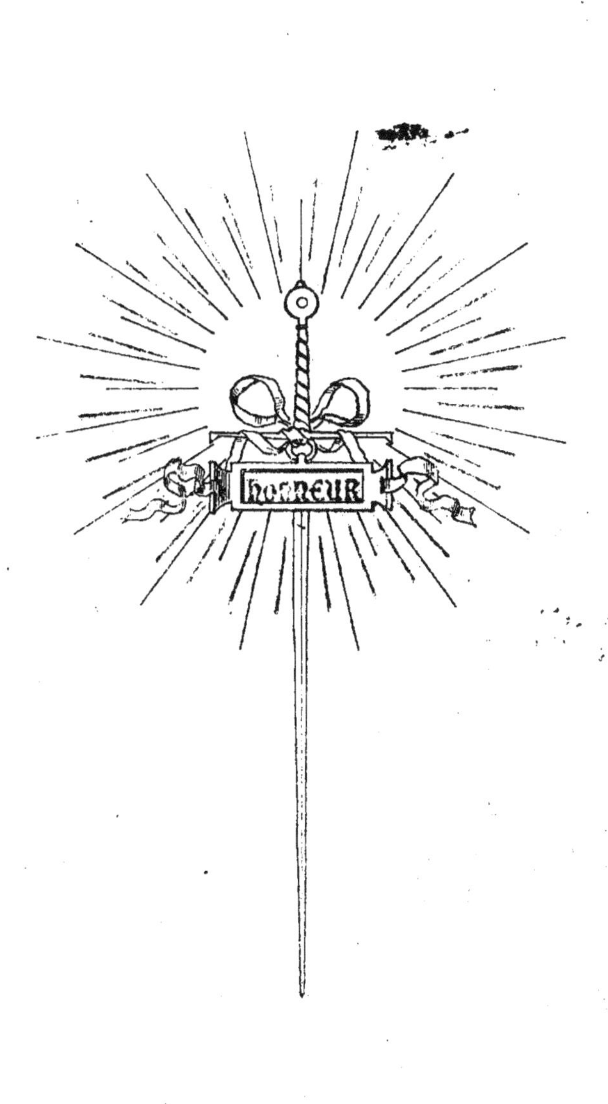

honneur